改革开放与创新发展理论和实践丛书

上海社会科学院应用经济研究所
周年所庆专题系列文集

公共住宅金融基本原理及其在中国的应用

顾书桂◎著

上海社会科学院出版社
SHANGHAI ACADEMY OF SOCIAL SCIENCES PRESS

编 委 会

目　　录

导　言

住宅首先是生活必需品，然后才是奢侈消费品和人们的投资对象。住宅的生产需要耗费大量的活劳动与物化劳动，因此单位住宅的价值量通常都很大。在市场经济条件下，由于人们的收入水平参差不齐，差异较大，中低收入阶层一般很难完全通过市场满足自己最基本的居住需求。政府为了维持社会正常的生产和生活秩序，不得不对他们提供最低限度的住房保障，这是公共住宅金融产生的历史前提。公共住宅金融发展初期，由于政府财力有限，城市聚集效应也不明显，住宅的刚性需求没有得到社会的充分重视，总体上规模很小，影响力低。20 世纪 30 年代经济大萧条后，伴随着房地产业在宏观调控中的地位提升，公共住宅金融的规模迅速扩大，公共住宅金融在不断满足社会公众居住融资需求的同时，自身的风险也在不断累积，并不断演化为一次又一次的公共住宅金融危机。2007 年美国爆发的次贷危机，是迄今为止规模最大的一次，但绝不会是最后一次。

公共住宅金融也称政策性住宅金融、保障性住宅金融，本质上是政府为实现社会居住目标，面向中低收入阶层，弥补其支付能力不足的一种福利性融资活动。2007 年美国次贷危机的爆发表明，政府对住宅金融的干预并不总是有效的，西方公共住宅金融模式存在严重的弊端。美国作为西方发达国家公共住宅金融发展的代表和领头羊，将其次贷危机的产生归咎于美国政府的政策失误或金融市场的技术失误，不管是对经营管理者还是对理论研究人员来说，都是明显轻率的①。重新探讨公共住宅金融的经济基础与社会基础，研究公共住宅金融的运行规律，对于促进国民经济的健康发展，依然具有重要的理论意义和现实意义。

当前，西方公共住宅金融研究侧重于直接或间接提高消费者的市场支付

① 顾书桂：《赤字转嫁是美国次贷危机的主因》，载《同济大学学报（社会科学版）》2011 年第 5 期。

能力，具体内容主要涉及公共住宅金融机构的设置、资金来源和资金运用，以及中间业务、公共住宅的财税政策、公共租赁住房的租金管制、住宅资产证券化等。西方公共住宅金融与商业住宅金融的差别，与其说是性质上的，不如说是形式上的，即：商业住宅金融市场上，弥补消费者支付能力缺口的是商业住宅金融机构；公共住宅金融市场上，弥补消费者支付能力缺口的是政府相关部门。针对商业住宅金融，威廉姆·B. 布鲁格曼和杰夫瑞·D. 费雪认为，美国商业住宅金融的大规模产生，源于"随着就业与个人实际收入的增加，贷款人开始认识到能够作出长期贷款的可能性"，因为"相当长时期的……经济繁荣……使贷款人的风险降低……家庭偿还其债务的可能性增加，并且房屋贬值的可能性降低"[①]。对于中低收入消费者因支付能力不足而需要公共住宅金融介入的情形，特瑞斯·M. 克劳瑞特和 G. 斯泰西·西蒙指出，为了使"所有公民……都能获得足够的、可支付的住宅……联邦立法致力于住宅市场四个方面的问题：支付能力、效率和稳定性、竞争以及平等"[②]，其核心依然是支付能力。美国公共住宅金融致力于提高消费者市场支付能力的做法，也得到中国国内研究学者的注意和认同。马红霞[③]、汪利娜[④]、闫坤[⑤]通过自己的观察分析和科学研究都证实了这一点。中国自 1978 年改革开放以来，特别是自 1998 年城镇住房体制改革以来，对公共住宅金融的研究始终没有能突破西方公共住宅金融研究的窠臼。正如丛诚所总结的那样，"住宅金融一般专指围绕居民住宅消费所进行的金融活动总称"，因为"住宅生产的金融服务与一般工商业项目贷款并无本质差别，而围绕居民住宅消费的金融服务则有其自身的特殊规律和要求"，因此"住宅金融的本质，是通过资金筹集和运用，为居民家庭住宅消费提供长期、稳定、充足的住宅资金"[⑥]。流通领域的公共住宅金融研究既是西方公共住宅金融研究的核心内容，也是其最有成就的部分。

西方公共住宅金融的这一特点使得西方公共住宅金融理论与商业住宅金

---

① [美]威廉姆·B. 布鲁格曼、杰夫瑞·D. 费雪：《房地产金融与投资(第十版)》，李秉祥、孙鸿飞、钱勇译，东北财经大学出版社 2000 年版，第 92 页。

② [美]特瑞斯·M. 克劳瑞特、G. 斯泰西·西蒙：《房地产金融：原理与实践(第三版)》，龙奋杰、李文诞等译，经济科学出版社 2004 年版，第 185—186 页。

③ 马红霞：《当代美国住宅金融制度初探》，载《国际金融研究》1991 年第 12 期。

④ 汪利娜：《美国住宅金融体制给人们的启示》，载《财贸经济》1992 年第 6 期。

⑤ 闫坤：《日本的住宅金融制度及其启示》，载《国际金融研究》1996 年第 8 期。

⑥ 丛诚：《国外住房金融的演进和趋势》，选自住宅和城乡建设部编《国外住宅金融研究汇编》，中国城市出版社 2009 年版，第 1—8 页。

融理论从性质上看并没有多大差别，即剔除政府弥补消费者的市场支付缺口外，所有住宅金融包括商业住宅金融与公共住宅金融在内，都是一个完全商业化的行为，住宅的商品属性是一切住宅金融行为的基础。然而，西方公共住宅金融以住宅的商品化为前提，在增加中低收入消费者财务负担的同时，也导致"私有住宅市场上越来越多的边缘化购房者……由于有很大比例的边缘化家庭进入，私有住宅市场对于经济的起伏波动越来越敏感，使得住宅过剩与短缺之间的震荡越来越剧烈，在经济衰退期造成更高的按揭违约发生率，甚至是放弃房产"①。2007 年美国次贷危机的爆发使人们更加清醒地认识到西方公共住宅金融的缺陷。林建设、郭宏宇认为，西方公共住宅金融存在住房保障与财政风险的两难抉择②。顾书桂认为，赤字转嫁才是美国次贷危机的主因③。尽管从历史上看，特别是西方政府介入住宅市场以后，住宅的商品属性已经受到一定程度的遏制，但这丝毫没有影响公共住宅金融理论研究的假设前提。由此决定了在这种公共住宅金融理论的指导下，不管政府如何以高明的手段弥补消费者支付能力的不足，与商业住宅金融类似的公共住宅金融的内在缺陷都不可能被克服。相对于商业住宅金融而言，由于消费者的支付能力更弱，西方公共住宅金融的风险实际上更大，更易诱发住宅金融危机。因此，无论是从公共住宅金融的稳健运行出发，还是从完善政府的住房保障职能出发，西方公共住宅金融在理论上都有重新构建的必要。

当今住宅经济发展的两大趋势，一是金融化，二是福利化。住宅金融化将越来越多的住宅经济行为以货币运动的形式表现出来，从而大大提高了住宅金融的规模和影响力；住宅福利化将越来越多的中低收入者纳入住宅经济活动中，他们不足的支付能力又构成国民经济越来越大的潜在风险。在中国，住宅金融化和住宅福利化虽然还处于较低的层次和水平，但由于 1998 年城镇住房体制改革的先天不足，劣质土地财政已经将中国的房价推高到无以复加的地步，住宅市场泡沫有随时破灭的危险。中国住宅金融不仅面临化解商业住宅金融巨大风险的历史使命，还面临公共住宅金融既要发展又不能引发商业

---

① [瑞典]吉姆·凯梅尼：《从公共住宅到社会市场：租赁住宅政策的比较研究》，王韬译，中国建筑工业出版社 2010 年版，第 43 页。

② 林建设、郭宏宇：《住宅金融市场发展的两难处境：从美国住宅金融市场改革看住房保障与财政风险的两难抉择》，载《经济社会体制比较研究》2011 年第 4 期。

③ 顾书桂：《赤字转嫁是美国次贷危机的主因》，载《同济大学学学报（社会科学版）》2011 年第 5 期。

住宅金融危机的艰巨重任。科学构建高房价下的中国公共住宅金融,不仅具有必要性,更具有紧迫性。

全书一共十章,包括:第一章 附属性是西方公共住宅金融的基本特征;第二章 西方公共住宅金融的内在缺陷;第三章 公共住宅金融的经济基础;第四章 城市住宅地租的运行机制与运行规律;第五章 公共住宅金融与商业住宅金融的比较;第六章 中国公共住宅金融的发展环境;第七章 中国住房公积金制度述评;第八章 中国发展公共住宅金融的基本原则;第九章 中国公共住宅金融发展的政策措施;第十章 上海公共住宅金融的发展思路。基本观点主要有:历史上,公共住宅金融产生于商业住宅金融之后。受制于土地产权私人所有的基本经济制度安排,西方公共住宅金融主要局限于流通领域,侧重于弥补中低收入消费者市场支付能力的不足。由于均以住宅的商品化为前提,剔除政府对消费者的支付缺口进行弥补外,西方公共住宅金融与商业住宅金融两者并没有本质的区别;这一方面导致西方公共住宅金融缺乏独立性,附属于商业住宅金融,另一方面因为消费者的支付能力更为有限,与商业住宅金融相比,西方公共住宅金融的市场风险更高,更易诱发住宅金融危机。理论上,住宅市场分为优质住宅市场和普通住宅市场两个组成部分;优质住宅需求弹性大,供给刚性强,因此优质住宅的价格只能由市场决定,优质住宅的资产特征非常明显;普通住宅供给弹性大,需求刚性强,普通住宅的价格很大程度上稳定于生产价格,因此普通住宅的使用价值属性突出。市场经济条件下,普通住宅的供求特点决定了普通住宅既是政府履行住房保障职能的主要依靠对象,又是政府发展公共住宅金融的主要经济基础。政府履行住房保障职能,发展公共住宅金融,要体现普通住宅的使用价值属性,就必须剔除住宅商品属性的干扰,因为一般情况下,消费者的支付能力是消费者劳动力价值的货币体现,住房保障是劳动力再生产的正常需要,它与住宅的商品属性无关,更与商品化住宅的资产效应无关。从城市地租的历史演进过程看,城市地租是一种生产剩余,不应该构成劳动力价值的任何组成部分,相应的城市地租也不应该进入住房保障成本,公共住宅金融更不应以住宅商品化为前提。科学的公共住宅金融,应该以劳动力顺利再生产为前提,以劳动力价值为支撑,即在住房保障需求方面体现为消费者以工资为支撑的支付能力,在住房保障供给方面体现为消费者再生产劳动力所需的基本居住条件(转化为建安成本、必要的土地投资和农业地租)得到满足。由于住房保障的供求均建立在劳动力价值支撑的基础上,科学的公共住宅金融因此能够始终保证住房保障的供求平衡，始终保证公共住宅金融的市场风险可控，从而与西方公共住宅金融产生明显区别。西方公共住宅金融无论是资产积累型还是缺口弥补型，均需要财政支付城市地租，而不仅仅是消费者支付能力与住房保障成本之间的偶然性、临时性缺口。过重的住房保障财政负担是西方公共住宅金融风险不断上升并屡屡发生公共住宅金融危机的主要诱因。中国人多地少，自然资源和经济资源分布不均，人口逐渐向城市集中是中国经济、社会现代化的大势所趋，因此中国公共住宅金融有极其广阔的发展前景。中国应该充分发挥城镇土地国有制的优越性，摒弃西方公共住宅金融的发展模式，发展符合中国国情的劳动力价值支撑型公共住宅金融，这一方面有利于满足政府履行住房保障职能的需要，另一方面又能确保国民经济和金融市场的稳定均衡发展。

全书主要观点有五个：①土地私人所有的市场经济条件下，西方公共住宅金融与商业住宅金融一样，均将住宅商品化作为前提，由此导致西方公共住宅金融附属于商业住宅金融。②西方公共住宅金融与商业住宅金融相比，由于消费者支付能力更弱，西方公共住宅金融市场风险更高，更易诱发住宅金融危机。③政府提供住房保障是为了满足中低收入消费者劳动力再生产的需要，公共住宅金融的发展只有以劳动力价值为支撑，才能既排除保障性住宅的财富效应，又能实现消费者支付能力与保障性住宅供给成本的衔接。④城市地租无论是级差地租还是绝对地租，都是一种生产剩余，不属于劳动力价值的任何组成部分，因此不应该列入保障性住宅的供给成本。但农业地租是农业用地转换为城市用地的必要成本，是城市绝对地租的起点，因此和建筑成本、土地投资一样，应该进入城市劳动力价值，成为城市住房保障成本的基本组成部分。⑤以劳动力价值为支撑是科学的公共住宅金融区别于以商品价值为支撑的商业住宅金融和西方公共住宅金融的主要标志。

全书主要采用演绎分析法和定性分析法，并辅以必要的定量、实证和案例分析。首先，从西方国家的公共住宅金融发展历史出发，再横向比较当今主流的公共住宅金融发展模式，得出附属性是西方公共住宅金融发展的基本特征，西方公共住宅金融与商业住宅金融相比，只有量的和形式的不同，没有质的和内容的差异。其次，定性分析西方公共住宅金融的内在矛盾和外露风险，即公共住宅价值与使用价值的冲突、政府财力不足与住房保障义务的冲突、住房保障社会公平与经济效率的冲突，以及消费者的财务风险、政府的政策可持续风险、住宅市场的扭曲风险和国民经济的失衡风险，指出土地的私人所有是西方公共住宅金融附属性的制度基础。再次，从理论上说明优质住宅和普通住宅的供求特点决定了普通住宅才是政府提供住房保障的主要依靠对象，建立在劳动力价值支撑基础上的公共住宅金融一方面能够实现保障性住宅供给成本与消费者支付能力的衔接，另一方面能够避免保障性住宅的财富效应，是公共住宅金融发展的理性选择。接着，通过对城市地租的定性和定量分析，指出城市地租是一种生产剩余，不属于劳动力价值的范畴，因此城市地租不应该列入保障性住宅供给成本，但农业地租与城市地租不同，它是农用土地转换为城市用地的必要成本，应该与建筑成本和土地投资一样，体现为劳动力价值以及住房保障成本的基本组成部分。最后，对公共住宅金融和商业住宅金融进行定性比较，认为公共住宅金融与商业住宅金融都是住宅金融的基本组成部分，前者否定住宅的商品化属性，以劳动力价值支撑，侧重于保障性住宅的使用价值；后者坚持住宅的商品化属性，以住宅的市场价格为支撑，侧重于住宅的价值，从而在住宅金融市场上产生区隔。在演绎和定性分析的基础上，结合中国的具体国情，全书进一步指出，尽管中国公共住宅金融发展潜力很广，但中国目前的住房公积金制度简单抄袭西方，不但不能发挥住房保障的功能，反而使得保障性住房供给成本与消费者支付能力严重脱节，中国应该发挥土地国有的制度优势，发展劳动力价值支撑型公共住宅金融。这种研究方法是典型的从具体上升到抽象，再用于指导实践的辩证唯物主义研究方法。

本书的学术创新在于，运用马克思主义的基本立场、观点和方法对公共住宅金融的研究提出了全新的思路。当前国内基础研究有一种“数理模型决定一切”的不良倾向，对问题的逻辑分析不求甚解，对马克思主义的研究立场、观点和方法弃如敝屣。本书以劳动力顺利再生产为目的，以马克思的劳动力价值理论为基础，在提出科学的公共住宅金融基本原理的同时，揭示了西方公共住宅金融模式的内在缺陷，这无疑是对当前国内研究公共住宅金融从指导思想到研究方法的一次重要学术创新。

本书的主要学术价值在于以马克思主义劳动力再生产理论为基础构建起一个符合中国国情的公共住宅金融发展理论。目前国内的公共住宅金融研究由于沿袭西方公共住宅金融的研究思路，以住宅商品化为前提，导致公共住宅金融研究与商业住宅金融研究很难区隔，更难用于指导中国国内公共住宅金融的发展。本书提出的劳动力价值支撑型公共住宅金融发展模式，不仅将公共住宅金融（侧重于住宅的使用价值）与商业住宅金融（侧重于住宅的价值）区别开来，更将马克思主义公共住宅金融（以劳动力价值支撑）与西方公共住宅金融（以商品化住宅价值为支撑）区别开来。劳动力价值支撑型公共住宅金融发展模式的提出，不仅是对公共住宅金融研究的重要贡献，也是对马克思主义政治经济学的重要完善。本书其他的学术价值还体现在，揭示了西方公共住宅金融的附属性以及不可克服的内在缺陷；指出科学的公共住宅金融不是必须以住宅商品化为前提，而应立足于劳动力的再生产；消费者支付能力的充足性决定了公共住宅金融的发展必须以劳动力价值为支撑；城市地租因为不属于劳动力价值的组成部分，因而不应该列入住房保障供给成本；农业地租与建筑成本和土地投资一样，应该列入城市劳动力价值的范畴，等等。

本书主要是基础研究，应用研究仍待开拓。中国发展公共住宅金融，应摒弃住宅商品化的惯性思维，以劳动力价值为基础，侧重于住宅的使用价值，将城市地租排除在保障性住宅供给成本之外，这在理论上已经得到解决，但实践上如何操作，仍有许多工作要做。原因在于，劳动力价值是劳动力再生产所需要的消费资料的价值，但其确定既有历史因素，又有道德因素，因而操作性不强，远不如住宅的市场价格、消费者的购买力来得具体。其次是城市地租难以和保障性住宅供给成本区别开来，因为城市地租不但是绝对地租和级差地租的混合体，还是土地投资及其收益的混合体，要将土地投资及其收益从城市级差地租分离出来，并叠加到保障性住宅供给成本中去，同样有一个操作问题需要解决。最后，农业地租如何与城市地租相区隔并列入城市劳动力价值，也是一个需要详细论证的难题。笔者的后续任务是主要采用案例分析法和回归分析法，分析劳动力价值以及城市土地投资，特别是住宅用地投资的长期变动趋势，测定劳动力价值量和城市土地特别是住宅用地的基本投资规模和投资水平，在此基础上增强基础研究成果的应用价值。

第一章　附属性是西方公共住宅金融的基本特征

历史上，西方公共住宅金融产生于商业住宅金融之后。美国公共住宅金融是西方公共住宅金融发展的典型和代表。由于相似的经济、政治制度和社会意识形态，住宅商品化是西方公共住宅金融的共同前提，附属性相应构成西方公共住宅金融的基本特征。

第一节　美国公共住宅金融的产生

在西方，公共住宅金融产生以前，商业住宅金融已经存在了很长时间。虽然英国公共住宅金融出现最早，但现在美国公共住宅金融影响最大。公共住宅金融的大范围铺开，总体上而言仍是工业化、城市化，特别是第二次世界大战以后的事情。以住宅商品化为前提，附属性是包括美国在内的西方国家公共住宅金融的基本特征。

一、西方商业住宅金融的演变

几乎从住宅可以买卖的那一天起，西方商业住宅金融就与住宅经济活动如影随形。西方商业住宅金融的核心内容是，在确保住宅经济活动顺利进行的同时，也确保贷款人的权益安全。根据美国学者特瑞斯·M. 克劳瑞特（Terrence M. Clauretie）和 G. 斯泰西·西蒙（G. Stacy Sirmans）等人的研究，早在古罗马时期，人们就使用 fiducia 作为住宅贷款的工具。fiducia 要求住宅的法定所有权由贷款人持有，如果借款人履行了贷款合同中的义务，fiducia 就会要求贷款人将住宅的法定所有权返还给借款人。由于 fiducia 带来种种不便，人们又创立了 pigus。pigus 保留了借款人的法定所有权，但规定贷款人在借款人被怀疑有违约的可能性时，有权取得住宅的法定所有权。

更晚一些时候出现的 hypotheca，则规定贷款人只有在借款人实际违约的情况下才能取得住宅的控制权。在罗马帝国晚期，gage 特指作为履行合同的担保而交付的存放物。当 gage 是不能移动的住宅时，它确保在借款人"违约时贷款人能取得房地产的所有权，但不能在 gage 之外寻求补偿，也即借款人拥有一个履行义务或者向贷款人出售房地产的选择权，一项卖权"①。

1066 年，法国诺曼底公爵威廉征服英国以后，住宅抵押贷款的概念被引入英国，被称为 mortgage 或 mort gage，其中 mort 法语表示"死的"意思。在早期，如果出现借款人违约，贷款人有权取得全部住宅的所有权，并且没有义务向借款人做出任何补偿。随着普通法的发展，借款人可以基于不公平提起诉讼并陈述债务偿还计划，法庭也开始允许借款人通过支付拖欠的金额赎回违约后的住宅，这称为"公平赎回权"。公平赎回权实际上赋予借款人物业执行价格等于拖欠金额的买权，由于其无限长的执行期限会损害贷款人的利益，剥夺赎回权条款应运而生。剥夺赎回权条款规定，借款人在规定时间后就不能再赎回住宅。赎回权一般分两类，合同约定的为公平赎回权，法律追加的为法定赎回权。

商业住宅金融大规模产生于西方资本主义工商业城市兴起之际。三次产业革命，不仅大大加快了资本主义工商业聚集的步伐，也带来了城市、大城市、特大城市甚至城市群的不断涌现。早在第一次产业革命(18 世纪 60 年代开始于英国，以蒸汽机为代表)以后，住宅的生产活动就已经不再是零星的，而是规模的、连续的、标准的，住宅业已经成为现代化大生产的重要组成部分。为了促进住宅产销的顺利进行，商业住宅金融开始贯穿住宅的生产、流通和消费的全过程。住宅的产业化使得商业住宅金融不仅为住宅消费者和住宅投资者服务，更为住宅生产厂商服务。以美国为例，在美国独立战争(1775—1783)后的几年中，由于资本主义工商业还不发达，城市经济在整个国民经济中的比重也不是很大，美国社会公众几乎不需要住宅贷款。首先是在农村地区，因为大多数家庭生活在其所拥有的世代相传的小农场里，总价不高，购买这些小房地产极少或者根本不需要融资。其次是在城市地区，因为有建筑协会筹集购买住宅所需的资金，住宅贷款的发展空间同样有限。建筑协会源自英国，由在同一

---

① [美]特瑞斯 · M. 克劳瑞特、G. 斯泰西 · 西蒙：《房地产金融：原理与实践(第三版)》，龙奋杰、李文诞等译，经济科学出版社 2004 年版，第 58 页。

个城市中的部分居民拿出一定的资金集中管理，并向建房的成员提供贷款支持，信用和其他风险完全依靠协会成员自发控制。引人注目的是，一旦所有成员获得贷款，资金筹集任务完毕，建筑协会的功能就会宣告结束。如 1831 年于费城成立的牛津远见建筑协会（Oxford Provident Building Association）曾经盛极一时，但也避免不了最终宣告解散的命运。19 世纪 60 年代初的美国南北战争以后，借助第二次产业革命的强大推动力，美国资本主义工商业取得了长足的发展，城市无论是数量还是规模都得到了迅速扩张，美国商业住宅金融开始繁荣，在西部大开发中以抵押银行为代表，在城市发展最为迅速的则是建筑和贷款协会（运作机制类似于储蓄机构）。此时，美国政府在住宅金融运行中还只是发挥监管职能，住宅金融运行本身完全遵循市场原则，这是美国以至整个西方商业住宅金融发展的黄金时期。这一阶段，住宅贷款的期限一般为 6—10 年，半年还贷一次，实行浮动利率，贷款额最高达到房价的 50%，住宅贷款的商业特征非常明显。

二、公共住宅金融在美国的产生与发展

1929—1933 年资本主义经济大危机，与其说是对美国商业住宅金融的沉重打击，不如说是美国公共住宅金融诞生的契机。正是这场大危机，使人们认识到政府干预住宅产业促使其健康发展的必要性和重要性。一方面，人们对住宅的需求呈现明显的刚性，不管有没有必要的支付能力，人们的住宅需求都必须得到满足，这是政府干预住宅市场最重要的理由；另一方面，由于建筑成本特别是地价的节节攀升，房价飙升引发商业住宅金融呆账、坏账的可能性也越来越大。因为地价越高，地价波动的幅度会越大，个人对房价的承受能力则越差。美国特瑞斯 · M. 克劳瑞特和 G. 斯泰西 · 西蒙的研究资料显示，“1929—1933 年经济的崩溃，使（美国）房地产贷款市场进入了无序状态。1929 年的经济崩溃后，房地产价值下降到 1928 年水平的一半左右。个人收入的骤降导致大范围的抵押贷款拖欠。结果，贷款人，特别是储蓄机构等存款性机构陷入其中。它们没有收到贷款的分期付款，剥夺赎回权也由于房地产价值的下降而无法提供补偿，存款人为了支付生活费而支取大量的现金。1931—1934 年间，储蓄和贷款协会的净支取额为 18.4 亿美元，约为它们 1930 年存款的 1/3。到 1934 年为止，储蓄机构 1/5 的抵押贷款最终结果是储蓄机构获得房地产的所有权。（由于真正将居民赶出家门在实践中并不可行）许多州通过法律延缓剥夺赎回权，1933 年 2 月艾奥瓦率

先通过法律后，其他 26 个州也通过了类似的延期法。虽然一般只打算持续仅 2 年或几年，但有些延期法一直持续到 20 世纪 40 年代才取消”。[①] 在这种背景下，积极干预住宅金融市场，使其符合社会目标，就成为美国政府经济政策的主要考量，美国公共住宅金融由此获得了极大的发展动力。大危机期间及其后的几年，美国公共住宅金融体系迅速建立起来：①1932 年成立重组融资公司（RFC）和联邦住宅贷款银行系统（FHLBS），用政府贷款帮助储蓄机构渡过流动性危机；②1933 年成立住宅业主贷款公司（HOLC）直接或间接发放住宅消费贷款；③1934 年成立联邦储蓄和贷款保险公司（FSLIC）为储蓄机构的存款提供保险，并成立联邦住宅管理局（FHA），为抵押贷款提供担保，为保险机构提供信用（由于 FHA 认定的有资格贷款人必须遵循 FHA 规定的借款人资格、评估、建筑物规格等工作程序和工作标准，FHA 对抵押贷款市场标准化的促进作用也功不可没）；④1938 年成立联邦国民抵押贷款协会（FNMA），主要目的是为 FHA 保险的贷款建立一个市场，帮助提高这类贷款的认同度。尽管 20 世纪 60 年代后期，FNMA 最终被赋予私营企业的地位，但其政府支持的性质始终没有变化。这样，“一是通过直接贷款和存款保险为贷款人提供流动性；另一个是通过长期摊销抵押贷款的违约保险和二级市场促进这类贷款工具的使用”[②]，美国商业住宅金融终于度过了最艰难的时期。总体而言，危机后的美国住宅金融发展，市场化程度降低了，商业化色彩淡了，政府干预程度深了，完全商业化的住宅金融开始披上浓浓的政策性保障外衣。

第二次世界大战以后，尽管商业住宅金融继续有所发展，但美国住宅金融的保障色彩并没有退化。例如，1968 年从老房利美（指最初成立的房利美，它后来分解为现在的房利美和吉利美）分离出来的专事 FHA 保险贷款证券化工作的吉利美，本身就是政府下属机构，吉利美于 1971 年发行了美国第一张 MBS（mortgage-backed security）；从老房利美分离出来的现在的房利美以及 1970 年成立的房地美，由于得到政府的支持，它们仍对贷款额度 25 万美元以下的非 FHA 保险的常规贷款证券化，以体现政府对中低收入居民的购房支持（HUD 是美国联邦政府负责公共住宅政策和在住宅金融制度中体现政府作用

---

① ［美］特瑞斯·M. 克劳瑞特、G. 斯泰西·西蒙：《房地产金融：原理与实践（第三版）》，龙奋杰、李文诞等译，经济科学出版社 2004 年版，第 61 页。

② ［美］特瑞斯·M. 克劳瑞特、G. 斯泰西·西蒙：《房地产金融：原理与实践（第三版）》，龙奋杰、李文诞等译，经济科学出版社 2004 年版，第 69 页。

的主管部门，它持续强调居者有其屋的目标）；只有贷款额度在25万美元以上的具有明显商业化色彩的巨型贷款，才由私人机构进行证券化。20世纪70—80年代，一方面由于通货膨胀率和利率高企，美国储蓄信贷协会的“存短贷长”矛盾和固定利率矛盾亟待解决；另一方面由于政府对宏观经济的大规模干预极大地降低了住宅金融的风险，美国的住宅资产证券化得到了极大的发展。“1999年底，全美住宅贷款余额为4.76万亿美元，证券化余额为2.57万亿美元，占贷款余额的55%，证券化已成为住宅融资的主要方式。”[①]美国住宅资产的证券化浪潮几乎持续到2007年美国爆发次贷危机才踩下刹车，美国住宅金融（兼具商业和公共的特点）一度成为全球住宅金融发展的风向标和楷模。

谭华杰认为，美国“公共住房政策金融体系的核心是政府利用金融手段对公共住房实行补贴，以降低其资金成本，政策的差别仅在于补贴的方式”[②]。美国公共住宅金融补贴供应方的主要政策有政府直接投资、优惠贷款（既可针对房地产开发商，也可针对住宅消费者）、政府担保、税收优惠等，补贴需求方的主要政策有租金券补贴（可基于租户，也可基于项目）。而根据美国特瑞斯·M.克劳瑞特和G.斯泰西·西蒙的总结，美国公共住宅金融的建设主要体现在美国联邦住宅政策的四大功能上：①通过资助贷款人和借款人提高住宅的支付能力；②提高住宅市场和抵押贷款市场的效率；③促进房地产服务行业的竞争；④保障住宅购买人在购买和融资中免受歧视。旨在提高住宅支付能力的联邦措施又可以归纳为三类：对提供抵押贷款资金的金融机构的经济支持，抵押贷款的保险担保、直接拨款和补助，所得税条款。关于对提供抵押贷款资金的金融机构的经济支持，主要有两个来源，一是以低于市场的利率向储蓄机构和商业银行提供贷款，二是存款的补助性保险。1990年的《Cranston-Gonzalez国家住宅法案》将为低收入和最低收入家庭增加可支付住宅的供应作为首要目标。其中，《HOME投资合伙企业法案》的核心是贷款安排，即联邦政府设立一笔地方住宅投资信托基金，该基金可以提取来增加低收入住宅的供应。关于抵押贷款的保险担保，主要是FHA为多种类型的抵押贷款提

---

① 刘志峰、曹金彪：《美国、加拿大住宅抵押贷款证券化考察报告》，选自住宅和城乡建设部住房保障司和住房公积金监管司编写的《国外住房金融研究汇编》，中国城市出版社2009年版，第41页。

② 谭华杰：《美国、加拿大公共住房金融》，选自住宅和城乡建设部住房保障司和住房公积金监管司编写的《国外住房金融研究汇编》，中国城市出版社2009年版，第189页。

供违约保险，其保险费被许多人认为要比承担该风险实际应该收取的费用低。关于直接拨款，则主要体现在《社区开发拨款规划》《州与小城市社区开发拨款》《出租房地产修缮拨款》《城市居住规划》《紧急庇护所拨款计划》中。《为所有地方的人们提供住宅所有权和机会》简称 HOPE 计划，是一种直接拨款，可被地方职权部门用于修缮公共住宅以及获取公共住宅以达到将所有权转移给合格家庭的目的。补助方案中最有名的就是《低收入家庭租金援助方案》。至于所得税条款，目前美国的税法明显减少了所有者自用住宅的成本，并鼓励所有者自用住宅的建设。旨在增加抵押贷款市场和住宅市场稳定性和效率的立法则集中在两个领域，一是为贷款创造流动的、有效的市场，二是放松市场管制。前者的主要措施包括：FNMA 被授权为 FHA 贷款建立一个二级市场，后来又扩展到 VA 贷款和传统贷款；将 FNMA 私有化，并设立政府国民抵押贷款协会 GNMA 和联邦住宅贷款抵押公司 FHLMC，补充 FNMA、FHA 和 VA 原有功能的不足。后者的主要措施体现在 1980 年的《存款机构放松管制和货币控制法案》上，它解除了对存款利率和抵押贷款利率的人为限制。旨在促进房地产金融市场竞争的立法包括 1968 年的《跨州土地销售信息的完全披露法》(ILSFDA)和《消费者信贷保护法》(CCPA)，以及 1974 年的《房地产交割程序法》(RESPA)。ILSFDA 规定，在跨州贸易中将特定类型的土地出售给 HUD(城市与住宅开发部)或预期的购买者而没有披露特定信息是违法的。CCPA 的《贷款事实法》和《公平信贷账单法》部分要求贷款人给出他们向顾客发放的贷款的全部信息。RESPA 的核心是规定所有交割费用的合理估计值须在交割之前告诉借款人。保障住宅购买人在购买和融资中免受歧视主要体现在 1968 年的《公平住宅法案》(FHA)、1974 年的《平等信贷机会法案》(ECOA)、1975 年的《住宅抵押贷款披露法案》(HMDA)和 1978 年的《社区再投资法案》(CRA)中。FHA 禁止在住宅销售和租赁中存在民族、肤色、宗教和原国籍歧视；1974 年的《住宅和社区开发法案》增加了禁止性别歧视；1988 年的《公平住宅修正法案》将家庭和残疾人增加为受保护的对象，禁止在租赁中就家庭孩子的年龄、个数和性别进行歧视。ECOA 禁止在信贷市场中存在关于性别和婚姻状况的歧视，禁止年龄、民族、原国籍、宗教、肤色歧视，禁止歧视以福利为生的人和善意地行使美国消费者贷款委员会规定权利的人。HMDA 阻止贷款机构避开特定社区的行为，CRA 则鼓励贷款机构在其划定的社区进行评估并积极放贷。

表 1－1　　　　　　　美国公共住宅金融的功能与政策

政策功能	政策类别与内容			
通过资助贷款人和借款人提高住宅的支付能力	对提供抵押贷款资金的金融机构的经济支持	一是以低于市场的利率向储蓄机构和商业银行提供贷款。	一是存款的补助性保险。	1990 年的《Cranston-Gonzalez 国家住宅法案》将为低收入和最低收入家庭增加可支付住宅的供应作为首要目标。其中,《HOME 投资合伙企业法案》的核心是贷款安排,即联邦政府设立一笔地方住宅投资信托基金,该基金可以提取来增加低收入住宅的供应。
	抵押贷款的保险担保、直接拨款和补助	关于抵押贷款的保险担保,主要是 FHA 为多种类型的抵押贷款提供违约保险,其保险费被许多人认为要比承担该风险实际应该收取的费用低。	补助方案中最有名的就是《低收入家庭租金援助方案》。	关于直接拨款,则主要体现在《社区开发拨款规划》《州与小城市社区开发拨款》《出租房地产修缮拨款》《城市居住规划》《紧急庇护所拨款计划》中。《为所有地方的人们提供住宅所有权和机会》简称 HOPE 计划,是一种直接拨款,可被地方职权部门用于修缮公共住宅以及获取公共住宅以达到将所有权转移给合格家庭的目的。
	所得税条款	至于所得税条款,目前美国的税法明显减少了所有者自用住宅的成本,并鼓励所有者自用住宅的建设。		
提高住宅市场和抵押贷款市场的效率	一是为贷款创造流动的、有效的市场	FNMA 被授权为 FHA 贷款建立一个二级市场,后来又扩展到 VA 贷款和传统贷款。	将 FNMA 私有化,并设立政府国民抵押贷款协会 GNMA 和联邦住宅贷款抵押公司 FHLMC,补充 FNMA、FHA 和 VA 原有功能的不足。	
	二是放松市场管制	主要措施体现在 1980 年的《存款机构放松管制和货币控制法案》上,它解除了对存款利率和抵押贷款利率的人为限制。		

续 表

政策功能	政策类别与内容			
促进房地产服务行业的竞争	1968 年的《跨州土地销售信息的完全披露法》(ILSFDA)、《消费者信贷保护法》(CCPA)以及 1974 年的《房地产交割程序法》(RESPA)	ILSFDA 规定，在跨州贸易中将特定类型的土地出售给 HUD(城市与住宅开发部)或预期的购买者而没有披露特定信息是违法的。	CCPA 的《贷款事实法》和《公平信贷账单法》部分要求贷款人给出他们向顾客发放的贷款的全部信息。	RESPA 的核心是规定所有交割费用的合理估计值须在交割之前告诉借款人。
保障住宅购买人在购买和融资中免受歧视	1968 年的《公平住宅法案》(FHA)	FHA 禁止在住宅销售和租赁中存在民族、肤色、宗教和原国籍歧视；1974 年的《住宅和社区开发法案》增加了禁止性别歧视；1988 年的《公平住宅修正法案》将家庭和残疾人增加为受保护的对象，禁止在租赁中就家庭孩子的年龄、个数和性别进行歧视。		
	1974 年的《平等信贷机会法案》(ECOA)	ECOA 禁止在信贷市场中存在关于性别和婚姻状况的歧视，禁止年龄、民族、原国籍、宗教、肤色歧视，禁止歧视以福利为生的人和善意地行使美国消费者贷款委员会规定权利的人。		
	1975 年的《住宅抵押贷款披露法案》(HMDA)	HMDA 阻止贷款机构避开特定社区的行为。		
	1978 年的《社区再投资法案》(CRA)	CRA 则鼓励贷款机构在其划定的社区进行评估并积极放贷。		

总体而言，美国公共住宅金融是以立法和政策的形式强制商业机构参加，由此产生的风险则由政府机构进行担保和补助。美国没有独立的公共住宅金融，公共住宅金融建立在商业住宅金融的基础上，而且主要是在流通领域，以弥补消费者支付能力的不足为核心内容。这在经济繁荣时期，消费者的支付能力处于巅峰状态，住宅价格只涨不跌的情况下，无疑能够正常运转。一旦经济萧条，或者消费者的支付能力下降，或者住宅抵押价值下降，政府的补助不足以弥补市场暴露的风险，政府的信用遭到质疑时，美国的住宅金融体系就会垮塌。尽管到 2007 年，美国才发生惊心动魄的次贷危机，但美国公共住宅金融的这种缺陷其实很早就已露出端倪。“70 年代后期，市场利率居高不下而且

波动很大(影响到消费者的支付能力),这使得许多贷款人都想将利率风险转移给能承受和应对这种风险的机构和投资者。其做法是将自己发起的抵押贷款卖给二级市场经营者(FNMA、FHLMC、GNMA)。很多情况下,贷款人甚至不愿承受贷款发起和销售之间的利率风险,他们愿意向这些机构支付费用以获得在未来某一时间以约定价格购买所发起抵押贷款的承诺。"①这导致"在90年代,政府资助企业(GNMA、FNMA和FHLIC)和二级抵押贷款市场开始在抵押贷款市场中占据主导地位"②。

三、附属性是美国公共住宅金融的基本特征

从美国公共住宅金融的产生、发展和政策内容看,美国公共住宅金融并没有从商业住宅金融中真正独立出来,从而具有明显的附属性特征。

首先,美国公共住宅金融主要局限于住宅流通领域。住宅经济活动根据马克思的分类,包括住宅生产、住宅流通和住宅消费三大阶段。相应地,服务于住宅经济活动的公共住宅金融也应该充斥住宅生产、住宅流通和住宅消费三大阶段。然而从实践上看,美国不管是过去还是现在,商业住宅金融与公共住宅金融的区别都主要集中在住宅流通领域,商业住宅金融遵循市场原则,公共住宅金融有政府介入。流通领域的公共住宅金融即使对住宅生产和住宅消费有所影响,这种影响从数量上看也是有一定限度的,从时间上看则是暂时的。在住宅流通领域里,政府取代市场或弥补市场的不足构成公共住宅金融与商业住宅金融最主要的区别。美国住宅金融市场并没有因为公共住宅金融行为的存在就裂变为截然不同的两个部分——商业住宅金融市场和公共住宅金融市场。

其次,美国公共住宅金融的社会属性并没有从根本上改变住宅的商品属性。公共住宅金融虽然是一种非市场行为,但它对住宅生产、流通和消费的商品化性质没有产生根本性的影响。住宅生产的资金融通完全或基本遵循商业化的原则。住宅一旦生产出来,即使暂时不具有商品的全部特征,经过一段时间后也不会与完全商品化的住宅有什么区别。住宅消费也依然把住宅当作商品价值的物质载体,住宅折旧并不影响地价上升带来的住宅价格的上升。即

① [美]特瑞斯·M.克劳瑞特、G.斯泰西·西蒙:《房地产金融:原理与实践(第三版)》,龙奋杰、李文诞等译,经济科学出版社2004年版,第92页。

② [美]特瑞斯·M.克劳瑞特、G.斯泰西·西蒙:《房地产金融:原理与实践(第三版)》,龙奋杰、李文诞等译,经济科学出版社2004年版,第114页。

使在住宅流通领域,公共住宅金融也只是弥补消费者支付能力的暂时不足,同样把住宅当作一个完整的商品来对待,没有否定住宅的商品属性。因此,美国公共住宅金融对现有商业住宅金融的影响只是局部的、暂时的,公共住宅金融的产生与发展没有挤占商业住宅金融的原有空间。

再次,美国公共住宅金融的经济基础依然是住宅的商品化。从理论上讲,公共住宅金融与商业住宅金融的运行原则存在根本差别,它们应该很容易区隔开来。然而现实地看,美国公共住宅金融不管是外部运行环境还是内部操作依据,均没有摆脱住宅的商品化色彩。公共住宅金融的出现不仅没有削弱住宅的商品属性,相反,公共住宅金融的存在进一步推进了住宅的商品化,使住宅商品化的过程更容易进行。美国公共住宅金融与其说是进入了商业住宅金融不能渗透的领域,不如说是扩大了美国商业住宅金融的存在规模。

接着,美国公共住宅金融本身是一种不规则的、非持续性的行为。由于美国公共住宅金融不但不否定住宅的商品性质,更将自己的运作建立在住宅的商品属性基础之上,这就决定了美国公共住宅金融的运作完全受制于美国商业住宅金融的运行状况,呈现出一种不规则的、非持续性的特征。当住宅的增值占据主导地位时,不管美国财政的运作状况如何,美国公共住宅金融要么没有存在的空间,要么原有的运作空间遭到大大压缩;当住宅的贬值占据主导地位时,即使美国财政状况健全,美国公共住宅金融卷入住宅经济活动的规模和程度可能都不敷社会所需。

最后,美国公共住宅金融发挥的功能处于不确定状态。保障居住是公共住宅金融履行的天职,美国公共住宅金融也不例外。然而建立在住宅商品化基础上的美国公共住宅金融,并不能确保这一职能时时得到履行。在经济形势好转、住宅价格节节上升之时,没有公共住宅金融,美国公众的居住权益一样可以得到保障;在经济形势恶化、住宅价格垮塌之际,美国财政往往无法支撑足够规模的公共住宅金融以确保社会公众的居住权益,这就使得美国公共住宅金融的发展在两个极端之间不停摇摆,其履行的职能也时有时无。

以住宅的商品化为前提,附属性构成美国公共住宅金融的基本特征。事实上,由于政治和经济基本制度的一致,美国公共住宅金融的这种附属性特点,也是其他西方国家公共住宅金融所共有的。

第二节　其他国家的公共住宅金融

公共住宅金融的发展既受制于公共住宅政策，也是公共住宅政策的重要组成部分。与美国公共住宅金融相比，由于各自国情的不同，其他国家的公共住宅金融存在形式上的些许差别，但它们的基本内容大体一致。

一、日本的公共住宅金融

为达到住宅保障的目的，受地狭人稠基本国情的制约，日本住宅不管商业化程度是高是低，均受到政府强有力的干预，这主要体现在：

第一，将发展中小型住宅确定为日本的基本国策，并制定明确的价格目标。对于获得显性优惠和补贴的政策性住宅，日本政府依据家庭人口规模、都市或一般地区，直接确定合理的居住标准，包括最低居住标准和引导性居住标准。如20世纪90年代，三口之家住宅面积最低居住标准为39平方米，引导性都市型居住标准为75平方米，一般型居住标准为98平方米。2006年出台的《居住生活基本法》，则从法律上对以上居住面积标准加以规范。在规定居住面积的基础上，日本政府对住宅价格，哪怕是市场化程度很高的商品住宅，也有明确的要求。如第六个五年计划期间(1991—1995)，日本政府确定的住宅价格目标就是，“职工以平均家庭年收入的5倍可以在住宅紧张的首都圈内购买一套通勤时间为1—1.5小时、面积为70平方米左右的商品住宅”①。为抑制不合理的住宅需求，日本政府还规定住宅转让时，买方应缴纳固定资产取得税，税率为3%，卖方应缴纳利润所得税，税率为扣除项目费用后的20%—30%；住宅持有环节主要征收不动产税，税基按评估值80%计征，税率为1%。

第二，通过住宅供地政策遏制地价上涨拉动房价上涨。日本从20世纪60年代中期到90年代初期，修订和制定了一系列规范土地市场、控制地价上涨对房价影响的法律法规和政策措施。一是改进土地利用计划制度，包括制定各级国土利用规划和土地利用基本规划，改善公共土地取得制度，调整土地税制，促进都市土地高效利用，加快闲置土地开发利用等。二是加强土地供求和

① 刘志峰、侯淅珉：《市场经济条件下政府对住宅发展的作用——日本、新加坡住宅体制考察报告》，选自住宅和城乡建设部住房保障司和住房公积金监管司编写的《国外住房金融研究汇编》，中国城市出版社2009年版，第6页。

地价变动监控，如实行大面积土地交易申报制和土地交易劝告制，制定土地管制区域并在区域内实行土地交易许可制，建立合理的地价制度，创设地价监视区域制度等。三是遏制土地投资、投机行为，主要是严格管制土地融资、强化土地税制，如对法人短期持有土地出售所得课征重税，修订地方税法，创设特别土地保有税，制定地价税法，对持有一定价值总额以上土地的，除原有应课征的固定资产税外，还课征地价税，以增加大规模持有土地的成本。

第三，主要以住宅金融公库为主体针对不同的住宅类型和住宅领域提供不同的融资优惠。住宅金融公库是日本政府全额出资的政策性金融机构，中央财政为住宅金融公库提供相当于利率差额的补助金。住宅金融公库主要业务有四种，一是向国民自建或购买住宅提供长期、稳定、低息的贷款，二是为民间住宅信贷机构提供贷款保险，三是向城市住宅建设有关的基础设施开发提供融资，四是向土地所有者建造以适当的租金出租的住宅提供贷款。不同的住宅融资优惠是日本公共住宅金融最大的特点。

关于第一种业务，日本住宅金融公库主要面向中低收入居民，同时贷款额度和贷款利率视住宅面积大小以及住宅性质而有所区别。建造、购买别墅式自住住宅者的贷款额度一般较小，利率也较高，但较高的利率会随着住宅面积的减少而有所降低。关于第二种业务，从 2007 年 4 月 1 日起，伴随着住宅金融公库变身为住宅金融支援机构，主要通过间接手段为金融机构的住宅信贷业务继续提供支持，具体内容又分为证券化支援业务（内含买取型和保证型两种）、住宅融资保险业务、灾后重建融资业务。关于第三种业务，主要是住宅金融公库对地方公共团体及住宅供给公社的住宅用地开发提供优惠利率贷款，对他们进行的市政设施建设和基础设施建设进行贷款帮助。关于第四种业务，主要指住宅金融公库对建造出售或出租住宅（包括中高层公共住宅）的地方公共团体和住宅供给公社等住宅发展商的贷款。地方公共团体与住宅供给公社一样，均为政府全额出资的特殊法人，中央财政提供运营补贴。地方公共团体提供的住宅（简称公团住宅）原则上以成本价和优惠租金向中等收入家庭出售和出租，家庭月收入不到 20％就足以支付租金，是消费者承租公团住宅的前提条件。公团住宅购买者可以向住宅金融公库申请贷款，同时公团住宅的购买者还可以享受 6 年的所得税返还，减免相关的交易税、不动产所得税和固定资产税。住宅供给公社提供的住宅（简称公社住宅）保障日本公民基本的居住权利。在面向低收入阶层出售时，可以获得住宅金融公库利率较低、额度较大的贷款；如果是出租，主要是面向社会收入线 33％（一度是 25％）以下的低收入贫困家庭，又称公营住宅，公营住宅租金基准金额一般占家庭收入组中位值的18%—20%。政府对公营住宅建设提供住宅金融公库的低息贷款和地方政府的无息贷款，公营住宅建设的土地费用由地方政府负担，实行土地划拨政策，建安工程费用由国家财政补贴。此外，政府还以市场租金和实际租金的差额为基数，对住宅供给公社进行租金补贴。

总体上看，日本政府干预住宅市场的方式有三种：一是通过融资税制手段干预生产从而诱导市场向政府的住宅目标靠拢；二是直接对中低收入者购房进行补贴；三是对那些购买力过于低下、生产干预与购买补贴均不能发挥根本作用的家庭，政府通过建立公营住宅机构，直接向国民提供住宅，收取很低的租金，即进行变相的租金补贴。由于政府干预住宅的范围很广，资金需求量相应扩大，当前日本政府资金占日本整个住宅产业投资的一半以上。在日本财政投资的十二个领域中，住宅的财政投融资居首，一般占财政投融资总量的三分之一以上。1966—2000年，日本公有资金支持建设的住宅，占总量建设户数的比例保持在37.5%—52.9%，平均为44.4%[①]。通过制定、实施中长期住宅建设规划和政策，日本各级政府直接参与和主导住宅建设，从而投资、兴建了大批供中等和低收入家庭居住的住宅。2005年日本开始对公共住宅金融体制进行改革并有向美国公共住宅金融模式靠拢之势，但2007年美国次贷危机的爆发使日本的公共住宅金融改革步伐明显放慢并重新审视自身公共住宅金融模式的优缺点。

二、韩国的公共住宅金融

同样基于人多地少的基本国情，韩国住宅建设和消费政策与日本类似，也以中小户型为主。

第一，重视标准住宅的充分供给。在地基供应上，韩国先后采取土地交易许可及申报制度、扩大标准地价告示区域、地价公告制度、土地交易申报及说明资金来源等措施，遏制土地投机和地价过快上涨。在住宅生产上，韩国各级政府直接参与和主导住宅建设。韩国在20世纪80—90年代的两次大规模住宅建设规划中，政府投资建房分别占总量的45%和51%。

---

① 郭克莎等：《日本、韩国、新加坡解决居民住宅问题的主要做法及启示》，选自住宅和城乡建设部住房保障司和住房公积金监管司编写的《国外住房金融研究汇编》，中国城市出版社2009年版，第165页。

第二,注意引导住宅的社会需求。通过制定实施中长期住宅建设规划和政策,韩国有针对性地解决不同时期突出的住宅问题。在住宅消费上,韩国规定,低收入家庭住宅标准为60—80平方米,最低收入家庭为40平方米,政府通过住宅贷款比例、贷款利率、税收等方式予以引导和鼓励。韩国家庭购买低于40平方米的住宅,可免缴住宅购置税和交易登记税,购买40—60平方米的住宅减半征收住宅购置税和交易登记税。在购房贷款支持方面,韩国对低收入无房家庭给予低息购房贷款支持,年收入低于3 000万韩元或27 000美元的无房家庭,购买85平方米以下公租房或二手住宅的,可以申请总额不超过6 000万韩元的贷款,贷款年利率为7.75%—9%;购买85平方米以下的新建住宅,可以获得3 000万—5 000万韩元的住宅贷款,贷款年利率为8.5%;如果购置60平方米以下的住宅,则可获得相当于全部房价70%的贷款支持,贷款年利率为8.5%。这一政策的效果是,2006年韩国所有住户中,居住面积不足60平方米的约占42%,60—80平方米的约占36%。为抑制不合理需求,韩国先后出台了三项措施。2003年提高房地产转让税率。2005年8月颁布不动产综合对策,征收累进的房屋综合不动产税,对拥有两套以上住宅家庭,房产交易价格超过政府制定的各种房产基准价10万美元时,转让所得税率由9%—36%提高到50%。2006年3月又颁布《促进市民居住用地及住宅市场合理化方案》,规定2007年1月1日起对非土地所有者自住的土地交易征收60%的交易税。韩国还规定,金融机构提供住宅贷款额度不超过市场实际房价的40%,住宅价格涨幅高于消费物价和全国房价平均涨幅30%的地区列为投机性行政区,实行更为严格的购房贷款条件。在住宅财政补贴方面,韩国基本生活保障法规定,收入低于最低生活标准的家庭,当地政府应给予住宅补贴。

第三,建立覆盖全社会的住宅保障体系。按照补助方式,可以把韩国住宅保障政策分为直接补助和间接补助两类。直接补助是指由政府财政负担土地开发费、住宅建设费,如国民租赁住宅;间接补助包括利率补贴和税收补贴,如小型商品房。韩国廉租屋的保障对象主要是月收入低于城市家庭月收入平均水平50%的居民户,而小型商品房的主要供给对象是在收入水平下位20%—60%的低收入家庭。在韩国现行住宅保障政策中,国民租赁住宅和职员老百姓的Jeonse贷款是最具代表性的政策。租赁住宅政策包括政府部门开发的国民租赁住宅、收购的租赁住宅和重新开发的租赁住宅(50年)等。韩国政府用于国民租赁住宅建设的资金来源主要有四个渠道,以2006年为例,政府建设预算拨付的财政资金占10%—40%，国民住宅基金提供的资金占40%—50%，入住者支付的资金占10%—30%，开发商提供的资金占10%[①]。Jeonse贷款制度针对低收入家庭，向他们提供低利率贷款。国民租赁住宅建设以政府财政和国民住宅基金为基础，有限定的入住条件和优先次序，入住后每两年更新一次合同，仍满足入住条件的家庭可以继续租住，否则必须进入商品房市场。最重要的入住条件是入住者收入必须低于上年城市职员家庭平均月收入，且没有自住住宅；无房户主、当地居住者和低收入家庭有优先权，特别是国民基础生活售给者、国家有功人员、日本慰安妇、单身母亲家庭、朝鲜人、永久租赁住宅入住对象。提供公共住宅的供给数量，控制在全部建设量（面积基准）的20%以内。

三、新加坡的公共住宅金融

新加坡是一个市场经济国家，但在住宅建设与分配上并不是完全通过市场调节来实现的。中低收入者的住宅，统一由政府法定住宅发展机构负责建设和分配，其中，低收入者可以享受廉租屋待遇，中等收入者可以享受廉价屋待遇，中高档收入者可以享受入息公寓待遇；高收入者的住宅，由私人投资商投资建设并通过房地产经纪人在市场购买或租用。其间差别在于前者能无偿获得土地，后者通过土地批租程度不同地有偿获得土地使用权。尽管政府保障与市场分配相结合是市场经济国家普遍采取的住宅政策模式，但新加坡住宅保障的范围占总人口的87.6%，租赁人口仅占总人口的8.6%，是其他国家没有的[②]。

市场机制解决住宅问题的最大困难是，当工业和人口在城市高度集中时，住宅供给不仅数量短缺，而且价格会远远超出一般居民的支付能力。与人多地少的日本、韩国相比，新加坡的人口密度更大，住宅供给更加困难，简单抄袭日本、韩国的住宅保障模式，并不能从根本上解决新加坡的居住问题，为此新加坡推出别具特色的中央公积金制度。中央公积金制度开始于1955年，起初提供养老保险，1968年才允许动用公积金存款购买政府兴建的组屋。中央公

① 李真、刘洪玉：《韩国公共住宅保障体系》，选自住宅和城乡建设部住房保障司和住房公积金监管司编写的《国外住房金融研究汇编》，中国城市出版社2009年版，第296页。

② 刘志峰、侯浙珉：《市场经济条件下政府对住宅发展的作用——日本、新加坡住宅体制考察报告》，选自住宅和城乡建设部住房保障司和住房公积金监管司编写的《国外住房金融研究汇编》，中国城市出版社2009年版，第13页。

积金局不负责公积金的运营增值，公积金的存款利息全部由政府开支，存款利息随经济形势而进行调整。公积金交给新加坡国有投资公司 GIC 运作，GIC 每年与政府协商，确定中央公积金的运营收益分配。GIC 追求长期年 5%的利润率，超过公积金存款利息以上部分的盈利归 GIC 所有。如有亏损，由政府动用国家储备金弥补，确保缴存公积金的利息收益。中央公积金的本质是一种强制储蓄，公积金制度的建立目的是筹集个人养老资金解决职工的养老问题。随着居民收入水平的提高，公积金存款大幅度提高，政府允许会员动用存储的公积金购买政府组屋和政府提供的保险，公积金制度才逐步向综合性保障体系发展。

新加坡中央公积金缴存比例从 1955 年的 10%提高到 2007 年的 34.5%(雇主 14.5%，雇员 20%，计算基数是基本工资)。对于不同年龄段的雇员，缴存比例有所调整，总的来说，随着年龄增大，个人缴纳比例有所下降。凡在新加坡有薪金收入的人，一般是公民和永久居民，必须与其雇主将月薪的一部分缴存在中央公积金局，无故不缴，公积金局可以强行划账，迟交还要罚缴滞纳金。由于中央公积金全部免征个人所得税，并且只有参加公积金的人才可享受组屋低息贷款，所以即使自雇人士也愿意缴存中央公积金。中央公积金有三个账户：普通账户，按基本工资的 24%计提，可用于购买产业(购买政府组屋、商品楼宇，但不能租房)、购买组屋保险，允许将最低存款额以上的部分用于投资和缴纳学费；保健账户，按基本工资的 6.5%计提，可用于支付住院费、手续费；特别账户，按基本工资的 4%计提，可用于支付养老和应急用途。公积金各账户的钱专款专用，不能混用，非规定用途或规定用途外多余的钱必须要到 55 岁才可以提款。公积金存款主要是向政府提供融资，是新加坡政府国库券以外有价证券的最大持有者，政府融资用于兴建住宅、建设道路、机场、港口、码头等公共基础设施。与财政资金不同，政府使用公积金不能靠行政手段，只能通过金融市场发行债券筹资，相应地，政府使用公积金，不是作财政投资，而是负债经营。中央公积金局还可以向住宅建筑承包商提供住宅建设贷款，并允许会员支取公积金存款支付购房首付款。

与中央公积金制度相匹配的是新加坡完善的住宅保障政策。首先，根据不同的家庭类型提供不同标准的住宅。新加坡在 20 世纪 60 年代建设的政府组屋以每套 40—70 平方米为主，到 20 世纪 80—90 年代人均 GDP 超过 1 万美元后，新建组屋户型面积才逐步扩大。现在已出售组屋中，面积在 45 平方米以下的占 10%，60—65 平方米的占 26%，90 平方米的占 40%。组屋的基本特点是，不断创新设计，采用新方法和新材料，并全部进行高质量装修；日常基础设施近而且交通便利；有六种房型，还有公寓式；利用计算机监控相关设施的状态，能在最短的时间内发现问题并迅速进行维修，保障居住安全和舒适；销售以购买人的负担能力为定价依据，而不是以建造成本为依据。其次，从政策和法律上引导保障性住宅的需求。1964 年 2 月，新加坡政府宣布“居者有其屋”计划，以让居民通过各种渠道购买适合自己的组屋，解决居住问题，改善居住条件。其核心内容是，对直接向建屋局购买、在公开市场利用房屋津贴购买转售组屋、在公开市场不利用房屋津贴购买转售组屋、购买私人开发商设计兴建和销售的组屋有不同的条件和要求，针对特殊群体购买组屋有特定的优惠政策。新加坡对首次和特殊群体购买组屋给予津贴并实行分级补贴政策，按照反向递减原则确定购买补贴标准，对购买组屋面积小的补贴比例较高，中等面积的补贴比例较低，大面积的不但没有补贴还要按成本加收一定的利润。再次，政府直接参与和主导中低收入家庭的住宅建设。新加坡 20 世纪 60 年代以来持续制定和实施五年建屋计划。新加坡政府直接投资建设的公共组屋，占到全部居民住宅的 80%。在提供较低利率的建屋发展贷款和购屋抵押贷款资金后，政府还对公共组屋的出售亏损、维修管理费用提供津贴，同时对基础设施建设提供基金投入。通过实施住宅建设规划和政策，大力支持和推动中小户型住宅建设发展，新加坡相继解决了住宅短缺、住宅质量等问题，目前在重点发展老年人口住宅、节能环保住宅和提高住宅性能。新加坡在《建屋发展局法令》《土地法令》中规定，政府有权征用私人土地用于国家建设，被征用土地只有国家有权调整价格，任何人不得随意抬价。为了加快住宅建设，新加坡政府以常年赤字补助金和贷款的方式对公共组屋进行金融上的支持。政府每年都从财政预算中拨给建屋发展局一笔津贴，同时还有赠款。通过建房发展贷款和住宅抵押贷款，建屋发展局实际上同时扮演着发展商和按揭银行的双重角色。更新融资贷款主要资助建屋发展局向住户提供资金，用于住宅更新，住户分期偿还。“目前全国 80%以上的土地属国有土地，建屋发展局进行组屋开发的土地，一般都是行政划拨土地，可以免费获得或是以远远低于市场价的价格取得，是政府在土地方面给予建屋发展局的重要政策支持。”①最后，有效抑制不合理的住宅需求，确保居者有其屋。新加坡抑制房产投机的税

① 郑智东：《新加坡公共住宅金融》，选自住宅和城乡建设部住房保障司和住房公积金监管司编写的《国外住房金融研究汇编》，中国城市出版社 2009 年版，第 263 页。

收政策包括：购买组屋五年后才能转让，并缴纳1.5万—5万新元的转售收入；商品房购入后出售，按持有年限对出售收入采取差别所得税政策，对富人住宅每年收取较高的物业税等。政府提供的组屋地契为99年，但因土地来源、建设费用和销售补贴，新加坡居民只有有限产权。为保证组屋纯粹作为居住用途，并保证组屋的投资价值，政府规定，组屋出售后产权归个人所有，但组屋的土地使用权仅为70年，70年之后随政府土地收回，房屋产权也相应收回。个人购买公共组屋之后，可以进入市场出售，但三室至公寓式组屋出售时必须住满5年。组屋再出售时，建屋发展局享有利润分成的权利。新加坡组屋的转卖条件是，屋主拥有及实际居住至少达到5年。且政府抽取10%—25%的附加费，原先购买住宅时动用的公积金及其利息也要如数存入公积金局。如果屋主居住不满5年就只能按原价但不收租金转手给政府，回收的组屋重新纳入组屋分配编制。

这样，通过降低住宅成本，限制住宅的过度需求，提高居民的支付能力，在地少人稠的新加坡，中低收入居民的居住问题最终得到了很好的解决，真正实现了以居民家庭收入为依据确定保障性住宅的售价和租金水平，其稳定性远优越于中国香港。新加坡的公共住房金融模式应该是西方国家公共住房金融模式的特例，但非常值得土地国有的中国相关方面好好研究。

四、英国的公共住宅金融

当今世界，尽管美国的公共住宅金融影响最大，但英国的公共住宅金融历史最为悠久。鉴于恶劣的住宅条件引发瘟疫流行等社会危机，1919年英国《住宅法》就确立了以社会住宅为核心的公共住宅政策，国家通过投资建造公共住宅，并以低租金租给居民的方式，对住宅市场进行干预。在1946—1979年英国工党与保守党执政时期，政府建房占同期社会建房总量的比重分别为49%和45%。随着政府建房数量的膨胀，建设维护费用的提高，穷人区的出现，公众对住宅质量的不满，英国政府财政不堪重负。1980年英国修订的《住宅法》推出优先购买权政策，规定凡在公房租住三年以上，便有权以优惠折扣价格购买所住的公房，优惠包括减价出售（优惠折扣起点为房价的30%，超过一年增加一个百分点的折扣）、购买与租赁结合（先买一部分产权，其余继续租用）、提供优惠贷款（不超过工资2.5倍的房贷，不仅可以分期偿还，还可以税前抵扣）。20世纪90年代，英国一方面提高公共住宅质量，另一方面鼓励地方政府将公共住宅向住宅协会转移。1914年，英国自有住宅占10%，商业租赁占

90％；2004 年，英国自有住宅占 70.5％，商业租赁占 10.3％，住宅协会租赁占 7.7％，地方政府租赁占 11.5％，英国的住宅市场产权结构得到了极大的改善，较高的住宅自有率是英国住宅市场的最大特点①。

提供公共住宅是英国住宅保障的传统手段。目前，英国副首相办公室主要负责制定公共住宅的相关政策及投资战略，地方政府则负责土地规划等具体政策，建成后的公共住宅主要由地方政府和住宅协会拥有和管理。住宅协会也称社会房东，是以慈善为目的的非营利组织。20 世纪 80 年代后，住宅协会是公共住宅的主要提供者，它也鼓励、帮助中等收入者购买住宅并创建混合社区，是社区升级更新者。住宅协会的房源，一是自己投资兴建，二是地方政府转让。住宅协会的工作受到住宅公司的监管。1988 年开始，英国直接供给住宅方式逐渐被取消，取而代之的是一种新的可支付住宅补助办法——规划补贴。现在，英格兰一半以上的可支付住宅是在土地使用规划系统下而非依赖住宅投资基金建立的。可支付住宅指在房产市场之外、不公开在市场上出售且享受一定形式国家补贴的住宅产品，包括社会出租房（低成本出租房）和过渡房（低成本售卖房），被提供给有资格租住或购买这类住宅但市场并不能满足其需求的家庭。社会出租房由社会住宅协会出租，租金参照国家标准，只租给符合严格要求的家庭；过渡房介于社会出租房与商品房、商业租赁房之间，包括过渡出租房（面向无购房意愿工人的社会出租房）、打折出售住宅、产权分享住宅、所有权分享住宅。可支付住宅的直接供应者是地方政府、住宅协会，间接提供者包括住宅公司（住宅协会的投资者、监管者、领导者）和地方政府。后者通过规划使私营开发商提供可支付住宅，规划收益就构成私营开发商的补贴。

英国地方政府在直接供给社会住宅方面起到主导作用。首先它可以在地方政府拥有的土地上直接建造可支付住宅，其次地方政府还可以通过规划许可的工具要求开发商提供可支付住宅。由于英国各金融机构分工明确，建筑社在英国抵押贷款市场上一直占垄断地位。英国公共住宅的优惠政策包括：房价优惠（为使这一福利有效服务于使居民拥有自己的住宅目标而不至于被非法牟利，住宅转售严格规定，一年内转售补交 100％折扣款，以后每年减少 20％）、抵押贷款优惠（政府允许用拟购住宅作为抵押品向银行和住宅金融机

① 金一平等：《借鉴英国住宅制度推动住宅公积金制度发展》，选自住宅和城乡建设部住房保障司和住房公积金监管司编写的《国外住房金融研究汇编》，中国城市出版社 2009 年版，第 129 页。

构申请抵押贷款,最高金额为房价的90%,但购房者要提供房屋保险和抵押贷款保护保险;向地方政府申请长期抵押贷款,最高限额只能是房价的67%;抵押贷款利息免税)、产权分享政策(半租半买且优惠购买权期限可达三年)、对可支付住宅建设的金融支持(社会住宅基金、住宅公司、住宅金融公司一起协助社会住宅协会)。英国住宅金融公司成立于1987年,是专业性非政府机构,不以盈利为主要目的,宗旨是向私人筹集资金,为注册社会住宅业主提供建房资本,支持可支付住宅建设。

五、德国的公共住宅金融

德国普通家庭购房和建房融资,通过住宅储蓄贷款合同的储蓄存款和其他自有资金支付20%,商业储蓄银行贷款60%,住宅储蓄贷款合同下的贷款20%。因为城市房价较高,居民一般倾向于在郊区或乡村建购房,且增加住宅储蓄合同贷款维修房屋。

德国实行联邦制,联邦政府主要负责制定颁布全国指导性的住宅政策法规,地方邦政府则根据联邦法规制定本邦住宅政策的具体细则,并通过成立专门的住宅政策和金融机构,组织实施和落实住宅政策,帮助中低收入家庭实现居者有其屋。德国公共住宅金融主要包括两个部分:一是地方各邦政府参与或直接投资设立建设住宅的政策性金融机构,其主要职能是对中低收入家庭建购房和私人投资建造低租金住宅发放优惠利率贷款资助;二是由全国31家住宅储蓄银行构成的合同住宅储蓄贷款融资服务体系,国家通过联邦财政对住宅储蓄者实行奖励制度。德国《民房建设资助法案》对可以享受政府资助建购住宅的对象、建购住宅面积标准、家庭收入标准以及补助资金使用等均作出规定,同时规定允许各邦政府根据本邦实际情况,制定符合本邦的具体执行标准。如北莱茵—威斯特法伦邦住宅建设促进局优惠贷款最高可达房价的80%,期限30年且前十年免息。勃兰登堡邦投资银行主要发放优惠利率贷款、直接投资以及融资担保,在住宅方面则提供建购房和旧房改造贷款服务。为鼓励私人建造管制租金出租住宅,投资银行可提供无息建房贷款,以房屋土地登记抵押作担保,且无息贷款抵押权置于商业贷款抵押权之后,帮助旧房改造客户争取联邦重建银行的政策性优惠贷款。德国住宅储蓄贷款制度是一种建购住宅的互助融资体系,起源于英国的建筑协会。德国《住宅储蓄银行法》规定,住宅储蓄银行是专门从事向住宅储蓄客户吸收存款并利用所有住宅储蓄客户存款资金向住宅储蓄客户发放建购住宅贷款的信贷机构,只有住宅储蓄银行可以被允许经营住宅储蓄贷款业务，住宅储蓄银行的储蓄贷款融资，必须仅限于以居民居住为目的的住宅融资活动，包括住宅或公寓的建造、购买、维修、改造和用于居住土地的交易融资。德国合同住宅储蓄贷款主要有四大特点：利率固定、存一贷一、指数配贷和国家奖励支持。住宅储蓄银行的优惠政策一是免缴准备金(但需上存同业系统3%的风险基金)，二是住宅储蓄奖励。德国政府规定，凡在德国有固定居住地和正常纳税的居民，只要个人应纳税基数收入低于一定标准，就可向政府申请住宅储蓄奖励，甚至可以向雇主申请住宅储蓄补助；雇主补助存入住宅储蓄账户的，也可获得国家奖励。十分可观的住宅储蓄收益率加上免税对居民具有极大的吸引力，保证了住宅储蓄银行系统源源不断地获得建房工程和购房交易所需要的资金。

德国政府认为，为达到住宅保障的目的，国家应对住宅市场在四个方面进行政策干预：保证有足够的住宅建设，同时防止住宅过剩；保证住宅的质量和环境的维护；保证住宅结构和房价老百姓能够承受；保证住宅产品能满足社会各阶层的需要。相应地，德国住宅保障制度非常重视住宅供不应求阶段的房租管制。同时，德国房屋租赁法规定，政府要根据家庭人口、收入及房租支出给予居民适当补贴，保证每个家庭都能够有足够的住宅支付能力。居民实际缴纳租金要与家庭住宅需要相结合，可以承受的租金一般按照家庭收入的25%确定。此外，联邦法律还规定，对于因经济收入低、属于某一民族、信仰某一宗教或孩子多等原因找不到房子的家庭，政府有提供公共住宅供其租住的职责。1999年底，德国家庭自有住宅率41%，私人出租率42%，社会出租率17%。较低的自有住宅率和较高的私人出租率说明德国住宅保障政策的有效性，一方面德国政府没有因为中低收入居民支付能力不足导致社会居住问题恶化，另一方面政府的租金管制政策与融资补贴相结合也没有抑制私人住宅投资的积极性。1999年，私人家庭是德国住宅的主要投资建造者，占61%，建房企业等机构投资者占38%，国家投资占1%；房地产业融资中，建房融资占29.8%，住宅改造融资占28.5%，购房融资占36.2%，土地融资占5.5%；购建房融资中，储蓄银行占33%，住宅储蓄贷款银行占30%，私人抵押贷款银行占27%，公营信贷机构占10%。私人在住房保障和住房金融领域的重要地位，充分说明了德国公共住宅金融运行的有效性[①]。

① 姚运德、朱华、丛诚：《德国、法国住宅金融体制考察报告》，选自住宅和城乡建设部住房保障司和住房公积金监管司编写的《国外住房金融研究汇编》，中国城市出版社2009年版，第84页。

六、中国香港的公共住宅金融

中国香港人多地少，区情与日本、韩国特别是新加坡国情相似，公共住宅金融思路却与地多人少的美国、加拿大、澳大利亚雷同，然而中国香港依然是世界公认住宅问题解决得较好的地区之一。

香港住宅政策有一个曲折反复的发展过程。20 世纪 50 年代，为解决石硖尾大火灾民的居住问题，缓解人口剧增的住宅压力，港英当局徙置事务处开始为低收入家庭提供徙置屋。1958 年，屋宇建设委员会开始为月收入 400—900 港元的家庭提供居所。1972 年，“十年建屋计划”拟为 180 万市民建设公屋。1973 年建立的房委会成为执行机构，并以免费供应土地和贷款形式提供财政资助。1976 年，“居者有其屋计划”鼓励市民购置政府建设的居屋。1978 年，“私人机构参建居屋计划”扩大了当局建房规模。1988 年“自置居所贷款计划”为符合资格的申请人提供免息贷款，或发放每月按揭还款补助金，以鼓励更多人购买私人楼宇。1999 年，“租者置其屋计划”让租住公屋的市民能够购买所租住的房屋。2002 年，受经济衰退的影响，“租住资助办法”重新为没有能力承担市场房租的低收入家庭提供可以负担的资助，让其租住公屋，确保公共房屋资源的合理分配，确保公共房屋的持续发展。当局继续确保房委会有充足及稳定的公屋土地供应，以满足社会对公屋的需求。2007 年，香港 600 万人口中的 46.7%都居住在公屋里①。由此可见，香港的公共住宅金融始终将住宅保障局限在尽可能小的范围内，香港之所以没有发生美国 2007 年次贷危机那样严重的动荡，主要原因还在于香港经济波动没有美国大，经济规模小而政策灵活，内部矛盾无须经过激化阶段就可以缓解。

香港公营房屋金融体系是围绕房委会的建设与运营而形成的住宅金融体系。房委会的职能是为没有能力租住私人楼宇的低收入家庭提供资助租住公屋，同时也负责管理中转房屋和临时收容中心，为短期间难以觅得合适居所的家庭提供临时住所。香港特区公营房屋建设的资金来源途径主要有三种：一是政府资助，二是售租公屋及其附属商业楼宇，三是成立领汇房地产投资信托基金。在公屋租金政策上，房委会以租户的负担能力作为制定公屋租金的主要考虑因素，其他考虑因素包括屋宇价值、通胀、差饷以及维修和管理费用。

① 郑智东：《香港特别行政区公共住宅金融》，选自住宅和城乡建设部住房保障司和住房公积金监管司编写的《国外住房金融研究汇编》，中国城市出版社 2009 年版，第 267 页。

房委会主要通过两种途径补贴公屋，以资助兴建公屋的庞大资本开支和补贴公屋营运开支的长期巨额亏损：一是按市值租出公共房屋附属的商业设施和非住宅设施，二是通过各种自置居所计划出售房屋。1997 年，香港外汇基金成立中国香港按揭证券有限公司(HKMC)运作按揭贷款证券化，其目的有四：①促进银行稳定。因为 1980—1999 年香港银行个人住宅抵押贷款余额占银行贷款总额的比例从不到 10%增长到 29.2%，从而面临着不容忽视的银行资产过度集中之风险和资产负债期限不匹配带来的流动性风险。②弥补住宅融资的缺口。住宅抵押贷款证券化可以将养老基金等长期资金在不提高利率的前提下引入住宅融资，弥补住宅融资的资金缺口。③促进债券市场的发展，使按揭贷款特征相同。按揭债券结构标准化，有利于提高按揭债券的流动性。④促进一、二级按揭市场的标准化和资本市场的发展。HKMC 通过制定明确的按揭购买准则，统一借贷文件和按揭资料的要求，促进一级按揭市场的标准化，同时也协助制定二级按揭市场的标准，使投资者更容易了解和接受 HKMC 的标准化证券。HKMC 还促进定息或转息按揭的发展，使置业人士有更多的选择，也可免受短期贷款利率波动的影响。1999 年，HKMC 背对背发行按揭债券(把按揭贷款出售给 HKMC 的银行又把按揭债券买回去，由于从持有流动性差的按揭资产改为持有流动性高的债券资产，降低了对资本金的需求，减少了流动性风险，同时又把按揭的信用等风险转移给了 HKMC)，对按揭成数超过 70%的部分(最高达 90%)提供保险(既使借款人降低了首付款，又扩展了公司业务，完善了保险制度)。HKMC 发行按揭债券表外运作，由 SPV 发行，HKMC 对按揭债券提供担保，免除了昂贵的信用增级措施。

七、加拿大的公共住宅金融

与美国、澳大利亚较为类似，加拿大地多人少，土地成本相对低廉，可以建造占地较多的独立或半独立住宅。1999 年加拿大家庭自有住宅率 63.8%，家庭租赁住宅率 36.2%(私有住宅占 29.2%，政府与非营利机构拥有住宅 7%)。私人租赁住宅比重大，是加拿大住宅市场的特点[①]。

加拿大的住宅政策主要是直接建造住宅(成立 CMHC 向退伍军人和低收入家庭出售或出租)、直接贷款(CMHC 向建造面向中低收入家庭社会住宅的

---

① 张其光：《加拿大抵押贷款工具和担保制度》，选自住宅和城乡建设部住房保障司和住房公积金监管司编写的《国外住房金融研究汇编》，中国城市出版社 2009 年版，第 53 页。

开发商提供)、抵押贷款担保和抵押贷款证券化。如果说美国的住宅保障政策主要依靠租金补贴,加拿大的住宅保障政策却是侧重于增加公共住宅供应。根据CMHC的数据,2001年,70%的加拿大家庭住宅是可接受的(价格承受得起、不拥挤、修缮良好),16.3%是可支付的(支付额小于税前家庭收入的30%),13.7%进入核心居住需求人群(需要由政府提供住宅或租赁补贴)。加拿大目前比较稳定有效的低收入住宅开发方式包括:①租赁住宅。它由政府开发一定量的房屋,这部分房屋只出租不出售,用以保证房源,要入住必须向管理部门报备并由他们审查合格,才排入等候名单,等待有空房入住。②终身合约。在支付入门费和按月支付小额管理费用后,购房者对某住宅拥有终身居住的权利,大部分终身合约项目由非营利组织赞助,数量很少。③产权住宅。它适合有着中等收入水平的人们以较低的利率甚至零利率贷款购房。④保障权益的产权住宅。它适合有着中等收入的人们以较低的利率甚至零利率贷款购房,购房者必须承诺将来卖房时必须卖还给房地产开发商,而开发商保证以一定的价格购回,从而保证了中低收入住宅的房源不会流失。⑤合作住宅。这是由会员共同出资、建设、居住和共同管理的住宅供应方式,产权属于居住在同一物业中的所有住户,分产权式合作住宅和租赁式合作住宅两种,由于可以获得联邦政府提供的按揭保险和补贴,中低收入人群可以负担得起。⑥共住住宅。每个家庭拥有各自的私密空间,但须和别人共用一些普通设施。加拿大抵押贷款主要是个人买房抵押贷款和出租住宅建设抵押贷款。贷款机构根据借款人的还贷能力、借款人资信状况、所购住宅的价值和住宅市场总体情况,决定是否给借款人发放贷款。借款人的还贷能力最重要,主要指标包括家庭收入与住宅消费支出比(一般不超过32%)以及家庭债务与家庭收入比(一般不超过40%)。其中,家庭收入是税后收入,住宅消费支出包括贷款的分期付款额、房产税、暖气费之和,高层公寓和排屋还包括50%的物业管理费,家庭债务包括抵押贷款、汽车贷款、信用卡贷款等所有家庭债务。加拿大CMHC是一个集住宅政策制定、提供住宅按揭保险、运作按揭证券化等职能于一身的国有公司。1954年以来,CMHC主要功能是对首付款低于25%的借款人提供全额保险(超过25%不必担保即可贷款),从而使更多的人能借得到款买房。经CMHC保险的贷款中有38%的消费者首付款仅仅是5%,CMHC的保险和担保具有完全政府信用。

由于抵押融资规模较小,加拿大的抵押贷款证券化规模远不如美国。同时,加拿大经济一向不是很景气,自然条件也远不及澳大利亚优越,与澳大利亚采取市场化融资、对居民主要提供消费补贴相比，对保障性住宅提供生产补贴更切合加拿大国情，因而生产性融资优惠在加拿大使用较普遍。

八、澳大利亚的公共住宅金融

澳大利亚总人口2 000万，共有住宅820万套，每年新建住宅14万套，绝大部分人口在东部沿海的城市。这意味着人口相对集中的澳大利亚住宅市场基本处于均衡状态。受国际经济景气循环的影响，澳大利亚经济稳步增长，居民收入水平稳步提高，与此形成鲜明对照的是，由于土地资源极其丰富，住宅用地供应弹性极大，普通住宅的市场价格一直相对稳定。购买住宅不仅是解决居住问题的最佳手段，甚至是投资积累财富的重要途径，相应地，在满足居住保障的前提下，澳大利亚的住宅金融商业化色彩也最为明显。

以澳大利亚维多利亚州为例。州政府人类服务部住宅辅助与社区建设司主要负责向低收入家庭、无家可归的人提供住宅支持、社区建设和管理房产，资金来源包括政府协议拨款、政府出售租赁房屋收入和政府住宅贷款收入、政府专项拨款等。维多利亚州自有住宅占75%，商业租赁住宅占18%，7%为公共租赁房屋。澳大利亚维多利亚州政府保障住宅的方法，一是住宅贷款支持购房，二是以家庭收入25%的租金水平提供出租房。澳大利亚住宅抵押贷款业务发达，住宅贷款利息可冲抵个人所得税基数，银行贷款比例可高达95%，贷款期限长达20—25年，既有建房贷款也有购房贷款，由于风险较低，私人财务公司与商业银行在住宅抵押贷款市场竞争激烈。2000年7月，澳大利亚个人住宅贷款余额为2 810亿澳元，证券化资金贷款占11.4%，澳大利亚联邦银行的住宅贷款余额占总贷款余额的50%①。

澳大利亚住宅贷款显著的商业化属性与澳大利亚住宅市场特殊的经济和社会背景是分不开的。它不适用于地少人多的国家，也不适用于经济波动幅度较大的地区。一旦澳大利亚经济出现滑坡，住宅市场价格下滑，澳大利亚就很有可能出现美国那样的次贷危机。

九、瑞典的公共住宅金融

瑞典国土面积45万平方公里，900万人口，约410万个家庭，居民三分之

---

① 刘志峰、曹金彪：《澳大利亚和香港特别行政区住宅抵押贷款证券化考察报告》，选自住宅和城乡建设部住房保障司和住房公积金监管司编写的《国外住房金融研究汇编》，中国城市出版社2009年版，第74页。

一居住在斯德哥尔摩、哥德堡和马尔莫为中心的三大都市圈。在瑞典住宅市场上，自有住宅率为41%，合作住宅率为18%，租赁住宅率为41%（市场租赁与政府租赁各占一半），其中单人家庭、单亲家庭主要租房，夫妇与小孩家庭主要选择自住住宅。2000年，瑞典家庭可支配收入的26%用于租房。

瑞典中央政府负责住宅立法以及对住宅建造的财力支持，国家住宅建设和规划局主要负责承担制定全国性住宅政策，保证成本合理的家园环境建设，推广高效、安全、健康与环保的建筑技术，对土地、水和其他自然资源的可持续利用进行规划管理等。地方政府主要通过县区行政管理局负责住宅规划和住宅政策的全面实施。瑞典住宅政策的目标是，使广大国民享有功能合理的住宅，并促成住宅水平的均等化分配。20世纪30年代，瑞典住宅政策主要偏向失业等社会弱势群体（这是第二次世界大战后其他西方国家住宅政策的中心），40年代逐步推出补贴贷款和租金管制，致力于全面提高国民居住水准。瑞典非营利的地方公共住宅公司借助地方政府优惠期限和利息补贴的贷款建造大量住宅。60年代中期瑞典的“百万住宅计划”规定，任何房屋除厨房和起居室，要保证一人一个房间。1968年，瑞典政府规定房租须由公共住宅公司与承租人协会协商而成。70年代瑞典大量建造独立式单个家庭住宅。80年代主要是维护和改造老房、建新房。

瑞典的住宅政策内容主要包括住宅信贷、住宅补贴和住宅税收。关于住宅信贷，瑞典盛行私人家庭买地建房，建房贷款期限限于房屋建造期限，建房贷款利率与债券市场利率挂钩，竣工后建房贷款被房屋贷款取代；住宅信贷资金主要源于债券，房屋造价的75%可抵押贷款并享受4.5%的优惠利率，25%只能向国家住宅贷款担保局申请担保并承担7%—7.5%的市场利率，建房信贷担保主要取决于借款人的长期还贷能力。关于住宅补贴，瑞典建房贷款补贴政策侧重于高标准可承受住宅的建造和供应，新房建造和旧房翻新的住宅补贴主要是贷款利息补贴，并且新房建造补贴不高于老房改造补贴。1992年后新出租住宅和合作社住宅也有建造贷款利息补贴（补贴贷款利息的30%），并限制补贴住宅的建造面积（单元面积最大不超过120平方米）和成本标准。瑞典的专项住宅补贴政策条件性很强，如环保、技术、住宅供应、住宅结构、入住对象等，国家住宅支出补助标准根据家庭收入、住宅成本和小孩数量等因素综合确定。关于住宅税收，瑞典所有住宅都要交不动产税，新房头5年免，6—10年减半；单个家庭的独立住宅不动产年税率为房屋评估价值的1%，多单元公寓住宅减半；应税房屋评估值通常为市值的75%，多单元公寓住宅可收益贴现。在2001年后，不动产税不得超过家庭应税收入的5%，财富平衡税税率为超额净财富的1.5%[①]。

瑞典地广人稀，普通住宅地价的市场价格低而稳定，有利于单独或合作建房；此外，瑞典对保障性住宅的净投入较少，公共住宅金融不发达，这也导致瑞典的政府租赁在租赁住宅市场上比重不是特别高。这种逻辑上的分析结果与瑞典现实中的住宅市场特征恰恰是一致的。

十、波兰的公共住宅金融

波兰宪法规定，政府应担负合理解决公民住宅问题的职责。中央政府制定住宅政策，地方政府制定细则并加以执行。波兰中央财政的住宅支出项目主要包括合作住宅贷款贴息、住宅储蓄奖励、国家住宅基金拨款、地方住宅支出补助、住宅供暖改造基金等。20世纪90年代中期以来，政府逐步开始支持可承受出租住宅的开发建造。中央财政每年预算拨款给国家住宅基金，使所有非营利性的住宅合作社和社会住宅协会在建造供中低收入家庭居住的出租住宅时，一方面享受免交营业税的政策优惠，另一方面可申请国家住宅基金的优惠利率（市场水平的50%）长期贷款。低租金住宅的月租金不得超过新建住宅单价的4%，且所有符合收入和居住困难条件的家庭均可申请租住低租金住宅。房租最多每半年调整一次。但是波兰法律也规定，房屋出租人通常不得要求承租人撤离，除非特定情况发生，如连续3个月承租人未支付房租、承租人严重影响左邻右舍居住；在特定情况发生时，如承租人不自愿搬离时，只有法院部门具有强制搬迁的权力；且在对当事人强迁之前，必须了解承租人家庭情况和收入情况，对没有其他住处的承租人，法院应事先向社会局申请一套廉租住宅，租金不超过市场的50%。这就意味着波兰政策和法律过度向承租人倾斜了，它不利于保护出租人的利益和出租人的积极性，波兰住宅市场势必呈现量少价高的特点。也正因为如此，目前波兰人均月收入仅能购买住宅0.6—0.8平方米，发达国家一般则达到2.5—3平方米[②]。1989年政治体制转型以来，波兰住宅套均和人均使用面积不断提高，完全是住宅市场商品化开发的结果。波兰的住宅保障政策和公共住宅金融的发展很难说得上成功。

---

① 姚运德、丛诚：《瑞典、波兰住宅金融与政策考察报告》，选自住宅和城乡建设部住房保障司和住房公积金监管司编写的《国外住房金融研究汇编》，中国城市出版社2009年版，第106页。

② 姚运德、丛诚：《瑞典、波兰住宅金融与政策考察报告》，选自住宅和城乡建设部住房保障司和住房公积金监管司编写的《国外住房金融研究汇编》，中国城市出版社2009年版，第107—108页。

十一、法国的公共住宅金融

法国人口 6 000 万，住宅 2 600 万套，自有住宅率 55%，45%的家庭租住住宅，其中 37.8%的家庭租住公益性住宅①。过半的自有住宅率与比重较高的公租率是法国住宅市场的一大特征，主要原因在于：

第一，法国住宅政策的核心是鼓励中高收入家庭买房。法国住宅贷款主要有三种：市场利率贷款、住宅储蓄贷款和零利率贷款。市场利率贷款占全部贷款的 70%，其中 80%是固定利率贷款。法国住宅储蓄有两种：1965 年的住宅储蓄账户和 1969 年的住宅储蓄计划。住宅储蓄存款利息收入免征所得税，住宅贷款利息支出可以从所得税基中扣除。两种储蓄的基本方法都是专项储蓄、存贷挂钩、低存低贷、国家奖励。两种储蓄的主要区别是：住宅储蓄账户是活期存款，个人可随时提取；住宅储蓄计划是定期存款，个人不能提前支取。国家对住宅储蓄账户的奖励少于对住宅储蓄计划的奖励，住宅储蓄贷款占总贷款的 25%。零利率贷款实行于 1995 年，根据申请人的收入、子女和购房地点确定，零利率贷款一般不超过住宅价格的 20%，贷款期限与家庭收入成反比。1998 年零利率贷款约占法国住宅贷款市场份额的 5%。通过这样的政策补贴，在相当程度上弥补了消费者支付能力的不足，达到了促进法国居民买房的目的。

第二，引入人寿保险和住宅贷款担保政策。法国住宅贷款保险办法规定，借款人在申请住宅贷款时，必须同时购买人寿保险公司的人寿保单，如果借款人在贷款期间因死亡、残废等丧失还款能力，由保险公司代为偿还借款人剩余的全部贷款。保险公司同时还提供附加失业保险，借款人在失业后由保险公司承担 18 个月的偿还贷款责任。失业保险虽属借款人自愿投保的险种，但对失业风险较高的借款人，银行也可要求其强制投保。住宅贷款担保基金(FGAS)建立于 1993 年，由政府和发放零利率贷款的银行共同出资组成，主要是向使用零利率贷款的借款人提供担保。由于法国中央储蓄银行禁止住宅储蓄资金进行高风险投资和投机炒作，由政府奖励政策支持的住宅储蓄贷款业务在法国从未遇到问题，保险与担保因此有保证地提高了法国住宅的自有率。

第三，鼓励私人租赁住宅的建设和出租。第二次世界大战后，法国成立低

---

① 姚运德、朱华、丛诚：《德国、法国住宅金融体制考察报告》，选自住宅和城乡建设部住房保障司和住房公积金监管司编写的《国外住房金融研究汇编》，中国城市出版社 2009 年版，第 91 页。

租金住宅建设机构，政府给予补贴，向中低收入家庭提供低租金住宅。20 世纪 80 年代后，政府补贴从砖头转向人头，低租金住宅建设补贴转为低收入家庭住宅补贴，补贴额也相应从建设成本的 20%到市场租金的 50%不等。当前租赁住宅的税收优惠主要包括私人出租住宅租金收入免征所得税和降低出租住宅建设增值税。

第四，为公益性住宅建设提供优惠贷款。法国住宅金融体制的一大特色就是由中央储蓄银行(CDC)提供的公益性住宅建设贷款服务体系。中央储蓄银行由政策特许向个人储户推出所谓 A 存折储蓄品种。法国法律规定，凡是在中央储蓄银行开立 A 存折的储户，可以享有 3%的存款利息收入，但 A 存折储蓄最高金额为不超过 10 万法郎；A 存折的储蓄资金，主要用于发放社会公益性住宅(建设、翻修、老街区改造)等方面的贷款。由于 A 存折储蓄经营是排他性的，因此对储户是极具吸引力的。在法国，公益性住宅的建设是由上而下进行的。一般地，每年由住宅部和财政部联合制定全国的公益性住宅建造总量计划和有关贷款规模，经国会讨论通过后，由各省根据地方情况确定本省建设规模，并落实到各省公益房开发机构，公益房开发机构再向中央储蓄银行申请公益性住宅开发优惠贷款。目前公益性住宅开发优惠贷款利率为成本利率(4.2%)，贷款金额可达开发总价的 50%—60%，期限可长达 35 年；而市场一般开发贷款利率为 6%—6.5%，期限只有 15—20 年。

法国政府十分重视公益房建设，除了通过中央储蓄银行提供公益房开发优惠贷款外，国家和地方政府还对公益房开发商提供开发总价 12%—25%的补贴。对于公益性住宅租金，国家规定实行上限限制。要租住公益性住宅的人，必须符合政府有关收入上限标准，经过有关部门审批后方可租住。对于收入特别低的公益性住宅承租人，还可向国家申请租金补贴。2000 年底，法国新立法规定，凡人口在 5 万以上的城镇，公益性住宅必须占到住宅总量的 20%。法国政府现在更倾向于鼓励更多私人参与公益性住宅开发建设，公有住宅建设机构越来越侧重老年人和残疾人的住宅开发，这使中央储蓄银行信贷重点逐步转向老年人项目、交通和环境改造项目。

十二、荷兰的公共住宅金融

荷兰人口 1 600 万，总体而言也是地少人多的国家。荷兰政策鼓励居民买房，但用足政策仍没有能力购房的居民可以获得由政府提供的公共租赁房。从实践情况看，荷兰现有住宅 640 万套，自有住宅率 50%，公租率 37%，私租率17%,每年新建住宅8万套,基本达到了安居乐业的社会目标①。

荷兰的住宅保障政策有两大特点。一是荷兰实行住宅贷款利息和人寿保险收入免征所得税的政策。荷兰金融机构把人寿保险与抵押贷款捆绑在一起进行销售,借款人贷款后只按月偿还贷款利息,不偿还贷款本金,但要购买一份与抵押贷款期限相同、本金数额相等的人寿保险,保费与贷款利息一起,由借款人按月支付;贷款到期后,借款人所购买的人寿保险正好到期,保险收入恰足以清偿贷款本金。这种安排既有利于借款人最大限度地享受免税政策,也有利于降低金融机构的贷款风险,荷兰大约八成以上的住宅贷款采取这种形式。二是荷兰担保基金发达。荷兰共建立三种担保基金:一是社会住宅担保基金WSW,1984年建立,主要是向住宅协会提供住宅建设融资担保,当担保公司无力偿还担保债务时,由政府代基金履行债务责任;二是中央住宅基金CFV,1988年建立,实际上是住宅协会的互助基金;三是住宅贷款担保基金GFOO,主要是为想要买房的中低收入家庭提供贷款担保。不管是担保还是利息免税,客观上都让一部分原本支付能力不足的居民在得到政府支持后购买了住宅,提高了自有住宅率。

十三、印度的公共住宅金融

面对政府的严格控制,市场色彩浓厚的印度住宅贷款不可避免地被忽视,如1971年成立的住宅与城市发展公司就仅仅为印度邦政府、邦政府所属的住宅局、住宅与城市发展项目提供贷款。为促进住宅产业的发展,印度住宅发展金融公司(HDFC)1978年成立,专门致力于向家庭提供住宅贷款。至1992年,HDFC的住宅贷款占全部住宅贷款的比重达到81.8%,其中个人贷款又占全部住宅贷款的82%。尽管国际开发署(AID)对HDFC的住户借款担保,并且对HDFC大力支持(1984年HDFC的资金来源中有43%是金融机构的长期贷款,其中国际开发署就占22%,超过一半的份额),但在1982—1984年,HDFC对低收入者(约占城市居民总数的30%)提供的贷款也仅仅占其贷款总额的17%②。原因在于,作为私营公司,为最大限度地降低贷款风险,HDFC

---

① 刘志峰、张其光:《法国、荷兰的住宅政策及对我国的借鉴意义》,选自住宅和城乡建设部住房保障司和住房公积金监管司编写的《国外住房金融研究汇编》,中国城市出版社2009年版,第31页。

② 侯淅珉、朱华、何玉波:《印度住宅发展金融公司的发展、作用及对我们的启示》,选自住宅和城乡建设部住房保障司和住房公积金监管司编写的《国外住房金融研究汇编》,中国城市出版社2009年版,第26页。

不仅要求较高的首付款，而且要求其他人对贷款者提供贷款30%部分的担保等，这意味着HDFC遵循的还是完全的商业化原则，贷款发放的对象尽管是城市较低收入者，却没有或较少有呆账、坏账的风险。

十四、世界银行的公共住宅金融

世界银行认为，城市化是经济发展的固有使命，城市化进程必将导致城市居民住所的迁移；然而在城市化进程中，穷人往往会受到不利的影响。因此，世界银行的大量资源被用于帮助穷人改善居住环境。1980年世界银行《住宅》报告指出，世界银行鼓励国家通过负债，采取更加温和的措施来解决国民住宅问题，因为如果没有政府部门适度的干预，住宅市场不可能达成统一标准。然而，政府干预也是一把双刃剑：适度的政府干预能够使住宅市场运作良好，并实现政府既定目标；不当的政府干预会打击市场主体，伤害宏观经济。世界银行的许多报告表明，世界银行重点支持中低收入国家解决住宅问题，但同时要求各国政府干预住宅市场，并特别强调公平和效率。

世界银行对于城市贫困人口的住宅支持，是从20世纪70年代初在非洲、亚洲、拉美兴建综合住宅项目（包括供水、卫生等相关基础设施的住宅）开始的。这些项目主要的供给对象是那些有一定储蓄并打算改善居住条件的城市贫困人口。除了综合住宅项目、贫民住宅改造等投资，世界银行还帮助解决一些政策性问题，如应付重大灾害的项目投资。住宅贷款是世界银行城市发展贷款的主要部分。世界银行非常重视政策性住宅投资，重视住宅投资质量，重视较富裕的转型国家如中亚、中东及北非国家等。世界银行认为，影响住宅供给的政策因素主要有土地制度、住宅金融及住宅补贴三个，此外技术进步也很重要。关于土地制度，世界银行认为，土地政策会对住宅价格产生重大影响，土地成本也构成住宅成本的较大部分，明确土地产权有助于降低住宅成本。关于住宅金融，世界银行是在政府部门没有能力提供住宅、个人没有其他融资途径可供选择的情况下进入住宅金融市场的。世界银行认为，市场化住宅金融在发达国家较容易发展，但无论是历史经验还是理论研究均表明，政府部门在住宅金融中应当担当重要角色，当然也要防范住宅金融制度结构的缺陷所带来的宏观经济风险。关于住宅补贴，世界银行认为，每一个国家都会采用住宅补贴政策，尽管采用的补贴形式不同，但它们的着力点都是住宅供给或住宅需求；由于住宅补贴的形式较多，实际中难以测度住宅补贴的规模和范围，进而导致补贴政策难以发挥其应有的效应。从最初向低收入国家发放小额住宅贷款到向各类国家发放大额政策性住宅贷款，住宅贷款始终是世界银行最为满意的投资项目之一。随着世界经济形势的变化，对世界银行住宅贷款的需求将更多来自中等收入国家。

第三节 附属性是西方公共住宅金融的共同特征

美国的基本国情决定了美国公共住宅金融必然成为西方公共住宅金融的典型。西方其他国家的公共住宅金融与美国公共住宅金融只有量的差别，没有质的不同。附属性既是美国公共住宅金融的基本特征，也是西方其他国家公共住宅金融的基本特征。

一、美国公共住宅金融是西方公共住宅金融发展的典型

从理论上看，公共住宅金融与商业住宅金融的产生机制无疑存在根本的差异。住宅作为一种商品，既可以是奢侈品，又可以是生活必需品。住宅作为奢侈品的属性，决定了住宅需求的满足必须遵循市场原则；住宅作为生活必需品的属性，决定了住宅需求的满足必须遵循保障原则。住宅的供给取决于住宅的经济性质，优质住宅的供给刚性较强，普通住宅的供给弹性较大。因此在住宅市场上，优质住宅的价格更多取决于住宅市场的相对购买力，普通住宅的价格更多取决于住宅市场的绝对购买力。也就是说，消费者的购买力差异越大，优质住宅的价格越高，反之则反；消费者的购买力越接近普通住宅的生产价格，普通住宅市场供求越能趋于均衡。住宅市场供求的这种特征及其价格形成机制决定了政府干预住宅市场的对象只能是普通住宅，也就是说普通住宅市场才是公共住宅金融发展的经济基础。公共住宅金融发展的空间在于弥补消费者支付能力与普通住宅市场价格之间的缺口，并且这种缺口的大小与公共住宅金融发展的规模成正比。结合美国的具体国情看，美国公共住宅金融无疑具有西方公共住宅金融的典型特征。

第一，美国经济发展的地理空间辽阔。美国全称美利坚合众国（United States of America），东濒大西洋，西临太平洋，北靠加拿大，南接墨西哥，国土面积约 963 万平方公里，位居全球第四，仅次于俄罗斯、加拿大和中国。2009 年，美国人口达到 3.07 亿，但人口密度平均每平方公里仅仅 32 人。美国地形明显地分为西部高大山地、东部低缓高地和中部广阔平原三部分，而且从面积

看平原占的比重最大。尽管水域率仅6.76%,但在美国的主要农业地带,少有严重的干旱发生,洪水泛滥也不常见,温和的气候、充沛的雨量对美国的农业生产极为有利①。目前,美国农业在世界上规模最大、效率最高。美国农业生产有九大专业区域:乳酪带(五大湖以南和东北部地区),玉米带(美国中部乳酪带以南),小麦带(大平原中部的冬小麦和北部地区的春小麦),棉花区(北纬35度以南地区),混合农业区(棉花带和玉米带之间),山地放牧和灌溉农业区(西部洛基山脉和高原、盆地广大地区),太平洋北部和林牧业区(北纬40度以北),太平洋南部水果、蔬菜和灌溉农业区(加利福尼亚州)和亚热带作物带(墨西哥湾沿岸和佛罗里达州)。1993年,美国农业人口仅占总人口的1.9%,农业劳动力仅占全国劳动力总数的2.1%。美国农业不仅能满足美国对农产品的需要,而且大量出口,农产品出口约占美国外汇收入的20%。其中,世界排名第一的美国重要农产品出口包括:谷物出口占全球40%,玉米出口占全球70%,大豆出口占全球67%,棉花出口占全球26%,小麦出口占全球37%,肉类出口占全球7.4%,出口总量则占全球20%②。高度发达的农业和辽阔的地理区域,为美国的城市化和工业化提供了无穷无尽的土地资源,由于用地紧张导致普通住宅地基价格狂涨的现象在美国非常少见。

第二,美国的工业化和城市化水平很高。美国有高度发达的现代市场经济,是世界第一经济强国,无论是工业化还是城市化水平都很高。2010年,美国GDP总额14.6万亿美元,人均GDP为47 132美元,均高居世界第一。与农业的区域分工类似,美国城市之间的产业分工也很明显。例如,纽约是金融、出版、广播和广告等行业中心,洛杉矶是电影和电视节目制作中心,旧金山湾区和太平洋沿岸西北地区是技术开发中心,中西部是制造业和重工业中心,东南部以医药研究、旅游业和建材业为主要产业。城市和地区之间的这种产业分工,使得美国的工业和人口在地理上不是特别集中。如美国第一大城市纽约,2008年人口836万,面积1 214平方公里,整个大都会区人口1 900万,面积17 405平方公里③。与此形成鲜明对比的是,同期日本东京人口高达3 500万,面积2 187平方公里;墨西哥首都墨西哥城人口高达1 900万,面积1 500平方公里。相对集中的工业和人口,使得美国的城市地租结构不是太复杂,总量也不是

① http://baike.baidu.com/view/2398.htm.
② http://zhidao.baidu.com/question/179327540.html.
③ http://baike.baidu.com/view/2398.htm.

太庞大，特别是投机炒作的难度很大，地租的短期大幅度波动很少发生。城市地租，无论是级差地租还是绝对地租，更多的是美国经济和政治基本面的反映。

第三，美国土地利用方式的转换（特别是住宅用地与非住宅用地之间的转换），基本取决于市场自由竞争，政府干预很少。朱华等人指出，“美国的住宅包括私人所有、地方政府所有和联邦资金支持的。但绝大多数房屋属于私人所有，其中99%的房屋归于私人所有，1%的房屋属于联邦政府或地方政府所有……（因为）联邦政府不拥有土地或对土地规划进行控制，土地使用或规划的权利在州政府，通常情况下，州政府将这些权利赋予地方或城市政府”①。地方或城市政府又因为缺乏土地所有权，对土地的利用并不能实施真正有效的干预，实际上将土地利用权利交还给了土地所有者。针对缺少政府干预的美国住宅地基市场，英国著名经济学家P. 霍尔曾经很深刻地指出，宏观上美国出现了严重的利用“土地的浪费……继续搞低密度；‘天女散花式’城市扩展而出现的低效能；使用自然资源方面的恣意挥霍；普遍依靠私人汽车所带来的污染和增加生活开支；城郊化所造成的缺乏选择和标准的单一；对很多稀奇古怪的、着眼于生意经的表现形式失去控制而带来的丑陋，等等”。但是微观上“这个进程有显著的效果：在四分之一世纪的短暂时期内建造了几百万户的新住宅和几百万个新的商业中心，还有相应的学校、社区设施和其他服务设施。第二，就纯粹的质量而言，这个进程确实建造了一大批相当好的住宅和令人愉快的邻里单位……第三，指导这个全进程的分散的决策结构确实避免了大量的社会性错误”②。市场决策的利弊可以撇开不论，美国土地利用的决策交给市场却是一个不争的事实。

第四，美国的基本经济制度与政治制度和西方其他国家大体一致。与西方其他国家大同小异，美国在强调私有财产神圣不可侵犯的基础上发展资本主义市场经济，与此对应的是政治上实行资产阶级议会民主制。资本主义市场经济决定了美国的住宅市场建设必须以住宅地基的资产阶级个人所有制为前提，政府的干预不得侵犯或损害住宅地基的私有权益；资产阶级议会民主制意味着为实现社会目标，政府对住宅市场的干预应最大限度地不以损害住宅市场的自由运行为前提。也就是说，政府对住宅市场的干预充其量是让住宅

---

① 朱华、李江丁、潘伟：《美国住宅金融体系与公共住宅培训制度报告》，选自住宅和城乡建设部住房保障司和住房公积金监管司编写的《国外住房金融研究汇编》，中国城市出版社2009年版，第151页。

② ［英］P. 霍尔著：《城市和区域规划》，邹德慈、金经元译，中国建筑工业出版社1985年版，第256—257页。

市场的缺陷得到局部弥补，而不是从根本上消灭住宅市场本身或使住宅市场的性质从根本上被改变。共同的经济制度和政治制度基础使得西方其他国家的公共住宅金融只是在美国公共住宅金融的基础上结合本国国情修修补补，但它们的总体框架、主要内容和基本性质是一致的。

二、西方其他国家公共住宅金融并没有跳脱“美国模式”

美国公共住宅金融的核心内容是在维护住宅商品属性的前提下，政府采取必要的财政货币政策，尽可能弥补中低收入居民支付能力与住宅商品市场价格之间的缺口。其他西方国家的公共住宅金融与美国公共住宅金融的区别，主要是量的区别，两者的性质则基本一致。

以新加坡的公共住宅金融为例。尽管组屋享有土地来源、建设费用和销售方面的补贴，尽管组屋销售价格不是取决于组屋的市场价格，而是取决于消费者的支付能力，新加坡政府仍然规定，组屋出售后产权归个人所有，组屋的转卖条件仅仅是屋主拥有及实际居住至少达到 5 年，且政府抽取 10%—25% 的附加费，原先购买住宅时动用的公积金及其利息要如数存入公积金局。新加坡政府一方面规定每个家庭只能拥有一套组屋，一方面又规定每个家庭可以享受两次购买组屋的权利，一是住满 5 年后出售，二是人口增加或经济条件改善，可将现有组屋 6 个月内出售再申请。形式上，新加坡政府对组屋和商品房实行两个市场管理，公共组屋不得进入商品房市场流通，但公开组屋市场价格是政府组屋销售价格的 2—4 倍，说明具有一定市场化程度的公开市场组屋已经借助政府住宅保障和公共住宅金融产生了明显的收入再分配效应，组屋具有一定程度的商品属性是确定无疑的。至于比新加坡土地供应相对宽裕的韩国、日本，公共住宅金融的商品化倾向更为明显。以最有代表性的 Jeonse 贷款为例，韩国规定，对低收入无房家庭给予低息购房贷款支持，年收入低于 3 000 万韩元或 27 000 美元的无房家庭，购买 85 平方米以下公租房或二手房可以申请总额不超过 6 000 万韩元的贷款，贷款年利率为 7.75%—9%；购买 85 平方米以下的新建住宅可以获得 3 000 万—5 000 万韩元的住宅贷款，贷款年利率 8.5%；购置 60 平方米以下的住宅可以获得相当于房价 70% 的贷款支持，贷款年利率 8.5%，一切以获得住宅的完全商品属性为最终目标。日本在 2005 年前广泛运用财政金融手段干预住宅的生产与消费，却同样不吝政府补贴支持公共住宅的商品化进程。例如，公团住宅是一种带有政府补贴性质的住宅，不仅原则上可以以成本价向中等收入家庭出售，而且公团住宅购买者可以向住宅金融公库申请贷款，享受 6 年的所得税返还，减免相关的交易税、不动产所得税和固定资产税等。如果不是 2007 年美国次贷危机的爆发，2005 年开始改革的日本住宅金融体制很可能已经完全美国化。与新加坡国情相似的中国香港则干脆将公共住宅金融完全建立在住宅商品化的基础上。1976 年，港英当局“居者有其屋”计划让市民购置当局建设的居屋；1988 年，港英当局“自置居所贷款”计划又为符合资格的申请人提供免息贷款，或发放每月按揭还款补助金，以鼓励更多人购买私人楼宇；1999 年，中国香港特区政府“租者置其屋”计划继续让租住公屋的市民能够购买所租住的房屋，同时中国香港按揭证券有限公司（HKMC）背对背发行按揭债券，对按揭成数超过 70%的部分提供保险。这种将市场风险转移到政府所有企业身上的行为，在房价处于上升通道时，政府所有企业不但不会存在风险，甚至还会因此获利，然而一旦经济停滞或衰退，房价下滑，市场风险就会在政府所有企业身上爆发和激化。因此，2002 年，中国香港特区政府不得不重新推出“租住资助办法”，为没有能力承担市场房租的低收入家庭提供可以负担的资助，让其租住公屋，确保公共住宅资源的合理分配，确保公共房屋的持续发展，政府继续确保房委会有充足稳定的公屋土地供应，以满足社会对公屋的需求。由此可见，香港虽然是世界公认住宅问题解决得较好的地区，但这只与香港特区政府的高效率有关，而与香港是否有有效的公共住宅金融无关。

撇开与美国公共住宅金融有高度同质性的澳大利亚、加拿大不论，德国的公共住宅金融具有一定的独特性，但它同样将住宅的商品属性置于基础地位。如德国的房租管制制度是住宅租赁市场供不应求条件下的临时性举措。管制期间，德国住宅保障部门会对中低收入家庭建购房和私人投资建造低租金住宅发放优惠利率贷款资助，通过扩大供应、减少需求，逐步在市场基础上实现管制租金水平的稳定，租金管制并没有（至少没有一直）干扰住宅市场的正常运行。契约型住宅储蓄是德国公共住宅金融最显著的特色，但它的成功运行并不是无条件的，如较低且稳定的市场利率和通货膨胀率，金融自由化程度相对较低，合同储蓄机构是非营利的等。尤其重要的是，储蓄机构本身的缺点很明显，如资金来源单一且不稳定，资金存少贷多而且期限长，流动性风险很大，一旦利率变化大和政府支持力下降，这一模式就会陷入危机[①]。与此形成鲜明

① 姚玲珍：《德国公共住宅金融》，选自住宅和城乡建设部住房保障司和住房公积金监管司编写的《国外住房金融研究汇编》，中国城市出版社 2009 年版，第 252 页。

对比的是，波兰虽然极力保护承租人的利益，但因为不遵循商品化原则，从而使承租人利益最终受到伤害。波兰法律规定，房屋出租人通常不得要求承租人撤离，除非特定情况发生，如连续 3 个月承租人未支付房租、承租人严重影响左邻右舍居住；在特定情况发生时，如承租人不自愿搬离时，只有法院部门具有强制搬迁的权力，且在对当事人强迁之前，必须了解承租人家庭情况和收入情况，对没有其他住处的承租人，法院应事先向社会局申请一套廉租住宅，租金不超过市场的 50%。结果波兰住宅市场价格奇高，发达国家人均月收入可购买住宅 2.5—3 平方米，而波兰的仅仅能够买 0.6—0.8 平方米，租赁市场也出现萎缩，供应明显不足。

住宅商品化是西方所有国家公共住宅金融发展的基础，某些国家的住宅商品属性受到一定程度和一段时间的削弱，只不过是这些国家结合国情对美国公共住宅金融模式进行的修修补补，并没有改变西方公共住宅金融模式的基本特征，美国公共住宅金融依然是这些国家公共住宅金融发展的典型。

小　　结

历史上，公共住宅金融产生于商业住宅金融之后。由于均以住宅的商品化为前提，美国公共住宅金融并没有从根本上与商业住宅金融进行区隔，从而附属性构成了美国公共住宅金融的基本特征。西方其他国家公共住宅金融结合本国国情对美国公共住宅金融模式的修修补补，同样没有改变住宅商品化的前提，这决定了美国公共住宅金融所具有的附属性同时也是西方其他国家公共住宅金融所共有的。这不仅意味着西方公共住宅金融运行机制与商业住宅金融运行机制的一致，而且意味着商业住宅金融所存在的缺陷也存在于西方公共住宅金融中。由于消费者的支付能力更为有限，与商业住宅金融相比，西方公共住宅金融风险更高。西方公共住宅金融不仅没有弥补商业住宅金融的固有缺陷，相反，西方公共住宅金融激化了商业住宅金融的原有矛盾。西方公共住宅金融所具有的内在不稳定性，使得现代社会住宅金融危机更频繁，破坏力更大。

第二章　西方公共住宅金融的内在缺陷

西方公共住宅金融以住宅的商品化为前提，侧重于弥补中低收入消费者市场支付能力的不足，不仅意味着西方公共住宅金融与商业住宅金融运行机制的一致，还意味着西方公共住宅金融与商业住宅金融相比具有更大的风险。住宅的商品化使西方公共住宅金融面临一系列难以克服的内在矛盾和冲突，这些内在矛盾和冲突在时机成熟时就会使住宅金融市场的各种风险激化，最终借助金融危机将西方公共住宅金融置于困境。然而，西方公共住宅金融所具有的这种内在缺陷是由西方社会的政治和经济基础决定的，因而是很难克服的。

第一节　西方公共住宅金融的内在矛盾和冲突

西方公共住宅金融的内在矛盾和冲突主要体现为公共住宅价值与使用价值的内在矛盾、政府财力不足与住房保障义务的冲突以及住房保障社会公平与经济效率的冲突。

一、公共住宅商品价值与使用价值的内在矛盾

公共住宅金融产生与发展的动力源于解决中低收入居民的刚性居住需求，它侧重于住宅的使用价值，本身就具有反市场以及与价值相冲突的特征。

居住需求是人类生存和发展的基本需求，也是一种刚性需求。与居住需求相关的是住宅的建筑材料、住宅的设计、住宅的内部装饰装修、住宅的外部附属设施以及住宅的自然和人文环境等因素。在满足居住需求的这些构成要素中，真正消耗的只是住宅本身及外部附属设施。住宅的环境特别是自然环境不会因为消费者的居住行为而贬值分毫。相反，住宅的环境会因为其间消费者数量的增加而得到优化、增值。所以，即使撇开消费者居住的外部正效应不论，消费者应该负担的也只能是住宅本身及外部附属设施的折旧，即建安成

本与土地投资的分摊；如果不考虑城市土地的来源，地价是无论如何也不能列入消费者的居住成本的。因为土地没有因为消费者的进入而折旧，相反它因消费者的进入而增值。相应地，满足居住需求可以建立在不同的基础之上，住宅可以是产品，也可以是商品；消费者可以对住宅拥有完全的所有权，也可以对住宅只拥有某一种或几种产权，一切取决于一个社会基本的经济制度和政治制度。

在经济资源，特别是土地一切归私人所有的市场经济条件下，完全遵循市场原则很可能难以实现满足消费者居住的刚性需求这一目标。首先是因为住宅是一种资源、资金和劳动密集型产品，建设周期长，单位住宅耗费生产要素多，住宅堪称个人消费活动中价值量最大的商品。其次，受聚集经济效应的影响，城市即使普通住宅的价格也会大大高于农村住宅的价格。再次，受劣质土地财政的影响，普通住宅的价格甚至可以将中低收入阶层的所有剩余购买力榨干。因为居住需求是一种刚性需求，只要控制住宅的供给，住宅的价格就可以随意确定在社会一部分公众能够承受的水平上，不管普通住宅地基上的资本投入水平如何。线上的消费者，虽然通过市场途径获得了普通住宅，却被劣质土地财政严重掠夺，而且支付能力越接近普通住宅价格水平，消费者就被剥夺得越干净。线下的消费者则被排除在住宅商品市场之外，只能依赖住宅租赁市场满足自己的刚性居住需求，而且这种租赁市场，不是商业住宅租赁市场，只能是公共住宅租赁市场[①]。以上海为例，2010 年，上海楼市成交均价 2.16 万元/平方米[②]，建安成本约 3 500 元/平方米[③]，建安成本仅及平均房价的 16.2%。畸高的土地出让平均价格，显然不能完全用住宅地基的优劣来解释。最后，收入分配的两极分化会使一部分消费者必然被排除在住宅市场之外。市场经济不是一个收入均等化的经济。在市场机制的作用下，即使各种投入生产要素质量没有差别，时间和环境也会发挥优胜劣汰的作用，使参与经济活动的各市场主体收入分配两极分化。在扣除各种支出后，他们的支付能力在住宅市场上必然参差不齐。有的消费者竞购优质住宅后还有剩余，有的消费者连购买一套普通住宅都捉襟见肘。在这种情况下，指望所有的消费者通过市场渠道满足自己的居住需求，是很不现实的，这也是公共住宅金融存在

---

① 顾书桂：《论“以租代买”的经济性质——兼驳“买不如租”论》，载《哈尔滨师范大学学报》2011 年第 2 期。

② 刘因：《去年上海房价 2.16 万元/平方米》，载《解放牛网》2011 年 1 月 3 日。

③ 数据来自上海市房地产行业协会秘书处。

的最基本的原因。

然而，西方公共住宅金融以住宅的商品属性为前提，将住宅的价值作为公共住宅金融运作的基础，明显与公共住宅金融的产生初衷相背离。公共住宅金融只与住宅的使用价值相关，而与住宅的价值无关。即使不能切断住宅价值与使用价值的关联，公共住宅金融与住宅价值发生一定的关系也应是被迫的，应该限制在最小的范围内，公共住宅金融没有必要，更没有理由一定要以住宅价值作为自己运作的前提。从这个角度看，西方公共住宅金融内部将不可避免地包含着住宅价值与使用价值的矛盾，这种矛盾在激化时甚至可以阻碍西方公共住宅金融的正常运行。2002 年后，由于房屋市场持续低迷，香港市民对房屋的有效需求显著下降，香港特区政府不得不彻底改变过去自置居屋的资助办法，以租住资助办法取而代之，就是一个很好的例子[①]。当然，西方公共住宅金融模式的形成有各种历史的原因，受多种客观因素的制约，但无论如何，只要将公共住宅金融与住宅价值、住宅商品属性挂钩，公共住宅金融内部的这种矛盾和冲突就是不可避免的。

二、政府财力不足与住房保障义务的冲突

西方公共住宅金融内部住宅价值与使用价值的矛盾，首先体现为政府财力不足与住房保障义务的外部冲突。公共住宅金融本质上是一种政府行为，政府财力的大小直接决定公共住宅金融的方式和规模。一般情况下，政府的财力越充裕，公共住宅金融的成本越高，公共住宅金融的规模越大，反之则反是。实践中，由于政府只是对市场起拾遗补阙的作用，政府的财力往往受到相当的制约，入不敷出不仅是西方国家更是发展中国家财政的基本特征。相应地，“少花钱，多办事”就构成几乎所有国家公共住宅金融开展的基本要求。然而，西方公共住宅金融将住宅的商品属性作为公共住宅金融的前提，只能意味着投入的政府财力过多，履行的政府职能过少。这是因为：

第一，住宅需求是中低收入阶层的刚性需求，应该最大限度地满足。人不是冷血动物，人要维持正常的体温，光吃饭、穿衣还不行，还要有住宅睡觉并遮风挡雨，维持基本的生存环境，以满足劳动力再生产的需要。至于住宅的最低标准，那是由生产力发展水平决定的，生产力发展水平变化了，住宅的最低标

① 郑智东：《香港特别行政区公共住宅金融》，选自住宅和城乡建设部住房保障司和住房公积金监管司编写的《国外住房金融研究汇编》，中国城市出版社 2009 年版，第 268—269 页。

准也会随之变化。住宅的最低标准，既是生产力发展的标志，也是生产力发展的结果。

第二，住宅保障是由市场机制的缺陷引发的。市场机制总体上优于政府机制，但这并不意味着市场机制是完美无缺的。市场机制总会导致一部分低收入人群无法满足住宅的基本需要，但这是提高整个社会资源配置效率的必要代价。在住宅需求是刚性的且总有一部分人无法满足的前提下，政府适时地干预是不可避免的。因此，公共住宅金融不存在有没有必要的问题，只存在花最少的钱办最多的事的问题。

第三，以住宅的商品化为前提是将公共住宅金融的成本最大化。公共住宅金融的核心内容是弥补中低收入消费者获得居住需求满足的支付能力的不足，支付缺口是市场价格与支付能力之间的差额。当支付能力一定时，公共住宅金融成本与市场价格成正比；当市场价格一定时，公共住宅金融成本与支付能力成反比。西方公共住宅金融以住宅的商品化为前提，意味着满足住宅需求的市场价格达到了最高水平，同时公共住宅金融的成本也达到了最大化。即使西方政府在很多时候采取一些措施来降低住宅商品的市场价格，但因为西方公共住宅金融的基本性质没有改变，所以取得的实际效果也非常有限。当政府财力固定时，公共住宅金融成本的最大化也就意味着公共住宅金融职能的最小化。

第四，政府财力的波动往往带来政府履行住房保障义务的波动。政府的财力主要来源于税收，在税率不变的前提下，政府的财力随国民经济规模的波动而波动。当经济扩张时，政府财力增加，公共住宅金融运转良好；当经济收缩时，政府财力下降，公共住宅金融难以为继。在居住需求刚性的前提下，这意味着两种可能，一是引发政治动荡，二是以国民经济失衡为代价刺激国民经济畸形扩张，最终诱发经济危机。2008 年美国爆发次贷危机并演变为全面的金融危机，是后一种情形的最典型写照①。

总之，西方公共住宅金融存在政府财力不足与住房保障义务的冲突，是一个不争的事实。

三、住房保障社会公平与经济效率的冲突

西方公共住宅金融价值与使用价值的内在矛盾，还体现在住房保障社会

---

① 顾书桂：《赤字转嫁是美国次贷危机的主因》，载《同济大学学报（社会科学版）》2011 年第 5 期。

公平与经济效率的冲突上。公共住宅金融本意是在住宅领域弥补市场机制的缺陷，发挥托底功能。公共住宅金融源于中低收入阶层支付能力与住宅市场价格脱节之间的矛盾。一方面，一部分人收入水平较低是市场机制造成的，是不可避免的，只要市场机制在发挥基础作用，这部分低收入人群就会出现；另一方面，住宅需求是劳动力再生产的基本需求，具有明显的刚性特征，不管消费者有没有支付能力，消费者最基本的居住需求都必须得到满足。由此也就决定了公共住宅金融的目的仅仅在于满足消费者的刚性居住需求，超出这一底线的公共住宅金融不仅是不必要的，而且会影响市场机制发挥正常的功能，影响经济资源最优配置效率的实现。但西方公共住宅金融以住宅的商品化为前提，在住宅价格上涨的财富效应作用下，出现了明显的社会公平与经济效率的冲突。

第一，西方公共住宅金融突破了居住需求托底的范畴。住宅价值与使用价值的矛盾意味着两者的运行机制存在明显的区别。住宅的使用价值指住宅的具体用途，它与住宅的新旧、性能的高低以及实体的有无相关。一般而言，住宅越新，性能越高，住宅越能发挥它的作用；住宅越旧，性能越低，住宅发挥它的居住功能越受到限制。住宅的价值是住宅市场价格的支撑或基础，很多时候与其说住宅价值取决于住宅本身，还不如说住宅价值取决于住宅地基的价值。正因为如此，住宅价值很多时候与住宅使用价值是脱节的，住宅价值很大可以与住宅居住这一使用价值不大并存。从这种意义上说，西方公共住宅金融以住宅的商品化为前提，并不意味着政府就履行了住宅保障的职能。

第二，西方公共住宅金融易产生收入再分配的不公平。以住宅商品化为前提的西方公共住宅金融，必然带来公共住宅商品价值的变化，从而对消费者产生收入再分配效应。当消费者只拥有住宅使用权时，住宅价值的变化对消费者的使用价值几乎没有任何影响；当消费者拥有住宅所有权时，哪怕是部分拥有所有权，只要具有经济上的合理性，住宅价值的变化都有可能导致消费者通过置换住宅的方法获取额外的经济利益。鉴于住宅商品价值中建筑本身的价值可能只占很小的比例，住宅商品价值的变化对消费者的收入再分配效应是相当大的，这也导致许多消费者即使住宅需求得到了满足，还是希望在公共住宅市场分一杯羹。

第三，西方公共住宅金融不利于住宅市场体系的健全。风险机制是市场机制的重要组成部分，任何一个参与主体都必须具备独立的承担风险的能力，住宅市场也不例外。与普通住宅市场相比，优质住宅市场的风险更大，但这丝毫也不意味着普通住宅市场的消费者可以不承担风险。消费者承受市场风险的能力取决于其自有资本的相对比率，消费者承受风险的能力越强，住宅市场的体系越健全，反之则反是。西方公共住宅金融以住宅的商品化为前提，将一些明显缺乏市场风险承受能力的低收入消费者拖入住宅市场，扭曲了这些消费者的支付能力和风险承受能力，从而也扭曲了原有的住宅市场体系。

第四，西方公共住宅金融不利于维持政府的超然地位。由于政府耗费过多的成本对住宅市场实施了过度的干预，政府在市场经济运行中的超然地位势必受到伤害。在资源配置方面，市场机制优越于计划机制，已经是一个不争的事实，因此政府作为市场的对立面，其作用只能局限于维护市场机制正常运行的必要条件和环境，在市场机制失灵的地方实施必要的政府干预，最大限度地发挥公共财政的职能，保持自己的超然地位。小政府、大社会既是生产力发展的基本要求，也是市场机制的内在要求。尽管随着社会的进步，政府参与经济活动的绝对规模越来越大，但这同样是生产力发展和市场机制顺利运行本身的需要。西方公共住宅金融将住宅商品化作为自身展开的前提，理论上与生产力发展和市场机制的顺利运行无关，实践上耗费了过多的经济资源，导致了国民经济的失衡，严重的还诱发经济和金融危机。

总体而言，西方公共住宅金融与住宅保障并不完全对接，由此产生的这些内部矛盾和外部冲突，使西方公共住宅金融的风险很容易充分暴露。

第二节　西方公共住宅金融的外在风险

西方公共住宅金融的外在风险主要包括消费者的财务风险、政府政策风险、住宅市场扭曲风险和国民经济失衡风险。

一、消费者的财务风险

消费者的财务风险指消费者财务结构不合理、融资不当而使消费者可能丧失偿债能力、预期收益下降甚至陷入亏损、破产的风险。在完全市场化的住宅经济活动中，消费者的财务风险主要体现在优质住宅市场上，因为只有优质住宅是竞购价格，优质住宅价格会随着人们购买力的变动而不停变动。普通住宅价格相对稳定，受人们购买力变动的影响较小。由此整个社会消费者就分为两个组成部分，一类有足够的购买力，他们或竞购优质住宅，或选购普通住宅，能够依靠自己的支付能力解决刚性居住需求问题；另一类由于支付能力不足，要解决刚性居住需求问题，不是求助于外部力量就是依靠变通的办法。依靠变通的办法主要指，购买普通住宅存在支付能力限制的中低收入消费者往往通过降低普通住宅的建筑质量、减少普通住宅的建筑面积、远离经济聚集效应显著的地区或者寻找住宅替代品等方式解决居住困难，由此形成一个又一个贫民窟，或一个又一个街头流浪群体。由于变通办法存在政治和社会障碍，如威胁社会安定、易产生瘟疫等，中低收入人群在第二次世界大战以后解决刚性居住需求更多的是依靠求助于外部力量的方式。然而，与商业住宅金融相比，求助于外部力量的西方公共住宅金融实际上进一步放大了消费者的财务风险。

首先，依靠政府的国民收入再分配降低中低收入消费者的财务风险，效果有限。住宅困难人群的产生固然与生产力发展水平不高有关，但更与市场机制的本质特征有关。因为住宅困难已经存在了数百年甚至上千年，但住宅困难成为一个严重的政治和社会问题则是市场机制充分发挥作用以后的事情。相应地，政府对住宅市场实施干预以解决中低收入居民的刚性居住需求也就成为政府弥补市场机制缺陷的重要内容。然而，政府应该干预住宅市场是一回事，政府如何干预住宅市场则是另一回事。毫无疑问，政府可以通过转移支付在不改变社会购买力总额的前提下增加中低收入阶层的支付能力，满足其刚性的居住需求。转移支付也确实是公共住宅金融的最基本手段和重要内容。然而，一方面鉴于政府的财力有限，另一方面鉴于转移支付覆盖的面太窄，而且即使覆盖到，转移支付对中低收入消费者支付能力的接济也是杯水车薪，因此转移支付在公共住宅金融的实践中往往只是起补充的作用。

其次，依靠住宅的升值来降低中低收入消费者的财务风险，面临很大的不确定性。住宅升值是住宅市场的一种经济现象，这是无可否认的。住宅升值无论是过去，还是现在，都在相当程度上增强了一部分中低收入消费者的支付能力，将来这种现象的再度出现当然也不可避免。然而，住宅升值有一种很大的时间不确定性，拿这种时间的不确定性与消费者债务及其偿还的时间确定性配对，势必会让消费者陷入可能的财务危机中。即使我们撇开住宅将来升值的时间不确定性不论，我们也不能保证住宅升值会永远进行下去。只要住宅升值不具有可持续性，依靠住宅升值增强支付能力、降低财务风险的中低收入消费者就不可能摆脱可能财务危机的影响。

再次，市场机制无法避免或内含的国民经济波动本身就让所有的消费者面临可能的财务风险。与完全依靠自身财力购买住宅满足居住需求的中高收入消费者相比，借助公共住宅金融满足居住需求的中低收入消费者面临的财务风险更大。因为经济波动是市场机制的内在要求，是市场经济发展的基本轨迹。没有经济波动，市场机制的正常功能就无从发挥。然而，经济波动必然带来消费者的收入波动，这种收入波动甚至会使相当一部分中高收入消费者陷入被动，对中低收入消费者造成的经济困难当然会更大。公共住宅金融的实质是预支未来收入，而未来收入的不确定又是显而易见的。由于中低收入消费者的自有支付能力更弱，他们更容易受到财务危机的冲击。

最后，消费者的有偿融资让消费者的财务风险有很大的不确定性。消费者的有偿融资确实能暂时解决消费者支付能力不足的困难，然而问题的关键在于，只要消费者支付能力的增强不是来自于消费者自有收入的增加，则消费者的财务风险只会上升而不会下降。原因在于，借来的购买力最终是要偿还的，而且是在债务总额不断复利增长的基础上。这意味着，在消费者偿还债务期间，消费者的收入不仅要稳定增加，而且稳定增加的收入要足以覆盖债务的自我增值能力。事实上，我们即使撇开宏观经济波动对消费者个人收入的影响不论，消费者在相当长的时间内保证自己的收入水平能够满足偿还债务的需要，也是很难做到的。至少在住宅商品化的前提下，消费者实现的难度是最大的。

因此，西方公共住宅金融并没有消除商业住宅金融给消费者带来的财务风险，相反，西方公共住宅金融让承担财务风险的消费者规模进一步扩大了，承担的财务风险进一步提高了，这是西方公共住宅金融存在的最主要缺陷，也是西方住宅金融危机频频爆发的最主要原因。

二、政府政策风险

政府干预住宅市场是弥补住宅市场机制缺陷的需要。因此，政府干预住宅市场，必须遵循两个基本原则，一是政府干预不影响甚至促进市场机制的良好运作；二是政府干预要有可持续性，在追求政府既定目标即住房保障目标时，不会因外部的、预料之外的因素干扰而中断。用这两个基本原则来衡量，西方公共住宅金融显然有不尽如人意之处。

政府干预住宅市场通常有两种途径：一是购买力存量调整，即主要通过转移支付的办法直接增加或变相增加中低收入阶层的支付能力；二是购买力增量调整，即通过增加购买力总量的方式直接增加中低收入阶层的支付能力。购买力存量调整的核心内容是收入再分配，即优质住宅消费者通过竞购价格将一部分剩余购买力转移给中低收入阶层，以保障中低收入阶层的刚性居住需求；或者政府通过财政补贴的方式直接降低中低收入者的普通住宅居住成本。然而，由于政治、经济等多种原因，一方面收入再分配的规模很有限，另一方面中低收入阶层的刚性居住需求规模很大，特别是建立在住宅商品化基础上的转移支付金额更大，购买力存量调整往往成效不彰，从而在很多国家都处于次要地位。购买力增量调整以改变住宅市场的供求平衡为前提，通过片面增加中低收入阶层的购买力从而增加普通住宅供应满足消费者的刚性居住需求。购买力增量调整的手段通常包括：降低利率从而降低融资成本，使更多的中低收入者获得借入购买力；政府担保，为那些缺乏偿债能力的中低收入消费者提供信贷担保；降低首付款比例；延长消费者的融资期限；拉动住宅价格持续上涨，直接增加中低收入消费者的支付能力等。然而，购买力增量调整无论是哪一种方式，均存在不可持续的风险，原因在于：

第一，经济在基本面不变的前提下，住宅市场有逐渐趋于平衡的动力。一国的经济规模和收入分配结构是由一国生产要素的数量、质量以及制度安排决定的。只要一国的生产要素质量、数量与制度安排不发生变化，该国的经济规模和收入分配结构也就不会发生变化。换句话说，政府对中低收入阶层收入的改变是不可持续的，政府即使短期内改变了本国的收入分配结构，长期内也会返回最初状态。更何况，政府任何行为，充其量改变的只是国民经济的量，根本不可能改变国民经济的质。与国民经济整体的稳定均衡相呼应，住宅市场的购买力分布也是相对稳定的。政府短期内改变购买力分布结构，长期内除了名义购买力发生变化外，不会有任何其他方面的变化。

第二，劣质土地财政前提下的购买力增量调整只是提高了普通住宅的市场价格。劣质土地财政意味着政府对土地特别是普通住宅地基供应的垄断。在土地供应被垄断时，住宅市场购买力越大，土地出让价格越高，土地拥有者的收益越大。为了实现土地收益的最大化，购买力增量调整往往是一个相当重要的手段。美国丹尼尔・格罗斯发现，“抵押贷款的数额是和平均房价的上涨而不是和通货膨胀相关联的”[①]。不过，因为劣质土地财政与住宅保障是对立的，劣质土地财政收益越可观，住宅保障问题越严重。购买力增量调整在呼应劣质土地财政的要求时有一个底线，因而也是不可持续的。

---

① [美]丹尼尔・格罗斯：《大泡沫：为什么金融、房地产、互联网、能源泡沫对经济有益?》，魏平、吴海荣、孙海涛译，中信出版社 2008 年版，第 122 页。

第三，西方公共住宅金融放大了购买力增量调整的规模。西方公共住宅金融以住宅的商品化为前提，将中低收入消费者的居住成本最大化。在中低收入消费者自有购买力没有改变的前提下，实际上也就将中低收入消费者的财务风险最大化，并且中低收入消费者的这种财务风险随着公共住宅金融刺激力度的放大、住宅价格的不断升高而进一步扩大。当政策对经济刺激的失衡达到顶点时，中低收入消费者的财务风险不管是规模还是程度也都达到顶点。一旦经济泡沫破灭，中低收入消费者的偿还能力下降，他们的财务风险也就会彻底暴露，这将中断公共住宅金融的正常运行。2007 年美国爆发次贷危机，在某种意义上，就是政府经济政策刺激失灵、消费者财务风险已经达到顶点的结果①。

西方公共住宅金融产生的政府政策风险意味着，西方公共住宅金融诱致的财政负担不是西方国家国民经济所能承受的，西方公共住宅金融的规模相对于中低收入消费者的刚性居住需求而言太大了，需要缩减。

三、住宅市场扭曲风险

西方公共住宅金融进一步放大了消费者的财务风险，使政府的公共住宅金融政策处于高度的不确定性之中，必然引发住宅市场的高度扭曲。

首先，西方商业住宅金融的规模过大。从公共住宅金融产生的最初动力看，公共住宅金融总是致力于弥补中低收入消费者购买住宅支付能力的不足。根据生命周期理论，人的一生分为三个阶段，支大于收的准备就业阶段、收大于支的就业阶段和再次支大于收的退休阶段。如果一个人的一生有足够的收入和积蓄购买住宅，则即使某一个阶段需要通过商业渠道融资购买住宅，该消费者依然不是公共住宅金融应该覆盖的对象。只有一个人的一生没有足够的收入和积蓄购买住宅，该消费者才能求助于公共住宅金融。因此，公共住宅金融的使命是弥补住宅价格与消费者自有支付能力的缺口，而不是仅仅给消费者提供借入支付能力，因为借入资金终究是要偿还的，当消费者的全部自有支付能力用于满足刚性居住需求还不够时，他是没有能力偿还债务的。商业住宅金融与公共住宅金融有泾渭分明的界限，有各自独立的生存空间。西方公共住宅金融与商业住宅金融均以住宅的商品化为前提，有意抹杀两者的界限，从而使得公共住宅金融与商业住宅金融无法区隔，西方公共住宅金融的存在

① 顾书桂：《赤字转嫁是美国次贷危机的主因》，载《同济大学学报（社会科学版）》2011 年第 5 期。

实际上使西方商业住宅金融的规模过于庞大了。

其次，西方公共住宅金融的风险过高，易引发住宅金融市场的系统性风险。公共住宅金融的本意是通过政府干预，在不升高甚至降低住宅金融风险的基础上解决消费者支付能力不足的问题，解决消费者的刚性居住需求。然而，西方公共住宅金融以住宅的商品化为前提，决定了西方公共住宅金融不是在期限和利率上作有限让步，就是在住宅成本上作有限让步。这种有限的让步，相对于中低收入消费者更为不足的支付能力来说，其实没有任何实质性的影响。在这种情况下，再将他们推向商业住宅市场，实际上整体住宅市场的风险不是下降了，而是上升了。西方公共住宅金融过高的市场风险与原先存在的商业住宅金融风险叠加，在时机成熟时，就会演变为全面的住宅金融危机。

再次，西方住宅市场的结构也不合理。商业住宅金融是建立在住宅商业属性基础上的。无论是国民经济波动的现实，还是收入分配两极分化本身，都不支持住宅市场是商业化住宅的一统天下，它需要一个稳定器，来抵挡国民经济波动和收入分配两极分化对住宅市场的强烈冲击。这就意味着，一个国家的住宅市场，应该有两个相对稳定的组成部分，一个是商业住宅市场，一个是公共住宅市场。商业住宅市场完全由市场来调节，公共住宅市场以政府为主导，由市场机制进行有限调节。然而西方公共住宅金融发展的客观结果，不是壮大公共住宅的规模，而是壮大商业住宅的规模。西方住宅市场应对国民经济波动和收入分配两极分化的机制失灵，几乎面临每一次经济和政治突发事件的冲击。

最后，由于西方公共住宅金融脱离消费者的实际支付能力，西方住宅市场特别是公共住宅市场泡沫严重。房地产业，特别是住宅产业是典型的劳动、资金和资源密集型产业，加上其前向关联效应和后向关联效应也很大，启动房地产业尤其是住宅产业往往是政府启动宏观经济的首选。西方公共住宅金融通过虚增中低收入消费者的自有支付能力，拉动住宅市场的有效需求，短期来看确实是膨胀经济规模的有效手段。然而长期看，如果生产要素的质和量都没有改善，膨胀的经济规模依然会回到最初的状态，中低收入消费者虚增的自有支付能力也会相应地回落到正常水平。一旦出现这种情况，房地产刺激经济的效应也就完全消失。从第二次世界大战以后爆发的几次房地产危机，特别是美国次贷危机看，公共住宅金融诱发的泡沫远比商业住宅金融诱发的泡沫严重。

四、国民经济失衡风险

宏观上看，西方公共住宅金融对国民经济的资源优化配置和均衡发展也是不利的，有导致国民经济整体严重失衡的危险。

首先是西方公共住宅金融干扰了国民经济资源优化配置的信号。市场经济是价格信号引导的经济，市场主体的支付价格和支付金额是配置经济资源的核心手段。因此，真实反映市场主体的需求价格和需求规模对于优化配置市场经济条件下的资源具有举足轻重的意义。西方公共住宅金融以住宅商品化为前提，以不存在或不确定的未来支付能力为依托，人为修改中低收入消费者现有的支付价格与支付金额，其结果必然是向国民经济发出错误信号，不是过多就是过少地占用国民经济资源，造成国民经济资源的不合理配置。当中低收入消费者的支付价格和支付金额被人为抬高时，意味着西方公共住房金融占有的资源太多了；当中低收入消费者的支付价格和支付金额被人为压低时，意味着西方公共住房金融占有的资源太少了。不管是太多还是太少，都意味着经济资源在国民经济中这里配多了或那里配少了。这种对国民经济资源优化配置的干扰，无论如何都是一种资源的浪费，是一种效率的丧失，不利于经济的均衡稳定发展。

其次是西方公共住宅金融会加剧国民经济的失衡和波动。国民经济是一个相互关联的完整体系。当国民经济处于均衡状态时，投入相对于现有的经济资源而言是最优的，产出相对于现有的需求而言也是最佳的。如果一种产业或产品由于外部因素的影响，生产规模突然变大或变小，就意味着其他产业或产品的生产规模变小或变大，整个国民经济将处于失衡的状态，社会公众的福利最大化也就难以实现。西方公共住宅金融以住宅商品化为前提，将中低收入消费者满足刚性居住需求的成本最大化了。为了避免财政入不敷出的窘境，为了缓解中低收入阶层的收支矛盾，政府只能有意、无意地推高房价，弥补消费者支付能力的不足。然而，推高房价反过来会推动住宅需求，而且这一过程是不可逆的。于是由公共住宅金融推动的住宅需求浪潮势必一发不可收拾，商业住宅市场的过度发展将不可避免。当市场自发矫正时，国民经济势必要处于大幅度的波动之中，从而产生更严重的经济和社会问题。

西方公共住宅金融所存在的内在矛盾和外部冲突，以及由此引发的住宅市场一系列问题，源于公共住宅的商品化这一基础前提。相应地，解决这些问题，显然不可能沿着固有的思路，继续维护公共住宅的商品化属性。然而，西方公共住宅的商品化是扎根于西方现有的政治和经济基础的，因此是不可轻易动摇的。

第三节 西方公共住宅金融的制度基础

西方公共住宅金融以住宅商品化为前提，与西方现有的政治、经济体制和社会意识形态因素是分不开的。

一、西方公共住宅金融的经济基础

西方国家实行以资本主义私有制为基础的市场经济，以市场手段组织经济资源并运用市场机制分配生产要素收入，是西方国家国民经济的基本特征。西方公共住宅金融以住宅的商品化为前提，与西方的基本经济制度是一脉相承的。

第一，住宅商品化有利于最大限度地反映地基的市场价格，反映城市地租的大小高低。地基是住宅生产最基本的投入要素。由于聚集效应的作用，城市地基供应具有各自不同的特点。聚集效应越明显的地区，地基供应刚性越强；聚集效应越不明显的地区，地基供应弹性越强。地基供应刚性越强，住宅价格越受市场购买力变动的影响，地价或地租的变化越大；地基供应弹性越大，住宅价格受市场购买力变动的影响越小，地价或地租的变化越小。住宅商品化既有利于反映住宅所在地区的聚集效应，也有利于反映住宅地基的市场价格和地租的大小。

第二，住宅商品化有利于维护土地所有者的利益。维护土地所有者的权益最根本的措施在于，在实现住宅地基资源最优配置的同时实现住宅地基的价格。与行政配置住宅地基相比，市场化配置住宅地基也许会让土地所有者的收益较低，但行政配置住宅地基会导致住宅市场的失衡，甚至会诱发国民经济整体的经济危机和金融危机，最终危害土地所有者的经济利益和政治利益。市场化配置住宅地基，使得土地所有者实现的地租是建立在住宅地基资源优化配置基础上的，是有效率保证的地租，因而是稳定的、持久的。

第三，住宅商品化有利于反映政府干预住宅市场的显性成本。聚集经济效应下的城市住宅商品化，意味着优质住宅只能是竞购价格或垄断价格，普通住宅才是竞争性价格。但竞争性价格并不意味着就是低价格，事实上由于住宅是劳动、资金和资源密集型产品，单位住宅的价值额很大，市场价格很高，即使是普通住宅市场，消费者的进入门槛也很高。另一方面，市场机制本身就是优胜劣汰的机制，反映在收入上就是收入分配的两极分化。在这种前提下，要将居住需求视为刚性需求，要满足中低收入消费者的居住需要，只能借助于政府干预。住宅商品化是衡量政府干预住宅市场真实成本的前提，有利于财政收支的统筹兼顾、适当安排。

第四，住宅商品化有利于中低收入消费者的合理消费。住宅不仅要耗费大量的劳动力、资金和自然资源，更要占用主要来源是优质耕地的地基，因此世界绝大部分国家都将住宅列为高度管制的产业，从住宅的需求到住宅的供给，从住宅的数量到住宅的质量，方方面面都加以监管。住宅商品化既能反映商品化住宅的真实成本，也能反映消费者在住宅市场的真实购买力，从而迫使消费者在购买住宅时能量力而行，避免超前消费，节约经济资源特别是节约耕地。中低收入消费者由于占全体社会公众的绝大多数，他们在住宅需求上的谨慎决策，对于住宅市场的稳健发展，更具有决定性的意义。

二、西方公共住宅金融的政治基础

西方国家政治上普遍采取民主形式，即以政治上的民主弥补经济上资本统治的不足，防止在社会经济生活中资本的力量过于强大，从而从根本上动摇资本统治的基础。西方公共住宅金融以住宅商品化为前提，与西方国家的民主制度安排也是一致的。

第一，小政府、大社会是西方国家政治生活的基本特征。西方国家的经济由市场来主导，市场机制决定经济资源的基本配置格局。只有在市场不能有效发挥作用的场合，如外部性明显、完全垄断、过度竞争等，政府才介入。政府对经济生活的干预受到社会公众的严格监督，这意味着政府在整个国民经济活动中所起的只是局部拾遗补阙以及宏观调控的作用。由于政府的事权受到限制，政府以税收为基本手段的敛财权力也就受到相应的限制。最终西方国家的政府规模一般不是很大，政府的财力也很有限。与经济活动整体规模相比，西方国家的财政收入规模明显偏小。西方国家财政成为公共财政，这是一个重要原因，也是一个重要体现。

第二，住宅商品化是公共住宅有偿融资的基础，避免政府过度卷入住宅市场。一方面，住宅商品化使个人支付能力特别是中低收入消费者的支付能力与住宅市场价格拉开了差距；另一方面，小政府、大社会的政治格局又将政府干预住宅市场的能力限制在很小的范围内，其结果必然是解决中低收入消费者的支付能力不足问题只能依赖有偿融资，财政上的转移支付即使有也被限制在很小的范围内。以有偿融资为基本特征的西方公共住宅金融是西方住宅商品化的必然结果，客观上也避免了政府对住宅市场的过多干预。政府对住宅市场的干预越少，市场机制在住宅经济活动中的作用就越充分。

第三，有偿融资有利于维护币值的稳定，避免政府货币的财政发行。中低收入消费者的支付缺口因为住宅商品化和有限的政府财力显得非常大，通过转移支付来弥补这一缺口，对任何一个西方国家政府来说都是不现实的，于是“有偿融资为主，转移支付为辅”就成为普遍的方式流行开来。有偿融资有利于政府量入为出，避免出现财政赤字，避免出现货币的财政发行，有利于保持本国币值的稳定。尽管西方经常采用赤字财政政策刺激经济，但转移支付由于乘数效应较小，历来不是刺激社会总需求的首要选择，因此赤字财政与公共住宅的有偿融资是并行不悖的。

第四，有偿融资有利于最大限度地挖掘中低收入消费者的购买力。住宅商品化基础上的有偿融资，由于能够让消费者获得住宅的完全产权，能够最大限度地刺激消费者的购买欲，因而也能够最大限度地挖掘中低收入消费者的购买力。但是，建立在消费者最大购买力基础上的有偿融资，也意味着消费者的财务风险是最高的。一旦消费者因为收入下降或住宅市场价格滑落导致其偿还能力下降，消费者就会陷入收不抵支的困境。如果消费者找不到变通的办法偿还债务，甚至会出现个人信用破产的严重后果。

三、西方公共住宅金融的社会意识形态

西方公共住宅金融以住宅商品化为前提进行有偿融资，与西方社会的意识形态也是一致的。

首先是“政府守夜人”观念。西方资本主义脱胎于封建社会。在或长或短的封建社会里，朕即国家，政府不仅垄断政治生活，也无限制地对经济进行各种干预，从外部到内部，从过去到未来。在政府或君主面前，产权是模糊的，行为规则是可以任意修改的，从而极大地干扰了经济生活的正常进行。资本主义制度确立以后，维护资产阶级自身利益最基本的前提是，让明显具有强势地位的政府不再干预有产者的经济活动，让无产的消费者在有产者的指挥和引导下俯首帖耳。相应地，“政府守夜人”观念有利于政府退出对经济生活的直接干预，有利于保持政府相对于经济活动的超脱地位，有利于政府以超然的态度制定市场规则，创造市场运行环境，谋求全社会福利和公共利益的最大化。

1929—1933 年资本主义世界大危机以后，尽管市场机制的弊端已经显而易见，尽管政府对经济的干预已经是大势所趋，但西方理论界依然将政府干预视为临时性的措施，“政府守夜人”观念依然是西方社会意识的圭臬。既然政府的功能有限，仅仅局限于弥补市场的缺陷，而且这种缺陷只是在一定的时点上才表现出来，则政府的规模不可能大，小政府是西方国家的常态，尽管在战争或危机时期，政府的规模和职能可能急剧膨胀。“政府守夜人”观念是西方公共住宅金融以住宅商品化为前提的理论基础。

其次是自由、平等、博爱观念。正如马克思所说，“商品是天生的平等派”[①]，自由、平等和互利共赢是所有市场经济的精髓。没有自由，就没有平等，更没有互利共赢，自由、平等、博爱三大观念是互为一体的。封建专制阻碍市场经济的发展，最根本的原因就在这里。因为市场经济的一切效率来源都是商品的自愿交换，没有自愿交换，就没有利益机制，就没有积极性和创造性，就没有资源配置的最优化和社会福利的最大化。从经济上看，财产产权归个人所有又是自由、平等、博爱的基础。人，虽然具有社会性，但他首先具有动物属性。财产归个人所有就是首先呼应人的动物属性追求。当然辩证地看，财产不归个人所有也可能满足人的动物属性追求，但从历史上看，财产归个人所有却是呼应人动物属性的一般现象，因为财产归个人所有是财产不归个人所有的第一阶段，也是无法跨越的阶段。资本主义早期形成的自由、平等、博爱观念，反映在住宅市场上就是住宅的商品化观念深入人心。住宅作为最重要的生活必需品，如果不能商品化，不能让消费者享有完全的财产权，其对消费者个人的自由、平等、博爱会产生极其消极的影响，反之其影响会非常积极。中国 1998 年城镇住宅体制改革的核心内容就是住宅的商品化，实际效果是住宅商品化过度，在某种程度上不能不说是西方住宅商品化观念生搬硬套引入中国造成的。

再次是市场自动趋于均衡和财政收支平衡观念。市场会自动趋于均衡是西方资本主义经济理论的教条。总投入等于总产出、供给创造需求等都是这方面的经典证据，为此不惜将存货视为投资。事实上，自从 1825 年英国爆发首次资本主义经济危机以来，市场自动趋于均衡的神话已经被打破，但西方经济理论界始终坚信，市场失衡只是资本主义经济的特例，市场自动趋于均衡才

---

① 马克思：《资本论》(第一卷)，中共中央马克思恩格斯列宁斯大林著作编译局译，人民出版社 1975 年版，第 436 页。

是资本主义经济的常态。由此引申的含义就是,政府没有必要对经济施加过度的干预。政府的干预越多,经济波动越厉害,保持经济平稳运行的最有效手段是让市场充分地发挥作用。政府对经济进行干预必须以财力做后盾,这个财力不管是来自于税收还是来自于货币的财政发行,都是对经济的扰动,都会导致国民经济的失衡。所以在资本主义市场经济条件下,政府的规模不但要小,而且财政收支要坚持平衡预算的原则。市场自动趋于均衡和财政收支平衡的观念体现在住宅市场上就是,西方公共住宅金融不仅要以住宅商品化为原则,而且政府对公共住宅的转移支付也应该是很有限的,公共住宅金融应该以有偿融资为主。

小　结

西方公共住宅金融以住宅商品化为基础,以有偿融资为主,以转移支付为辅,具有严重的内在缺陷,对外体现为各种各样的市场风险。西方公共住宅金融的内在矛盾和冲突体现为:公共住宅金融价值与使用价值的矛盾、政府财力不足与住房保障义务的冲突以及住房保障社会公平与经济效率的冲突。西方公共住宅金融的外在风险体现为:消费者的财务风险、政府的政策风险、住宅市场扭曲风险和国民经济失衡风险。不过,西方公共住宅金融的这些内在矛盾、冲突和外在风险是西方社会现有的经济、政治和意识形态制度安排的结果,只要西方的经济、政治和意识形态等方面的制度安排不改变,西方公共住宅金融的这些内在冲突和外在风险就不可能消除。

第三章　公共住宅金融的经济基础

公共住宅金融的产生源于住宅市场价格与消费者支付能力不足的矛盾，政府不得不以行政手段对金融市场实施干预，确保消费者的刚性居住需求得到满足。公共住宅金融可以以住宅的商品化为前提，也可以对住宅的商品属性进行切割，甚至完全取消住宅的商品属性，但政府干预是公共住宅金融的共同特征。

第一节　住 宅 的 供 给

理论上，在不考虑住宅需求的前提下，住宅的供给只与住宅地基的供给和建安成本的支付有关。住宅地基供给越多，建安成本支付越多，住宅供给量越大，反之则反是。根据住宅供给性质与特点的不同，住宅供给分优质住宅供给与普通住宅供给。

一、优质住宅的供给

优质住宅的供给主要取决于两个因素：优质住宅地基的供给和优质住宅的建安成本支付。通常情况下，优质住宅的建安成本会高于普通住宅的建安成本，这可能源于优质住宅所耗费的经济资源质量更好，数量更多，有些甚至是独一无二的。不过总体上而言，建安成本再高，也是有限度的，因为只要给它们足够的时间、空间和补偿成本，它们通常是可以再生的。因此，优质住宅的建安成本总体上是稳定的，它们在住宅价格中的体现也是稳定的。与建安成本的相对稳定不同，尽管优质住宅的地基供给数量相对固定，但成本是不定的。

首先，优质住宅地基需要相对成熟的自然和人文环境。住宅地基的优劣与否总是相对于其周围的自然和人文环境而言的。自然和人文环境越成熟，住宅地基的优质度越高,反之则反是。成熟的自然环境要求优质住宅地基的选择能够实现自然资源的最优结合,给人们的日常生活提供最大的便利,尽可能规避人类活动污染环境所带来的不利影响。如优质住宅地基能够提供开阔的视野,能够提供新鲜的空气,能够获取充足的阳光,能够获得必要的活动空间,不会接触工业三废和其他污染源,包括废水、废气、废渣、光污染、噪声污染等。成熟的人文环境要求优质住宅地基的选择能够提供完善的商品和劳务。如优质的商业设施、优质的教育设施、优质的休闲娱乐设施、优越的交通便利等,不仅要有,还要达到一定的量。另外,成熟的自然和人文环境不仅指自然环境和人文环境的数量和质量,还包括自然环境和人文环境的相互协调,这一点使得优质住宅地基的选择更为有限。因为自然环境和人文环境的协调既受资金和技术的限制,也受到人们认识的限制,现实生活中,因人类经济行为所造成的环境污染和环境失调,可谓比比皆是。

其次,相对成熟的自然和人文环境的形成,即使不考虑资金限制和技术限制,也需要一个过程。现代都市需要的自然环境与原始生态的自然环境是不相同的两个概念。原始生态的自然环境既不适合生产也不适合生活。优质住宅地基需要的自然环境是指原始生态的自然环境经过人工改造后,集多样化自然环境的优点于一身,能给人类居住提供良好品质的自然环境。人文环境也是如此,成熟的人文环境不是各种投资的简单拼凑,而是各种经济资源质和量的最佳组合。从这个角度看,成熟的自然环境和人文环境建设,需要的资金和技术虽然有一定困难,但更大的困难在于选择合适的经济资源种类,并在数量组合上使其达到最好的状态,发挥最佳的效能,尽可能避免相关的不足。成熟的自然环境和人文环境的形成,一般都要经过很长的时间,在这个时间段里,各种自然和社会资源不断试错,不断调整、分化和组合,最终才能实现最优化。

再次,优质住宅的更新是一个自然的过程,加速折旧只是在价值角度上才是合理的。优质住宅地基的增加需要一个很长的时间,优质住宅地基的存量调整同样是一个漫长的过程。与普通住宅不同,由于优质住宅的建筑材料和耗费劳动力质量更好,技术要求更高,优质住宅的自然更新速度更慢。如果说普通住宅的更新时间是 40 年左右,优质住宅的更新时间可能长达 60 年甚至数百年。优质住宅更新时间的延长意味着,通过老城拆迁获取优质住宅地基的可能性更小,数量更有限,远低于一般估计的数字(每年 2%的比率)。当然,优质住宅更新速度的放慢与住宅的加速折旧是两回事。前者是就使用价值而言的，后者是就价值而言的，加速折旧是为了减少投资风险，收回本金。尤其需要注意的是，优质住宅的形成过程本身可能也要花费相当长的时间。这就是说，只要不影响住宅的使用价值，优质住宅会出现越古老越值钱的现象。

最后，供给刚性的优质住宅地基价格会受到波动不定的市场购买力的影响。在建安成本相对稳定的前提下，优质住宅地基在存量和增量上的刚性决定了优质住宅地基的价格在很大程度上只取决于优质住宅市场的有效需求。因为优质住宅价格确定的同时，借助理性预期，优质住宅地基的价格基本上也随之确定。所以，与其说优质住宅的价格取决于优质住宅市场的有效需求，不如说优质住宅地基的价格取决于优质住宅市场预期的有效需求。优质住宅市场的预期需求越大，优质住宅地基的价格越高；优质住宅市场的预期需求越小，优质住宅地基的价格越低。与普通住宅地基相比，优质住宅地基的价格不是以土地投资为限，而是以土地投资为底限。

总体而言，由于优质住宅地基供给弹性不足，优质住宅的供给弹性因此也相对不足。优质住宅供给弹性不足的这一经济性质，决定了优质住宅供给绝对数量的有限性，有限的优质住宅供给只能满足少部分社会成员的需求。如果采用市场机制分配优质住宅，这少部分社会成员只能是收入水平最高的群体；如果采用行政机制分配优质住宅，这少部分社会成员只能是最高行政权力阶层；如果分配机制采用行政和市场两轨并行，则这少部分社会成员将是政治精英、财富精英或者是两者的混合体。

二、普通住宅的供给

与优质住宅供给相同的是，普通住宅的供给也取决于普通住宅的地基供给和普通住宅的建安成本支付。一般而言，普通住宅的地基供给越多，普通住宅的建安成本支付越充分，普通住宅的供给量越大，反之则反是。与优质住宅供给不同的是，普通住宅的供给理论上弹性很大，实践上可以因人为因素使得普通住宅供给弹性明显变小。

首先，与优质住宅相比，普通住宅的建安成本相对下降，但更为稳定。普通住宅由于外在环境（包括自然环境、社会环境）要求一般，其使用的建安材料和人力资本必然也趋于大众化。理由是，尽管使用较高质量的原材料和人力资本，会带给消费者较多的生存和发展效用，但对消费者而言，这种成本支出增加的效用远不如因为地理位置改善带来的效用多，消费者不会因为这种效用的增加而愿意成比例地补偿生产者的费用。站在厂商的角度，增加的成本不能从消费者那里得到对应弥补，厂商仍决定增加成本支出就是一种不理性的行为。另一方面，购买普通住宅的消费者，源于其竞购能力不足，其有限的购买力也意味着，只要满足基本要求，住宅建筑本身的质量高低对住宅整体效用大小的评价影响并不很大。这两方面因素综合作用的结果就是，普通住宅的建安成本和人力成本相对于优质住宅更低，也更为稳定，普通住宅几乎不使用任何特别稀缺的、不能再生的原材料和人力资源。

其次，普通住宅的地基来源虽然以农用地为主，但其他来源也不可忽视。理论上，普通住宅供给弹性较大，主要源于普通住宅的地基供给相对充分，它可以由农用地转变而来，也可以由非居住的城市用地（工业用地、商业用地、公共服务与公共设施用地等）转变而来。与优质住宅的地基供给不同，普通住宅的地基供给限制少得多。非居住用地转变为普通住宅用地，或者旧普通住宅用地更新为新普通住宅用地，时间、资本、技术和环境限制都很少，远不像优质住宅地基供给的增加那么复杂。对新兴的不断扩张的城市而言，由农用地转变而来的居住用地是普通住宅地基供给的主要来源；对于成熟的规模相对稳定的城市而言，产业结构调整和基础设施更新带来的居住用地是普通住宅地基供给的主要来源。这些原先的非居住用地或居住用地，尽管作为或继续作为居住用地还存在这样、那样的不足，但只要稍加投资改造，就可以达到普通住宅地基的使用标准。当然，普通住宅的地基供给弹性不是无条件的，它还是有一些资本、时间、技术和环境门槛的，只不过这些门槛相对而言不算高，也比较能够克服。因此，普通住宅地基供给的弹性较大只是相对于优质住宅地基供给过小的弹性而言的，因而也是相对的。

第三，普通住宅的供给弹性可以由于人为因素发生变化。普通住宅的供给弹性源于普通住宅地基供给的弹性，但普通住宅地基供给的增减牵涉原土地使用者和所有者以及相关者的经济和政治利益，当这种利益的调整不能顺利进行时，普通住宅的供给弹性就会受到影响。如土地是最宝贵的经济资源，农业用地被占用过多，会影响农产品的产出，在农产品需求不变甚至还有所增加的情况下，势必会进一步增加农产品需求者的货币支出，从而遭到农产品需求者的干扰，保护农用地基本上出于这一理由。特别是粮食安全乃经济安全和政治安全的基础，即使本国农产品总体上供大于求，出于挟持他国的考虑，该国也会对农业用地给予严格保护。如果是非农用地转化为居住用地，尽管此时不涉及保护农用地的问题，但涉及是否遵循经济原则给予非农用地使用者或所有者补偿的问题。假使不能遵循经济原则，除非强制（暴力的或非暴力的)，这种土地使用类型之间的转变同样会受到干扰。这意味着，竞争性的经济转换成本是普通住宅地基扩大供给的最低成本。此外，普通住宅是以单位来计量的，而单位面积有大小，普通住宅对容积率的要求虽然较低，但较低要求的容积率一样有较大的弹性空间，这些因素都会在很大程度上影响到普通住宅供给弹性。从这种意义上说，普通住宅的供给弹性不仅有客观的经济障碍，也有主观的社会障碍，其中政府政策对普通住宅供给的弹性影响最大。

第四，普通住宅的地基价格可以相对稳定，也可以很不稳定。当住宅用地可以自由地从其他类型用地转变而来时，普通住宅的地基价格会相对稳定，连带着普通住宅的价格也很稳定；当住宅用地的供应受制于人为因素时，普通住宅的地基价格除了受市场支付能力的影响外，差不多就取决于干预者的主观愿望了。换句话说，如果干预者的主观愿望是政治利益，普通住宅的地基价格不会影响干预者的政治目标，至少不会增加干预者实现政治目标的成本；如果干预者的主观愿望是经济利益，普通住宅的地基价格就会服从于干预者的经济目标。通常的情形是，单纯集中于政治目标，会损害干预者自身相对独立的经济利益；单纯集中于经济目标，会损害干预者自身相对独立的政治利益。于是，干预者通常在政治目标和经济目标之间寻找一个妥协点，将政治目标和经济目标的追求尽可能协调起来。具体的做法是，干预者通常根据市场支付能力和住宅需求弹性的大小，确定最佳的住宅地基供给量。但也有不正常的情形，这就是干预者以普通住宅地基的价格可以人为控制为依据，误导市场主体的预期，使本来具有内在稳定性的普通住宅地基价格变得具有稳定上升的属性，从而误导市场需求，使普通住宅也成为住宅投资和投机的对象，制造普通住宅市场的价格泡沫。只要政府出于经济目的对普通住宅地基供给施加干预，我们都称之为土地财政，只不过前者是中性的，后者是贬义的。劣质土地财政及其制造的普通住宅价格泡沫对国民经济和社会稳定的危害远比优质住宅市场上市场机制形成的优质住宅价格泡沫危害大。

普通住宅的供给弹性使得普通住宅的供给绝对量可以很大，从而可以满足大多数社会成员的需求。不管普通住宅的分配是遵循市场原则，还是遵循行政原则，将普通住宅用于满足社会大多数成员的居住需求，其成本都是最低的，由此引发的社会矛盾也是最少的。但由于普通住宅的供给弹性有严格的前提条件，人为因素对普通住宅供给的影响，使得普通住宅与优质住宅的差别在很多时候被有意模糊，很多普通住宅也能披上优质住宅的外衣，从而对住宅体系的完整性和层次性形成干扰①。

三、住宅供给的价格

优质住宅和普通住宅只是理论上的一种划分，实践中普通住宅与优质住宅并没有绝对的界限，它们有相当广阔的、纵横交错的过渡地带。因为住宅所在的自然环境和社会环境，其好坏标准是相对稳定的，自然环境和社会环境的构成及状态也是相对稳定的，相应地，优质住宅的优越程度甚至是否优越的判断也是相对稳定的。通常情况下，改善环境的基础越好，改善环境的投资越少，环境改善的可能性越大，反之则反是。这意味着，成熟的居住用地比不成熟的居住用地和非居住用地更容易更新升级，这也是优质住宅一般位于老城区或是拆迁改造而来的主要原因。当然也有例外，例如根据新的优质住宅标准，老城区可能存在致命缺陷，这种缺陷不管追加多少投资都无法克服或追加投资超过一定限度时，老城区的升级改造就不具有经济合理性，此时选择新的居住用地并一次性全面投资塑造新的自然环境和社会环境，这也可能形成新的优质住宅供给。因此，对优质住宅和普通住宅的划分，我们不能用静止的、简单的、非此即彼的眼光来看。相应地，住宅价格的形成和分布也不是千篇一律机械决定的，尽管它们总体上遵循优质优价的原则。一般地，住宅的环境越好，住宅的价格越高；住宅的环境越差，住宅的价格越低。越是环境好的住宅，市场竞争越激烈，竞购价格的特征越明显；越是环境差的住宅，边际购房者的支付能力对普通住宅价格的影响力越大。然而，不管购房者的支付能力如何低，普通住宅的价格通常不会低于普通住宅的生产价格，即房地产开发商的地价、建安成本和平均利润之和。当消费者的支付能力连生产价格也无法支付时，除非厂商还有其他目标，否则厂商会终止普通住宅的供给进程。

其次，我们还要区别住宅的供给价格和持有价格。住宅的供给价格决定房地产开发商向市场提供住宅的数量，住宅的持有价格决定住宅所有者市场财富数量的多少。尽管两者的含义不同，但两者又是相联系的。通常情况下，住宅销售或持有的时间越短，住宅供给价格和持有价格的差额越小，反之则反是。住宅供给价格与持有价格的区分，在一个住宅投资和投机气氛浓郁的社会，有极其重要的意义。一般而言，持有价格越高于供给价格，该社会的住宅投机气氛越浓，政府调控的难度会越大。

---

① 顾书桂：《关于地王和房价的辩证关系》，载《哈尔滨师范大学社会科学学报》2011 年第 3 期。

再次，如果我们将住宅的商品属性分解，住宅的价格还可以细分为所有权价格和使用权价格。住宅的所有权价格指向住宅完整的商品属性，住宅的使用权价格指向住宅商品的部分属性。住宅价格从不同角度分为不同层次，原因在于住宅对不同的人有不同的重要性，有些人对住宅的需求是一种刚性需求，有些人对住宅的需求是一种弹性需求，而这些人对住宅的支付能力又是千差万别的。住宅需求的不同特点以及不同需求者的支付能力差异客观上需要住宅本身做出一些改变来适应住宅市场，从而形成住宅产权市场。

最后，住宅供给也可能是没有价格的，或者说供给价格为零。尽管现实世界中市场机制的优越性众所皆知，尽管许多计划经济国家或迟或早、或主动或被动都走上了市场经济之路，这也不意味着市场机制可以主导住宅供给的一切。在局部地区、局部环节，特别是在市场机制失灵的地方，住宅依然可以通过行政机制供给，不过此时住宅的供给价格为零，即住宅供给不受价格的影响。

住宅供给价格的多样性，意味着住宅的价格确定可以结合住宅的需求特别是住宅的有效需求来进行。住宅的价格确定如果不能建立在消费者支付能力的基础上，从而不能实现住宅供求的对接，不但会浪费大量的经济资源，也不利于社会劳动力再生产的顺利进行。

第二节　住宅的有效需求

住宅的有效需求是消费者有货币保障的意愿需求。在市场经济条件下，消费者的收入存在人际差异，这决定了消费者在住宅市场上的支付能力也是有差异的。当消费者的刚性居住需求受到消费者的收入和支付能力制约时，政府就必须对住宅的供给进行干预。

一、市场经济条件下个人收入和支付能力的差异

市场经济条件下，由于个人客观条件的差异及主观努力的不同，个人的收入和支付能力存在很大的差异。

首先，个人的体力存在很大的差异。个人的体力差异是人力资源最基本的差异。人生下来就有性别差异，性别差异是个人体力差异的自然基础。通常，男子的体力明显强于女子。人生下来还有体质的差异。有的人在出生前由于基因遗传比较优良，母体也比较健康，因而出生后的体质也很好；有的人

在出生前不是基因遗传不良，就是母体健康状况欠佳，从而出生后的体质很差。先天性的体质差异对个人的体力形成有很大的影响。一般而言，先天性体质越好，后天的体力状况也越好；先天性的体质越差，后天的体力状况也越差。当然，后天性的环境以及个体的努力程度也是个人体力差异的重要原因。个体的成长环境很好时，先天性的不足往往能够在一定程度上得到弥补甚至全部弥补；个体的成长环境不好时，先天性的体质即使再好，也不一定能够带来后天良好的体力状况。个体的主观努力也是这样，个体的主观努力在相当程度上能够影响个体的体力形成。由于个人的体力存在很大差异，当劳动对体力存在依赖时，个人的体力差异就体现为个人的劳动收入差异，并且劳动对体力依赖越大，个人的劳动收入差异越能体现个人的体力差异。

其次，个人的脑力存在很大的差异。随着生产力发展水平的提高，劳动的技术含量越来越大，个人的劳动收入越来越与人的脑力相关联。个人付出的脑力劳动越多，个人的劳动收入越多；个人付出的脑力劳动越少，个人的劳动收入也越少。在撇开个体劳动时间和劳动强度存在差异的情况下，个人劳动收入差异实际上是脑力劳动复杂程度的差异。然而，个人脑力劳动的复杂程度，既与先天体质有关，更取决于后天的努力。在其他条件不变的前提下，个人脑力劳动的复杂程度与先天体质、与后天的努力均呈正比。尽管脑力劳动的复杂程度与劳动时间、劳动强度成反比，但通常情况下，脑力劳动复杂程度高的劳动者付出的脑力劳动量还是会高于脑力劳动复杂程度低的劳动者，从而脑力劳动复杂程度高的劳动者收入要高于脑力劳动复杂程度低的劳动者收入，当然前提条件是收入只与脑力劳动付出量的多少有关。

再次，个人的劳动环境存在很大的差异。撇开个人体力和脑力的差异，劳动环境的差异也会使个人的劳动收入出现很大的差异。劳动环境的差异与个人的家庭、个人的努力甚至个人的运气都有很大的关系。有的人家庭条件很好，可以依靠亲朋好友获得一个较好的劳动环境；有的人在寻找就业机会时，百折不挠，最终找到了一个称心如意的岗位；有的人纯粹是因为运气好，进了一个别人梦寐以求的单位，而其他人只能接受一个较差的劳动环境。劳动环境的差异对个人劳动收入的影响很大，这种影响甚至可以超过个人体力和脑力差异对劳动收入的影响，以至于很多人不愿意发挥自己的主观能动性去争取个人的体力和脑力优势，而一门心思追求劳动环境的优势。劳动环境的差异有一些是由客观因素造成的（如信息不对称），但也有一些是由主观因素导致的，是人为的（即使信息完全）。当一个社会的劳动环境差异主要由人为因素导致，这个社会的收入就可能不再与劳动挂钩，这个社会的制度安排就可能是反生产力的。当然，这里只强调劳动环境差异对个人劳动收入的影响。

最后，个人的转移支付和税收安排也是不一样的。这里转移支付既涉及个人之间的转移支付，也涉及政府、企业与个人之间的转移支付。有的人能够得到亲朋好友的经济资助，有的人则要反过来对亲朋好友进行经济资助，更多的人是这两种角色都要扮演。至于政府与个人之间的转移支付，有的人要向政府缴税，有的人得到政府的救济。此外，个人与单位之间也会发生转移支付。转移支付和税收安排的不同，也能在相当程度上影响个人收入，从而影响个人的支付能力。通常情况下，转移支付对丧失劳动能力者的收入影响很大，税收安排对不是主要依靠劳动的高收入者的影响最大。

影响个人收入因素的多样性决定了现实生活中个人的收入水平会存在种种差异，这种差异必然影响到个人在住宅市场的支付能力也存在差异。有的人竞购优质住宅，支付能力还有余，有的人连最小单位的普通住宅也买不起。个人在住宅市场支付能力的这种差异最终影响到个人住宅需求的经济性质。

二、住宅的居住需求与投资需求

人们对住宅的需求首先基于住宅的使用价值，即住宅具有一定的用途。通常情况下，住宅的用途主要包括提供就业便利、低成本购买商品和劳务、满足劳动力再生产的需要以及个人发展、享受的需要等。住宅的这些用途，对不同的消费者而言，其重要性是不同的。如养家糊口者，最重视住宅能否有利于促进自己就业，能否有利于自己找到一份称心如意的工作；操持家务者，最重视住宅能否有利于自己较方便地采购商品和劳务；中高收入者最重视住宅能否满足自己的精神追求。即使是同一个消费者，他在不同的时间、不同的场合对同一种住宅用途的评价都有可能不同。如消费者年老力衰时，他对住宅地理位置的重视可能更优于住宅交通条件的重视；消费者由体力劳动转为脑力劳动时，他对住宅自然环境的评价可能优于对住宅社会环境的评价。住宅的具体用途是消费者产生住宅需求的自然基础。然而，不同的住宅由于地理位置以及住宅自身的差别(可以是主观的也可以是客观的，可以是物理的也可以是化学的，可以是有形的也可以是无形的，可以来自于原材料也可以来自于人工劳动，可以来自于技术也可以来自于管理)，它们提供的用途质量、用途数量甚至用途种类都可能是不一样的。住宅用途只有在经过消费者分类、比较以及替代以后，才能得出住宅的总用途。消费者对住宅的总评价，首先是对住宅总用途的评价。只要住宅消费的边际效用大于住宅消费的边际成本，消费者对住宅的需求就会增加，一直到住宅消费的边际成本等于边际效用。住宅消费的这一原则不会因为住宅的性质不同而发生变化，消费者消费优质住宅时是如此，消费者消费普通住宅时也是如此。不过住宅消费达到均衡点，通常不是因为住宅的消费本身产生负效用，而是因为消费者的预算约束，即消费者的支付能力有限使得消费者的需求停止在住宅消费的边际效用远大于零的那一点。在那一点上，消费者增加住宅消费的机会成本极大，以至于任何增加住宅消费的行为都是不理性的。这种机会成本可以是完全由市场因素决定，也可以是部分由政策因素决定。如在住宅用地极为稀缺的国家，政府都会制定居住标准，并主要用经济手段加以引导，在居住标准的临界点附近，消费者突破标准的成本会迅速上升，从而会理性地选择遵守政府的居住标准。当然也有特例，有些消费者支付能力超强，在政府只有经济手段引导时，他依然能够突破政府制定的居住标准。但既然是特例，这样的消费者就很少，影响也很小，他不会改变住宅市场能够实现供求均衡的这一基本共识。

此外，在市场经济条件下，人们对住宅产生需求还可以基于投资的需要。投资的基本内涵是增值，至少实现价格总额上升。住宅的价格总额上升无非是两个来源，一是住宅建筑价格总额上升，二是住宅地基价格总额上升。鉴于住宅已经是一个最终产品，住宅变为古董不是常态，住宅主要通过折旧逐渐丧失其使用价值，在一个较长的时间里，建筑价格总额不仅不能上升，还会因为折旧而不断下降，因此住宅价格总额上升只能有一个来源，这就是住宅地基的价格总额上升。然而从住宅价格的决定模型来看，优质住宅地基的价格上升依赖于人们竞购能力的上升，普通住宅地基价格的上升只能依赖于政府政策的保驾护航。换句话说，投资优质住宅的最大风险是市场风险，投资普通住宅的最大风险是政策风险。与普通住宅相比，优质住宅的投资风险更小，更能科学预测，因而更适合投资。当然，这并不意味着普通住宅不适合投资。事实上，只要有政策保护，投资普通住宅期限可能更短，但收益更可观，而且几乎没有风险。

住宅居住需求与投资需求的分类有利于我们进一步理解住宅价格决定背后的力量。当住宅（当然主要指普通住宅）能够无限制供给时，有竞购能力的人会根据自己的竞购能力竞购程度不等的优质住宅，能够支付生产价格的消费者也可以从房地产开发商手中选购普通住宅，如果整个社会只有这两种人，住宅供求是完全可以借助市场实现均衡的。然而，上述两种假设在现实世界中都不存在。如果考虑到投资者的存在,住宅供求达到市场均衡就更不可能。当住宅供求不能达到均衡,特别是住宅的刚性居住需求不能由市场来供给和满足时,政府就不能听任市场机制发挥作用,政府应该弥补市场机制的不足。当然政府也可以加剧住宅供求的失衡,使社会贫富差距更为扩大,社会政治气氛更为紧张,不过这已经属于政府失灵的范畴了,如劣质土地财政①,因此这里暂时不予讨论。

三、居住保障需求的刚性与政府干预

根据支付能力限制的有效性,我们还可以将居住需求分为刚性居住需求和弹性居住需求。弹性居住需求指消费者的住宅需求变动率大于住宅价格变动率,它既包括消费者的住宅需求与住宅价格成正比,也包括消费者的住宅需求与住宅价格成反比。当然,如果住宅价格过高,消费者即使有支付能力也不会产生住宅需求(这里已经撇开住宅价格过高,消费者投资住宅面临过大风险,消费者不但不能实现住宅增值还有可能出现住宅贬值的情形,单纯指住宅价格过高,消费者增加住宅的消费导致个人总效用减少的状况)。刚性居住需求,不因支付能力的多少和有无而变化,只要消费者的自然个体存在,这部分居住需求就必须得到满足,也称居住保障需求。居住的保障需求属于劳动力价值的一部分,因而既是一个历史范畴,也是一个道德范畴。我们这里不讨论居住保障需求的量,只讨论居住保障需求的质。居住保障需求是劳动力再生产的基本需要,如果不能得到满足,会导致劳动力的萎缩再生产,进而影响社会再生产的顺利进行,因而具有刚性,是典型的刚性居住需求。刚性的居住保障需求得不到满足,最直接的原因当然是消费者的收入不足以支付最低面积的普通住宅,间接原因则涉及以下几个方面。

第一,消费者的支付能力总额不足。一方面,市场经济是收入分配两极分化的经济,不管政府的宏观调控水平有多高,总会有一部分人的收入相当少,这部分人完全依赖市场来满足自己包括住宅在内的刚性需求是不可能的。另一方面,撇开土地投入不谈,住宅也是资金劳动密集型产品,商品化的住宅单位价值额大,与其他商品相比,商品化住宅的进入门槛更高,因此市场条件下有一部分中低收入消费者无法获取住宅是理所当然的。由于这两方面的原因,住宅市场消费者的支付能力不足大概是所有商品市场中最严重的。

---

① 顾书桂:《中国住宅市场的问题与对策》,载《科学·经济·社会》2011年第2期。

第二,消费者的收支出现时间错配。即使那些总体上具备支付能力的消费者,在某个时间点上,也可能面临支付能力不足的窘境。因为住宅是一种耐用消费品,住宅的使用寿命长达几十年甚至上百年,理论上住宅可以在几十年甚至上百年里分期支付,但住宅的生产时间相对短暂,为了提高生产效率,住宅的交换和履约时间往往大大压缩,有的是一瞬间,长的也不过几年,超过二三十年的则非常少见。这意味着,在住宅付款结束到住宅使用价值丧失以前这一段时间里,住宅都是以一种净财富的价值形式存在的,在住宅付款期间,消费者付款能力的不足可以与消费者的总体付款能力无关,反映的也许仅仅是消费者自有资金不敷投资需求。这种时间错配问题如果得不到解决,消费者同样无法满足居住保障需求。这里我们不要将消费者的时间错配与空间错配混为一谈。时间错配是住宅生产与消费的矛盾导致的,对消费者而言,它是一种客观也是一种正常的现象。空间错配则是一个伪命题,房价高得消费者难以接受总是相对一个地区而言的,当消费者离开这个地区购房时,对这个消费者而言他摆脱了这个地区低收入的命运,但对这个地区而言市场机制会源源不断生产出低收入者,这些低收入者难道都要离开这个地区?这个地区的市场机制又要怎么运行呢?

第三,普通住宅价格也成了竞购价格。普通住宅是满足居民居住保障需求的主体,这源于普通住宅供给弹性大,普通住宅供给成本低而且稳定。但普通住宅的这两个特点是以非住宅用地能够自由转换为住宅用地、非住宅用地的供给量很大为前提的。一旦这个前提丧失,普通住宅供给成本低、供给量大的这两个特点也就不再具备。当普通住宅因为非市场原因不能自由供给时,普通住宅就与优质住宅一样,也成为稀缺商品,获得普通住宅也要参与竞购。尽管竞购成功,一部分消费者获得了普通住宅,但竞购本身就已经说明,不管竞购的结果是什么,总有一些消费者竞购失败,这些消费者不可能满足保障居住需求。

第四,普通住宅价格被人为抬高。如果说,普通住宅价格成为竞购价格只能是政策因素导致的,那么,普通住宅价格被人为抬高,长期内只能是市场垄断的结果。政策导致普通住宅竞购,虽然有抬高普通住宅价格的效果,但出于社会安定的考虑,政府不敢让竞购失败的消费者规模太大。因为居无定所的消费者规模越大,社会动乱的可能性越大,尽管地方政府不用直接对社会安定负责,但中央政府会对地方政府的过火举措严加管束。从 2003 年开始的中国住宅市场宏观调控到 2010 年在中央政府的严加督促下终于开始动真格的,原因正在于此。市场则不然，普通住宅竞购本身就是鼓励住宅向高收入者特别是住宅投机者集中的，一旦住宅集中到市场能够被操纵的程度，普通住宅的价格就会被人为抬高。普通住宅价格被抬得越高，居住保障需求不能得到满足的消费者就越多。普通住宅的价格被人为抬高，危害更大，而且政府可以推脱责任。事实上，普通住宅竞购与普通住宅市场垄断是相辅相成的，普通住宅竞购失败者越多，普通住宅市场越容易垄断，普通住宅价格抬升的阻力越小。

普通住宅不能保障中低收入消费者的居住保障需求，意味着消费者的劳动力再生产甚至是简单再生产都不能维持，消费者的肉体生存遭到威胁，社会秩序有可能受到破坏，因此当普通消费者不能通过市场渠道满足基本的居住需求时，政府就必须对住宅市场进行干预。在这种意义上，公共住宅金融正是政府干预普通住宅市场的产物。

第三节　劳动力价值是公共住宅金融发展的经济基础

当前，政府干预普通住宅市场的途径是很多的，手段也是不同的，但都把公共住宅金融发展的基础局限在住宅本身的价值上。然而只要将公共住宅金融发展的经济基础规定在住宅价值本身，这就意味着公共住宅金融与商业住宅金融无法区隔，公共住宅金融不仅难以避免商业住宅金融原有的风险，还要承受比商业住宅金融更多的风险。公共住宅金融发展的经济基础应是劳动力价值，只有以劳动力价值为基础，公共住宅金融的风险才能从根本上得到克服，这也是公共住宅金融与商业住宅金融区分的基本标志。

一、当前政府干预普通住宅市场的途径和手段

目前，政府干预普通住宅市场的途径和手段，理论上大体可以分为两类，一类是不影响普通住宅的商品属性，一类是削弱乃至取消普通住宅的商品属性。

不影响普通住宅的商品属性，意味着政府对普通住宅市场的干预并不损害住宅资源配置的市场机制，这又有两种情形：第一种情形是降低普通住宅的市场价格，第二种情形是提高消费者的支付能力。降低普通住宅的市场价格既包括降低普通住宅的生产成本，也包括降低普通住宅的流通成本。具体措施有：第一，降低土地的垄断程度，使普通住宅地基的价格尽可能市场化，因为市场化的普通住宅地基供应制度能够保证普通住宅地基价格的相对稳定

和低廉。第二,使用标准化的设计和建材,减少普通住宅的建设投入,现代社会的标准化往往意味着技术成熟基础上的大规模生产和低成本。第三,尽可能使用边际住宅地基,降低普通住宅地基的投入成本,因为随着土地开发的不断进展,住宅地基的普通性总是相对而言的,土地开发程度越低,住宅地基的普通色彩越明显,普通住宅地基的价格越低。第四,适当放宽普通住宅容积率,减少单位普通住宅的空间面积,从而降低普通住宅市场的进入门槛。第五,由财政减免房地产开发商和建筑商的相关税收,特别是增值税、营业税等。第六,以财政补贴、政策倾斜的形式向房地产开发商或建筑商提供优于市场条件的资金。提高消费者的支付能力,包括直接增加消费者的支付能力和间接增加消费者的支付能力。具体措施有:第一,由财政减免普通住宅的消费税、财产税等税收,直接增加消费者的支付能力,一般而言,由消费者承担的普通住宅的消费税和财产税越少,消费者的普通住宅支付能力越强;第二,对购买小型的普通住宅,进行货币补贴或实物奖励,在其他条件不变的情况下,普通住宅面积越小,普通住宅总价越低,普通住宅供应量越大,政府转移的消费效应越明显;第三,增加消费者的临时即借入支付能力,由于不涉及其他经济主体利益的调整,甚至能够促进其他经济主体利益的实现,这种措施使用时间最长,使用范围最广,它也构成公共住宅金融的主要内容;第四,增加普通住宅的保值能力,提高消费者的未来自有支付能力,现在借入的支付能力是要将来偿还的,当劳动收入不明朗时,资产收入特别是普通住宅本身的保值增值能力就很重要。由于土地开发伴随着社会的发展和人口数量的增加,其广度和深度也在增加,当普通住宅地基的增值能力超出建筑本身的折旧时,普通住宅的保值甚至增值就是有保证的,这是提高消费者未来支付能力的重要经济基础。

削弱乃至取消普通住宅的商品属性,意味着政府对普通住宅市场的干预已经使得住宅不再具有完整的商品属性,或者只具有部分的商品属性。政府削弱乃至取消普通住宅的商品属性,主要包括以下几种措施:第一,普通住宅地基的供给采用划拨或优惠出让形式,土地价格不同程度低于市场水平,普通住宅的要素投入市场机制因此受到损害;第二,普通住宅的生产坚持保本微利的原则,定价不是遵循平均利润原则,而是遵循成本原则,普通住宅的生产价格形成机制也受到伤害;第三,普通住宅初次销售和转售均有严格的限制,对市场竞争基本采取排斥态度,普通住宅的市场流通机制再次受到伤害;第四,消费者购买的产权也许只是普通住宅的部分产权,有时购买的即使是全部的产权也要以一定的期限为前提；第五，政府直接配给部分普通住宅，这些普通住宅几乎不以任何价格形式直接显示，除非政府出于某种目的采用参考价格、影子价格进行虚拟计算；第六，为达到上述目的，降低干预的显性成本，政府对普通住宅市场某一时间、某些部分的资金流进行疏导。

现实生活中，政府对普通住宅的干预往往是上述两类措施相互结合，以图达到最大限度地满足中低收入消费者保障居住需求的目的。然而，客观地看，政府对普通住宅市场的干预已经进入两难困境。首先是以不损害住宅商品属性为前提的政府干预，它只是在普通住宅市场上将市场价格有所降低，但并没有从根本上解决中低收入消费者支付能力总额不足的问题。其次是以损害住宅商品属性为前提的政府干预，不仅干扰了市场机制的有效运行，破坏了住宅市场经济资源的最优配置，更让人们质疑政府干预的社会公平性。在很多时候，从一个角度看，政府干预似乎通过牺牲土地所有者的应有权益（土地国有的前提下表现为国有资产的流失）过多送利于中低收入消费者；从另一个角度看，许多中低收入消费者依然缺乏必要的支付能力，政府干预力度似乎还远远不够。因此，当代社会政府对普通住宅市场的干预往往会陷入两面不讨好的尴尬境地。

二、公共住宅金融的价值属性与功能

现实生活中，政府对普通住宅市场干预的进退两难与人们对公共住宅金融的价值属性的误解有关。

当代经济已经高度金融化，住宅市场也不例外。政府对普通住宅市场的干预，固然会引发普通住宅市场资金运动的变化，但它本身也包含对普通住宅市场资金运动的直接干预。从这种意义上讲，公共住宅金融绝不仅仅是公共住宅的金融，还包括公共的住宅金融；公共住宅金融可以是生产性的，也可以是消费性的。所有出于住宅保障目的由政府出面对普通住宅市场资金运动实施的干预均应称为公共住宅金融。根据不同的划分标准，现代公共住宅金融主要有以下几种表现形式：

（一）生产性公共住宅金融与消费性公共住宅金融

生产性公共住宅金融指为达到住宅保障的目的，普通住宅生产环节的资金运动受到政府干预的一种经济现象。生产性公共住宅金融最直接的作用是通过降低普通住宅的生产成本，降低普通住宅的支付价格，从而间接提高消费者的支付能力，满足消费者的居住保障需求。生产性公共住宅金融的具体形式，根据受惠主体划分有土地开发商的优惠融资、房地产开发商的优惠融资、建筑商的优惠融资等，根据优惠渠道划分有政府担保发行企业债券、公积金开发贷款、财政贴息开发贷款等。

消费性公共住宅金融指为达到住宅保障的目的，普通住宅销售环节的资金运动受到政府干预的一种经济现象。消费性公共住宅金融最直接的作用是通过政府干预，提高消费者现实的或潜在的、临时的或永久的支付能力，满足消费者的居住保障需求。消费性公共住宅金融的具体形式主要是政府担保的优惠贷款，特别是公积金购房贷款。

（二）原生性公共住宅金融与衍生性公共住宅金融

生产性公共住宅金融和消费性公共住宅金融均属于原生性公共住宅金融。生产性公共住宅金融与消费性公共住宅金融，会产生一系列债权债务。在市场经济条件下，增强这些债权债务的流动性，不仅是相关债权债务人自身利益的需求，更是生产性公共住宅金融和消费性公共住宅金融持续存在的重要条件，于是生产性公共住宅金融和消费性公共住宅金融的二级市场应运而生。生产性公共住宅金融市场与消费性公共住宅金融的二级市场和一级市场共同构成原生性的公共住宅金融的全部。原生性公共住宅金融的运行蕴藏着巨大的风险。在总的风险中，有的风险是系统的，有的是非系统的。这些风险对相当一部分投资者而言是不可接受的，系统性的风险需要逃避，非系统性的风险需要克服，于是公共住宅金融的衍生品市场出现了。衍生性公共住宅金融市场虽然离公共住宅金融一级市场很远，产生的风险更多、更大，但同样是发展特别是发达公共住宅金融市场所需要的。在某种意义上，原生性的公共住宅金融为住宅保障服务的色彩较明显，衍生性的公共住宅金融为投资者甚至投机者服务的色彩较明显。

公共住宅金融的表现形式在世界各国有很大的差异。这一方面源于世界各国的住宅保障体制有很大的差异，另一方面源于世界各国的经济发展水平特别是金融发展水平有很大的差异。一国的公共住宅金融是根植于该国的住宅保障体制的，一国有什么样的住宅保障体制，就有什么样的公共住宅金融。为了达到其他的政治目的，有的国家住宅保障倾向于提供具有保障性质的实物住宅，于是生产性的公共住宅金融会在该国公共住宅金融中占据较重要的位置；有的国家不愿对普通住宅的生产施加过多的干预，于是消费性的公共住宅金融会在该国的公共住宅金融中占据较大的比重。住宅公积金制度虽然是中国以及其他许多国家实施住宅保障的重要工具，但并不是所有国家都实施住宅公积金制度。即使是同样实施住宅公积金制度的国家,对住宅公积金制度的功能也有不同的看法,有的国家将其功能严格限定在住宅保障方面,有的国家仅仅将其作为强制储蓄的工具。如中国因为劣质土地财政现象严重,房价高不可攀,住宅公积金对一辈子买不起住宅的低收入阶层而言,实际上发挥的就是强制储蓄的作用,当然对利用制度漏洞套取公积金贷款购买超过合理居住需要住宅的中高收入阶层而言,住宅公积金实际上又变成了劣质土地财政的工具。另外,公共住宅金融的发展是有阶段性的,不同的时期,公共住宅金融会呈现不同的发展水平和发展内容。在公共住宅金融发展初期,不管是生产性公共住宅金融还是消费性公共住宅金融,也许只存在一级市场;在公共住宅金融发展一段时间以后,也许不但公共住宅金融的二级市场会出现,甚至会出现高度发达的公共住宅金融衍生品市场。

然而需要注意的是,尽管公共住宅金融是出于非经济目的由政府干预的住宅金融,政府可以干预住宅金融的期限、利率、金额以及住宅金融的进入门槛,但不管政府如何干预,我们都不得不承认,公共住宅金融与商业住宅金融一样,本质上依然属于价值的范畴,价值属性依然是公共住宅金融的基本特征。因此公共住宅金融产品一旦产生,它就会与商业住宅金融一样,遵循共同的价值运行规律。公共住宅金融的这种价值属性,决定了公共住宅金融对消费者支付能力不足的弥补只能首先是对消费者即时支付能力不足的弥补,而对消费者永久支付能力不足的弥补作用不大。也就是说,在公共住宅金融初期,如果中低收入消费者的收支是失衡的,即使通过政府干预实现了融资的目的,如果政府干预在资金运动过程中不能转变为实实在在的支付能力,即使到了公共住宅金融末期,中低收入消费者依然不可能满足现金流平衡的要求。这种现金流失衡产生的金融风险,在条件具备时就会激化为金融危机,特别是次贷危机。公共住宅金融的价值属性客观上要求公共住宅金融发展初期就要着力解决中低收入消费者的收支平衡能力问题,只有消费者的收支实现了平衡,公共住宅金融的风险才能得到有效控制,公共住宅金融危机才能从根本上得到避免。

三、劳动力价值是公共住宅金融发展的经济基础

公共住宅金融的产生直接源于弥补消费者支付能力的不足,这既是社会公众的普遍认知,也是社会公众认可的心理准则。超出了这一前提,公共住宅金融的发展不会被社会公众认可,遭到人们的反对和抵制也是理所当然的。

因此，所有关于公共住宅金融的分析都应该从这一前提出发。

公共住宅金融弥补消费者支付能力的不足，这种不足有两层含义：一是相对于消费者一生的收入来说，消费者对住宅市场价格都缺乏必要的支付能力，这种不足是永久的；二是相对于消费者一生的收入来说，消费者有能力支付住宅市场价格，但因为收支时间错配的原因，消费者缺乏即时的支付能力。由公共住宅金融的价值属性决定，公共住宅金融弥补消费者支付能力的不足显然只能是后者。因为在时间起点收支不等的现金流，不论公共住宅金融怎么运作，在时间终点现金流收支依然不等，才是符合资金时间价值的基本原理的。从这种角度看，公共住宅金融能否有效运行，只与消费者的支付能力是否充足有关，而与消费者的居住成本高低无关，除非消费者的居住成本是由消费者的支付能力决定的。换句话说，当消费者的居住成本是由消费者的支付能力决定时，西方公共住宅金融以住宅商品化为前提的内在缺陷就能够克服，公共住宅金融的健康运行就能够得到保证，因此公共住宅金融所有的问题就归结为消费者居住成本与消费者支付能力的关系。

消费者的保障居住成本是消费者的最低居住成本，如果不能扩大再生产的话，它必须确保消费者保障居住条件的简单再生产。消费者的支付能力因人而异，差异极大，大的可以竞购优质住宅有余，小的求购普通住宅还不足。不过对绝大部分消费者而言，消费者的支付能力有一个最低界限，这就是劳动力价值。如果将消费者的保障居住成本限制在劳动力价值即工资范围内，则公共住宅金融发展的所有困扰都将迎刃而解。考虑到劳动力价值就是"维持劳动力所有者所需要的生活资料的价值"[①]，而住宅是生活资料的一种表现形式，理论上并不存在消费者不能支付保障居住成本的困难，实践上我们则要考察保障居住成本的具体构成。

尽管公共住宅金融履行的住宅保障职能侧重于住宅的使用价值，但在公共住宅进入消费领域之前，它必须被当作商品来对待，必须遵循市场机制。所以研究公共住宅的支付缺口，还得要从公共住宅的市场价格谈起。公共住宅的市场价格与商品住宅的市场价格一样，也是由地价与建筑物造价两部分构成，但地价和建筑物造价的决定遵循着两种不同的机制。通常情况下，建筑物所用的原材料与劳动力都是可以重新生产出来的，成本是相对稳定的，个人生

① 马克思：《资本论》(第一卷)，中共中央马克思恩格斯列宁斯大林著作编译局译，人民出版社1975年版，第194页。

存和发展所需的建筑物原材料和劳动力投入也是个人劳动力价值的组成部分。因此，尽管住宅是资金和劳动密集型商品，但有正常劳动能力的普通消费者不存在不能支付建筑物造价的问题，他们更多的情形是支付建筑物造价还有余，否则难以理解人类社会持续发展到今天。这样，中低收入消费者的支付缺口如果有，也只能来自于地价，是过高的地价导致他们产生支付缺口。对于无力支付商品住宅价格的消费者来说，地价不仅吞噬了他们的剩余产品，还吞噬了他们的部分必要产品，从而使他们连基本的居住条件都不能获得，影响了他们劳动力的简单和扩大再生产，这就是住宅市场上中低收入消费者支付缺口的性质。一般而言，地价的高低直接决定消费者支付缺口的大小，地价越高，消费者的支付缺口越大，地价越低，消费者的支付缺口越小。所以，与其说公共住宅金融产生于住宅过高的建筑成本，不如说公共住宅金融产生于住宅过高的地价。尽管公共住宅金融从形式上划分为生产性公共住宅金融和消费性公共住宅金融，但它们的实质都是对承担过高价格地基的中低收入消费者的补贴。

公共住宅金融产生于公共住宅过高的地价，意味着公共住宅金融包含的政府干预成本实际上是对土地所有者的补偿，即公共住宅金融政策成本等于公共住宅地价。当消费者支付公共住宅的地价时，公共住宅金融对消费者的补偿其实是假手消费者补偿土地所有者而已。因为住宅地基与住宅建筑物作为使用价值的特点是不一样的。住宅地基随便怎么使用，一般不会消失；而住宅建筑物随着时间的推移，其使用价值会逐渐丧失。因此，住宅建筑物有折旧，其价值会最终丧失，住宅地基则不存在折旧，只要作为地基的其他条件存在，该地基就继续存在，该地基的市场价格也不会消失。这就是说，在不支付地价的前提下，并不影响住宅的简单再生产甚至是扩大再生产。换句话说，地价不应该纳入保障居住成本，从而不构成劳动力价值的必要组成部分。由于地价是地租的另一种表现形式，特别是现代城市地租已经变成一种混合地租，城市土地的来源与农业用地的来源也有差别，研究城市地租的实质及其运行规律也就成为公共住宅金融研究的重要组成部分。

小　　结

住宅供给分优质住宅供给和普通住宅供给，优质住宅供给刚性，普通住宅供给弹性，这意味着优质住宅应采用竞购的方式满足少部分中高收入消费者的需求，价格稳定的普通住宅是满足大部分中低收入消费者居住需求的首选。住宅需求分弹性需求和刚性需求。在市场经济中，收入分配的两极分化使得部分刚性居住需求必须依赖政府干预和公共住宅金融加以解决。公共住宅金融发展的经济基础不是商品化的住宅，而是体现为消费者支付能力的劳动力价值。只有将消费者的保障居住成本限制在劳动力价值范围以内，消费者才有足够的支付能力支撑公共住宅金融的良性运行。

第四章　城市住宅地租的运行机制与运行规律

城市住宅地租是相对于农业地租、矿山地租等其他具体地租形式而言的，它从属于建筑地租、城市地租。关于地租的研究，最早可以追溯到17世纪。马克思生前还将地租的研究延伸到矿山和建筑领域。但一般认为，阿尔弗雷德·马歇尔（Alfred Marshall，1842—1924）是首次详细分析城市地租的学者[①]。从目前的研究成果看，正如马克思所说，城市"建筑上使用的土地……的地租的基础，和一切非农业土地的地租的基础一样，是由真正的农业地租调节的"[②]。

第一节　城市地租研究的文献回顾

农业地租是西方地租研究的基础，古典经济学家亚当·斯密、大卫·李嘉图、约翰·冯·杜能以及卡尔·马克思是其中最杰出的代表。19世纪末20世纪初，以阿弗里德·马歇尔为代表的新古典经济学开始将城市地租作为主要研究对象，以此为基础发展起来的新古典主义地租理论则成为当代西方土地经济学的核心。

一、西方古典经济学的地租理论

亚当·斯密是最早系统研究农业地租的西方学者。他在1776年出版的《国民财富的性质和原因的研究》一书中，主要阐述了四个观点：①地租是使

---

① 胡寄窗：《西方经济学说史》，立信会计出版社1991年版，第234页。

② 马克思：《资本论》（第三卷），中共中央马克思恩格斯列宁斯大林著作编译局译，人民出版社1975年版，第871页。

用土地的代价，也是一种垄断价格；②地租是租地人所能缴纳的最高额；③地租是一种剩余价值，土地改良费用的利息或利润只是原有地租的附加；④地租是商品价格高低的结果，而不是商品价格高低的原因[①]。

在亚当·斯密研究的基础上，借鉴安德森级差地租的观点，大卫·李嘉图1817年出版的《政治经济学及赋税原理》进一步发展了地租理论：①地租是为了使用土地原有的和不可摧毁的土壤生产力而支付给地主的报酬；②地租数量差异源于土地质量与位置的差异；③社会进步和人口增长会推动地租上涨[②]。

1826年，约翰·冯·杜能在《孤立国同农业和国民经济的关系》一书中指出，真正的地租不包括资本利息，地租是市场价格超过生产费用和运输费用的余额，因为生产费用和运输费用均与地理位置有关，从而提出了区位地租理论[③]。

19世纪中叶(《资本论》第三卷的出版是马克思逝世后由恩格斯整理完成的，时间是1894年)，马克思在总结前人研究成果的基础上指出，地租表现为土地所有者出租一块土地而每年得到的一定的货币额；地租分为级差地租和绝对地租，它们都是土地所有权借以实现的经济形式；绝对地租与级差地租的主要区别在于，绝对地租完全依赖于土地所有权，而级差地租还受到土壤肥力、地理位置以及追加投资等因素的影响；如果说绝对地租会由于农业资本有机构成的提高而呈现一定的下降趋势，级差地租则因为追加投资等多因素的存在导致其总量不断增加。针对建筑地租，马克思特别指出，建筑地租的基础是由真正的农业地租调节的；建筑地租的特征，首先是位置对级差地租有决定性的影响，其次是所有者具有明显的、完全的被动性，最后是与产业资本结合的城市土地所有者具有无与伦比的垄断优势；人口增加带来的住宅需求增加，以及固定资本的发展，都会增加建筑地租；建筑地租的上升，一方面源于土地作为空间和地基价值的上升，另一方面源于对各种可作为建筑材料的要素的需求上升；在迅速发展的城市内，建筑投机的真正主要对象是地租，而不是房屋[④]。

① [英]亚当·斯密：《国民财富的性质和原因的研究》，郭大力、王亚南译，商务印书馆1994年版，第136—139页。

② [英]大卫·李嘉图：《政治经济学及赋税原理》，周洁译，华夏出版社2005年版，第43—55页。

③ [德]约翰·冯·杜能：《孤立国同农业和国民经济的关系》，吴衡康译，商务印书馆1997年版。

④ 马克思：《资本论》(第三卷)，中共中央马克思恩格斯列宁斯大林著作编译局译，人民出版社1975年版，第871—873页。

二、新古典主义城市地租理论

19 世纪末 20 世纪初，伴随着城市经济的兴起，城市地租以及其对城市经济的影响迅速进入人们的研究视野，由此也诞生了新古典主义城市地租理论。20 世纪 70 年代，由于影子价格、区位平衡、边际主义等新概念和新方法的引入，新古典主义城市地租理论终于成为西方土地经济学的核心内容。

阿弗里德·马歇尔是新古典主义城市地租理论的创始人。19 世纪末 20 世纪初，面对城市化的快速进程，马歇尔认为，铁路交通设施的发展和富裕地区人口的增多，使接近该地区的工业获得巨大的经济效益，于是企业都选择便利但稀缺的土地从事经营活动，从而形成区位地租或场地地租；建筑地租除受区位影响外，还受建筑物类型、质量以及预期的影响，因此建筑地租是一种合成地租，主要是由建筑物的预期收入决定的；城市地租可以人为创造，也可以人为毁灭，其变化完全取决于需求[①]。

20 世纪 60 年代，威廉·阿朗索(William Alonso)将空间作为城市地租的核心，并引进区位平衡的概念，将地基规模引入地租的分析框架，从而从理论上解决了城市地价的计算方法。阿朗索的地租模型堪称新古典主义地租模型最杰出的代表。它强调，无论是家庭还是企业，均会选择一个满意程度最高且又与地价构成曲线相吻合的区位。根据阿朗索模型，甚至可以利用“农用地价反推市中心地价”[②]。阿朗索之后，米尔斯(Edwin S. Mills)还构建了测算地价的城市结构模型，英国威尔金森(Wlkinson)和库宾(Evans Cubbin)的研究成果则进一步证实了阿朗索地租模型的理论价值。

围绕着城市地价的量化及其相关的影响因素，新古典主义学派衍生出不同的分支。

1. 土地经济学派

土地经济学派特别强调运输成本与地价之间的互补性。海格认为，地价是对运输费用节省的反映，因为运输费用是克服空间摩擦所支付的费用，这样场地地租就和运输成本通过空间摩擦的关系而有机地联系起来，场地地租不过是对运费较低、较易接近的场地征收的费用，相应地，城市中心的土地利用

---

① [英]阿弗里德·马歇尔：《经济学原理》，廉运杰译，华夏出版社 2005 年版。

② [美]威廉·阿朗索：《区位和土地利用：地租的一般理论》，梁进社、李平、王大伟译，商务印书馆 2007 年版。

类型应该遵循摩擦成本最小化原则确定。锐特克利夫认为，自由的土地市场可以使城市某一地块的地价总和达到最小，但最好的土地利用与运输规划可以使整个社会的地价达到最高。由于市场化程度对地价影响很大，土地经济学派很注重土地市场的研究。土地经济学派认为，影响土地市场完全性的因素主要有：土地的稀缺性、人们对不同区位的土地需求是不均衡的、人们对土地市场缺乏足够的理解、经济环境对土地市场的干扰、政府行政干预、土地投机和土地垄断等。鉴于此，英国韦伯(J. S. Wabe)通过分析伦敦的房价和房屋类型，认为距离与房价并非简单的消长关系，人口密度、环境质量也会影响房价；美国瑞克(R. Ridker)和衡宁(J. Henning)的研究则指出，在一定范围内，距离因素对房价的作用极为明显，但超出一定范围后，房价反而随距离扩大而上升，当然环境因素对房地产市场的影响也不容忽视；凯恩(J. F. Kain)和奎赖(J. M. Quigley)则发现，距离因素在房地产价格中的作用并不明显。1971年，美国安德森(R. J. Jr. Anderson)和克劳克(T. D. Crocker)研究认为，家庭收入不仅通过家庭对房屋特性的评价而影响对房屋的选择，而且会直接影响到房屋价格本身；因为城区污染的存在，距离对郊区房价的影响其实很弱。

2. 土地利用学派

土地利用学派从土地利用出发建立起城市土地供需函数，并认为城市土地供需函数是基于不同类型的城市土地使用者相互竞标的结果。如胡佛提出竞价曲线(bid price curve)来说明不同类型土地使用者之间的关系。胡佛认为，消费者一般试图定居在生活安全、开支少、生活过得惯的地方，厂商一般试图定居在挣钱多、收入有保障、工作条件好的地方，因为住宅竞价能力一般低于商业用地，所以住宅一般在城市的外围。温奇则认为，运输成本产生于把不同距离的产品运至市场的需要，运输成本的差异决定场地地租的高低，也确定了某种用途的土地能较有利进行下去的边界，此外运输成本还包括时间价值。但土地利用学派的早期学者在分析城市问题时，是将不同用途的土地分开处理的。

3. 生态学派或社会学派

派克・帕杰士・麦肯齐认为，地价反映市场主体的经济力量及其竞争优势，地价最高的区域通常都是经济力量最强、竞争优势最明显的区域。因此，决定整个社会发展模式的商业区往往就成为一个城市的中心区域，如同心圆、扇形、多核心的城市空间结构理论均承认 CBD 的中心地位。相应地，如果某项经营活动不能与享有更高利润的另一活动竞争，它就必须退出该行业或者到异地选择活动位置。

4. 行为学派

行为学派主要从政策、社会心理等方面研究城市地价的决定。乌斯沃特认为，计划或规划对地价的影响，完全表现在地价在空间上的重新分配或位移，土地总价丝毫不受影响。戈德认为，地价受政府、预期、投机因素的影响远大于受土地市场竞争因素的影响。一般地，行为学派认为，市场会保证土地所有者获得土地最好用途的最高价格，如工商业用地；非市场渠道配置的土地，如居住用地、农林牧业用地、交通运输园林绿化等公用土地，则不一定。从这种意义上讲，土地价格与土地用途实际上是双向决定的。在承认土地市场对土地用途决定作用的基础上，行为学派进一步认为，政策因素对土地价格影响巨大，具体表现在三个方面，即土地利用规划、城市基础设施政策和税收政策。土地利用规划一般被认为是一种对土地市场个人活动进行限制的消极措施。戈弗雷·克格(Geoffrey Keogh)指出，规划不仅在总量上造成地价上升，而且会对个别地块价格造成影响，因此规划也是诱发土地投机的重要因素。阿兰·W. 伊文思(Alan W. Evans)将规划分为两类，一类是实质性的规划政策，是具有特定目的的政策措施；一类是程序性的规划政策，为实质性的规划政策提供手段、方法。由于土地利用规划的作用，一个城市的地价曲线不是一条由市中心向郊区渐降的平滑曲线，而是一条不连续的、起伏的折线。城市基础设施政策对地价的影响源于这样一个事实：生地很少直接进入市场，一般都是经过开发的、具有某些基础设施的熟地才会进入交易程序，而基础设施投资在地价中往往占有很大的比重，通常为35%—80%不等。拉里·R. G. 马丁(Larry R. G. Martin)认为，城市基础设施的供给水平、城市基础设施建设的投资方式以及城市基础设施的质量是城市土地供给最关键的三个因素，如果这三个方面的供给与实际需求不符，必然导致城市土地熟化成本过高而使市场上的土地投放量减少。由于城市基础设施政策影响地价的核心在于谁支付土地熟化的成本以及怎样支付这一部分成本，因此城市基础设施建设的时机也很重要。因为城市基础设施建设周期长，建设早了，出现投资浪费；建设晚了，城市用地会出现短缺，地价会上升。税收政策对地价的影响则主要取决于征收的税种和征税的时间。对土地征税不仅包括地产税，还包括其他的间接税和直接税。因为区位因素比土地开发成本更能影响地价，优质地段的税收会减少地价和土地的开发利润，一般地段的税收只会使地价上升。此外，对土地所有权交易时征税和平时征税，对空地征税和对已开发土地征税，对地价的影响都不一样。

三、当代中国对城市地租和地价的研究

当代中国对城市地租和地价的研究主要包括三方面的内容：地租的市场化属性研究、西方地租和地价理论的引进吸收以及西方地租和地价理论的中国化。地租的市场化属性研究集中于改革开放的初期，以陈征（1993[①]，1995[②]）为代表。陈征认为，在社会主义市场经济体制下，城市绝对地租有其存在的客观必然性，它最终来源于城市企业利润和职工工资一定部分的扣除；城市绝对地租在量的确定上既有上限也有下限，其变动趋势是随着城市经济的繁荣发展而增大的。关于级差地租，陈征认为，对城市土地投资不同而带来收益的区位差异是城市级差地租产生的经济基础；区位收益的差异可以是原始的也可以是追加投资集约利用土地带来的；级差地租与绝对地租一样，均随着城市经济的不断发展而上涨。西方地租和地价理论的引进吸收在 1998 年中国城镇住宅制度改革前后渐入高潮，如潘世炳（1995）[③]、石楠（1990）[④]等。潘世炳从总体上回顾了西方地价理论体系，将西方地价理论体系分为总体地价理论和个体地价理论两部分，总体地价理论包括古典学派和新古典学派，个体地价理论主要涉及当代各大学派，如土地经济学派、土地利用学派、生态学派和行为学派等。石楠则重点介绍了西方新古典主义城市地租理论，在承认土地市场对土地用途具有决定作用的前提下，政策如土地利用规划、基础设施投资和税收等，均会对土地价格产生重大影响。何伟（2004）[⑤]还对新经济地理学进行了介绍，陈良文、杨开忠（2006）[⑥]则更多关注了聚集经济模型，而贾生华、温海珍（2004）[⑦]对房地产特征价格模型的分析最具有代表性。西方地租和地价理论的中国化在中国起步虽晚，但成果非常突出。如尹虹潘（2011）[⑧]实证研究认为，房价从城市中心到边缘逐渐降低这一外在空间规律的内因是市民收

---

① 陈征：《论社会主义城市绝对地租》，载《中国社会科学》1993 年第 1 期。

② 陈征：《社会主义城市级差地租》，载《中国社会科学》1995 年第 1 期。

③ 潘世炳：《西方地价理论体系简介》，载《价格理论与实践》1995 年第 3 期。

④ 石楠：《西方新古典主义城市地租理论浅述》，载《城市规划》1990 年第 5 期。

⑤ 何伟：《新经济地理学研究文献综述》，载《经济学动态》2004 年第 7 期。

⑥ 陈良文、杨开忠：《聚集经济的六类模型：一个研究综述》，载《经济科学》2006 年第 6 期。

⑦ 贾生华、温海珍：《房地产特征价格模型的理论发展及其应用》，载《外国经济与管理》2004 年第 5 期。

⑧ 尹虹潘：《市民收入不均与城市住宅价格空间分布》，载《财经研究》2011 年第 6 期。

入差异及其购房竞价排序；城市不同区位的房价随着市民收入不均程度的变化而出现不同变化；在较高的市民收入不均程度下，发生多次购房的可能性较大。肖文、王平（2011）[①]则研究指出，新经济地理学城市模型长期忽略外部规模经济和拥挤效应对城市发展的影响，人口数量持续增长时，城市土地租金和总地租收入都以递增的速率增长，城市单中心空间结构不再稳定，但最终会出现何种形式的空间结构，取决于外部规模经济和拥挤效应的大小。

总体而言，新古典主义的城市地租和地价理论呈现出五个特点：第一，将生产过程视为多种变量不断变化的过程，通过边际产品价格和生产要素价格的比较，阐述地租的本质含义；第二，区位因素的重视和区位平衡概念的引入，使新古典主义城市地租理论更具有应用价值；第三，土地市场分析趋于完善，特别是土地的平衡价格和土地市场不完善的特点分析；第四，解决了城市地租测算的理论方法和应用模型，最典型的就是阿朗索地租模型；第五，特别注重对政府政策的研究，这也使得城市规划成为西方土地经济学的重要内容。中国对城市地租和地价的研究更多侧重于西方地租和地价理论的中国化，用于解决中国城市发展的现实问题。

第二节　城市住宅地租的产生与特点

一方面，城市住宅地租与城市制造业地租、城市服务业地租一样，都是城市土地使用者向城市土地所有者缴纳的一种剩余；另一方面，城市住宅地租又与城市制造业地租和城市服务业地租不同，城市住宅地租总体上具有从属性和派生性。城市住宅地租的经济性质决定了，城市住宅地租的决定有两种渠道：市场化和非市场化。

一、城市住宅地租的产生

在最根本的意义上，城市住宅地租与城市制造业地租和城市服务业地租一样，毫无疑问都是城市土地所有者向城市土地使用者收取的一种生产剩余，是城市地租的一种表现形式。

西方古典经济学和马克思都从农产品剩余出发，认为农业生产剩余是大

---

① 肖文、王平：《外部规模经济、拥挤效应与城市发展：一个新经济地理学城市模型》，载《浙江大学学报人文社会科学版》2011 年第 2 期。

自然的恩惠,农业用地所有者不过是凭借土地所有权将其以地租的形式据为己有。城市地租其实也遵循同样的逻辑,差别在于城市地租的经济基础是工业生产剩余。18世纪英国产业革命之后,由于生产技术的差异,工业企业获得了大量的规模效益和范围效益,由此产生的利润转化为积累进一步推动工业企业生产规模和生产范围的扩大。但工业企业的这种规模效益和范围效益并没有形成城市地租,充其量只是其中的一部分以工业地租的形式上交给了土地所有者。工业生产剩余以城市地租的形式上缴给土地所有者与后来的聚集经济效应有关。英国经济学家K.J.巴顿认为,工业发展到一定阶段时,"原料的分布不均衡(特别是煤和铁矿),地方气候的特点(对纺织厂特别重要),高昂的运输费用促使工业集中在一些有利的地区"[①]。美国经济学家沃纳·赫希则认为:"规模经济受空间集中的影响极大。没有空间集中,生产只能以极其有限的规模进行,通常靠近产品消费地以节省运输费用。……规模经济和运输成本共同导致经济活动的空间集中,即城市经济。"[②]世界上并没有穷尽的真理,虽然我们不能说,城市化进程完全取决于规模经济和运输成本,但我们可以肯定,经济活动的空间集中确实对工业企业的经济效益和竞争优势产生了极大的影响。越接近经济活动的中心,工业企业的生产和运输成本越低,对市场机会的把握越充分,企业的竞争优势越明显,企业的经济效益也越好,反之则反是。当城市经济逐步形成和发展时,作为工业企业经济活动的空间载体——城市土地,势必要从城市经济聚集效益中分一杯羹,于是城市地租就产生了。

仍以工业企业为例。正如英国经济学家阿弗里德·马歇尔所说,城市租金一开始就是以混合租金的形式出现的[③]。首先,工业企业从农村迁向城市获取聚集效益,不管聚集效益是多是少,工业企业都必须向土地所有者缴纳城市地租以获取必要的城市用地。从历史上看,尽管手工业最初是在城镇聚集的,但规模化的工业生产最先是在农村产生的,工业企业将农用土地改为工业用地,不得不向土地所有者缴纳工业地租。现在工业企业为获取聚集效益将厂址迁向城市,同样要向城市土地所有者缴纳城市地租。其次,城市土地内部自然条件的差异使得工业企业获取规模经济、范围经济和聚集效益的能力也存

① [英]K.J.巴顿:《城市经济学:理论和政策》,上海社会科学院部门经济研究所城市经济研究室译,商务印书馆1986年版,第17—18页。

② [美]沃纳·赫希:《城市经济学》,刘世庆、李泽民、廖果译,中国社会科学出版社1990年版,第27页。

③ [英]阿弗里德·马歇尔:《经济学原理》,廉运杰译,华夏出版社2005年版,第366页。

在很大的差异，这种差异使占据较好自然条件城市用地的工业企业还要向土地所有者缴纳级差地租。如有的土地较为平整，地基结实，工业企业的基建成本和建安成本会大大降低；有的地块交通条件较好，工业企业进口原材料、输出制成品，可以大大降低运输成本；有的地块接近市场，工业企业能够较快地对市场信息作出反应，从而更多地抓住市场机会。所有这一切都会通过市场竞争迫使工业企业将额外的聚集效益以级差地租的形式上交给土地所有者。最后，城市土地投资及其收益也会以城市地租的形式表现出来。城市土地与农村土地的差别主要在于土地投资的差别，这在当代社会非常明显。王爱国认为，“现代都市土地就是现代基础设施装备的土地”①。城市土地的大量投资及其收益，不管是以利息还是利润的形式回收，在新一轮的城市土地租赁使用或买卖契约中，均会以级差地租的形式上交给土地所有者。不过城市土地投资往往也会抬高城市土地利用的门槛。一般而言，城市土地投资越多，城市土地的利用门槛越高，土地所有者收取的城市土地绝对地租数额也越大。

与工业企业的城市用地类似，建筑业和服务业的城市用地也要按相同的原则上交绝对地租和级差地租给城市土地所有者。工业企业内部、建筑业和服务业企业内部要竞争有利的城市用地，工业企业和建筑业与服务业企业之间同样要竞争有利的城市用地。由于各自产业特点的不同，总体而言，建筑业特别是城市住宅地租明显区别于城市工业地租和城市服务业地租。需要注意的是，城市土地不是从来就有的，它是城市产业，特别是城市工业和城市服务业与农业在竞争性使用农用地的过程中由农业用地转变而来的，这在城市增量土地来源上表现得最为明显。农业用地转变为城市用地意味着，城市土地所有者首先要向农用土地所有者缴纳农业地租，才能将农业用地转变为待用的城市用地，待用的城市用地再根据市场供求状况收取数量不等的绝对地租和级差地租投入使用。由于农业地租建立在土地用于农业生产的基础上，它与城市地租（无论是绝对地租还是级差地租）存在明显的差异，因此不能与城市地租混为一谈。农业地租是城市用地的最低成本，低于农业地租的城市用地价格将会带来城市土地供应的萎缩，城市用地会反向转变为农业用地。

二、城市住宅地租的从属性与派生性

城市住宅建筑业要与其他行业竞争城市土地，意味着城市住宅建筑业的

① 王爱国：《现代都市土地新论》，上海三联书店2003年版，第340页。

土地资源配置一样要遵循市场机制。然而，城市住宅地租相对于城市工业地租和城市服务业地租，具有两大明显的特点：一是从属性，二是派生性。

从属性指城市住宅用地受到城市工业用地和城市服务业用地的制约和主导，相应地，城市住宅地租受到城市工业地租和城市服务业地租的制约和主导。近现代城市发展史首先是工业企业主导城市用地发展的历史，其他产业用地特别是城市住宅业用地处于明显的从属地位。在 19 世纪的英格兰，P. 霍尔指出："城市工业为没有专业技能的劳动力提供的就业机会是充裕的，但是城市的社会设施在满足他们的住所、基本的公共服务设施，如供水、污水处理以及卫生保健等方面都是非常低劣的。"[①]然而生产决定一切，工业在城市的集中决定了人口也必须向城市集中。因此近现代城市土地利用格局首先是工业土地利用的格局，是在其他条件不变的情况下，工业企业竞争力在土地利用上的反映。随着科学技术的进步和生产力发展水平的提高，制造业获取聚集效益的地理空间大大扩展，城市地理位置对工业企业选址的重要性相对下降，凭借城市土地的垄断所有权将聚集效益以城市地租的形式全部据为己有对工业企业的适用性大大削弱。但从制造业中分离出来的生产性服务业和传统的消费性服务业迅速取代工业制造业的地位，在城市用地中占据了主导地位。与居民住宅建筑业相比，无论是生产性服务业还是消费性服务业，对聚集经济效益都更为借重。生产性服务业和消费性服务业的竞争力在很大程度上受到聚集经济效应的影响。聚集效益越明显的地区，企业的服务竞争优势越明显，企业的经济效益越好，对城市地租的支付能力越强，反之则反是。相应地，服务业主导就成为城市土地利用的新特征和新格局。当代社会城市的工业基本布局在交通条件便利的城市边缘，生产性服务业和消费性服务业则占据城市聚集效益最明显的核心地理空间，剩余部分才是居民住宅建筑业的用地范围，根本原因就在这里。当然我们不能否认，适度的人口聚集是服务业特别是消费性服务业发展的基础，但消费性服务业聚集效应的产生会进一步加快人口聚集，从而巩固消费性服务业在城市用地过程中的竞争优势。

城市住宅地租的派生性与城市住宅需求的派生性有关。城市住宅需求的派生性指城市住宅的消费者之所以会对城市住宅产生需求，首先源于他们是城市经济生产者的角色。聚集经济确实会加剧农村人口向城市的流动，使城

① [英]彼得·霍尔：《城市和区域规划》，邹德慈、金经元译，中国建筑工业出版社 1985 年版，第 19 页。

市规模进一步扩张，但在城市聚集效应显现之前，城市已经聚集了最低数量的人口。这些人口与生产的投入和生产的目的有关，而与城市的聚集效应无关。因为生产需要投入劳动力，生产的目的就是满足人（包括出卖劳动力的生产工人）的消费，如果没有最低限度的人口聚集，工业生产几乎是无法进行的。为了满足这些人的劳动力再生产的需要，城市住宅建筑业的发展就必不可少。根据萨伊定律"供给决定需求"的理论，生产既是商品和劳务的供给过程，也是国民收入的形成过程。没有生产就没有收入，没有收入也就没有消费。住宅需求作为一种消费，从根本上只能取决于生产，派生于生产。当然，根据马克思的生产决定消费理论，我们同样可以得出城市住宅需求派生性的特点。因为没有生产就没有消费，生产决定着消费的数量、质量和种类，决定着消费的时间和地点。

城市住宅用地的从属性和住宅需求的派生性决定了，城市住宅用地必须服从和服务于城市的生产用地，城市住宅用地既没有能力也没有理由与城市生产用地竞争，因为当城市的生产因为聚集效应丧失而萎缩时，城市的住宅需求也必然随之萎缩。然而收入分配的理论和现实并不是时时刻刻都相吻合的。市场可能失灵，政府也可能失灵，消费者的收入分配结构可能是畸形的。畸形的收入分配结构一旦与土地市场相衔接，土地市场的最优配置格局极有可能被打破。这就意味着，城市生产性活动的用地尽管整体上可以依靠市场机制来配置，但在特殊的时间、特殊的地点，城市生产性活动用地在与非生产性活动用地如住宅建筑用地竞争时，并不一定会占据竞争优势，此时政府应该对土地市场适时干预，确保生产性企业获得最大的聚集效益。换句话说，城市住宅用地需要用市场机制来引导，但政府干预是必不可少的，政府干预的目的还是从各个方面来弥补市场缺陷，相应地，城市住宅地租的决定就出现两种机制，一种是市场化，一种是非市场化，前者为主，后者为辅。

三、城市住宅地租的市场化与非市场化

城市住宅地租的市场化是城市住宅用地最优配置的需要。这里的最优配置，既包括对其他城市用地而言，也包括城市住宅用地内部的合理分配。在一个特定的时间和空间里，城市土地总是有限的。特别是城市土地需要投入资本越来越多的当代社会，提供配套设施相对完善的城市土地，更不是一件轻而易举的事情。将有限的土地用于满足社会的各方面需要，市场机制无疑是最有效的。市场化的城市土地分配机制，有利于将土地优先供给土地利用效率

更高、更有市场支付能力的行业和企业，增强国民经济的活力和竞争力；有利于土地投入产出的良性循环，促进城市土地开发的可持续发展；有利于经济结构的顺利和适时调整，促进城市经济的高度化。城市土地在不同行业之间的合理和有效分配是城市土地有效利用的宏观基础。在城市住宅用地内部，市场机制同样要发挥基础性作用。市场化配置城市住宅用地，有利于优质优价原则的贯彻执行，发挥优质住宅用地的蓄水池作用；有利于刺激高收入阶层的住宅消费和投资；有利于住宅市场的发育和成长，形成一个完整的住宅市场体系；还有利于社会收入的再分配，缓和社会各阶层之间的矛盾。因此，城市住宅用地必须遵循市场原则进行配置，既是城市住宅用地外部的环境，也是城市住宅用地内部的要求。只有实现城市住宅用地的市场化，才能确保城市住宅用地的集约使用。

城市住宅用地的市场化是城市住宅用地集约使用的需要，但这丝毫也不意味着城市住宅用地的市场化能解决城市经济生活，特别是城市居住的一切问题。城市住宅用地的分配还需要遵循另一条原则——非市场化。城市住宅用地的非市场化主要与城市住宅的社会属性有关，即城市住宅是城市消费者的生活必需品，但并不是所有的城市消费者都有能力从市场上购买住宅。这是因为，城市住宅建筑业尽管在城市土地利用中处于从属的地位，利用的一般是城市边缘土地或工商业用地的边缘土地，但这并不一定导致城市边际土地或工商业用地边缘土地的利用成本会很低，更不能得出结论说所有的消费者都能够支付得起。消费者无力购买市场化住宅，首先源于农业用地转换为城市用地的农业地租的存在。现代城市的兴起大都集中在农业高度发达的地区，即使不考虑农业绝对地租，农业级差地租就已经是一个相当可观的量。城市产业要与农业竞争使用土地，就必须对农业级差地租和农业绝对地租概括承受，否则就不会有一寸土地从农村流向城市。城市住宅用地成本也许相对较低，但决不会低于农业地租这一最低界限。消费者无力购买市场化住宅，其次源于土地非农利用产生的绝对地租和级差地租。产业革命的历史证明，规模化的工业制造业是在农业已经发展到一定程度的基础上产生和发展起来的，因此在同一块土地上，由于生产技术的差异，工业剩余要大于农业剩余是很正常的。这部分差额剩余不仅要弥补农业用地转换为城市用地的农业地租，还要弥补与市场供求相适应的绝对地租以及与地理位置、地质结构等相适应的级差地租。否则，即使有足够的闲置城市用地，也不能保证就能为城市工业制造业获得。同样道理，获得城市住宅用地的唯一途径也是缴纳地租，城市市场化住宅也许不用缴纳级差地租，但绝对地租是必不可少的。土地所有者从住宅建筑业获取的这部分地租，显然要反映到住宅用地成本中去，从而抬高住宅用地的成本和价格。消费者无力购买市场化住宅，还源于城市土地的投资性开发。与过去相比，当代城市的土地投资数量是相当可观的。在某种意义上，城市土地投资甚至成为一个城市发达程度的标志。从纵向看，无论多么发达的城市资本装备，总是在其漫长的历史发展长河中，从无到有、从少到多、从简单到复杂慢慢积累起来的。但这部分资本装备，不管时间先后，在一轮又一轮的城市土地租赁使用中，都会以地租或利息的形式进入土地价格，从而进一步抬升城市住宅用地的成本。消费者无力购买市场化住宅，最后还与政府的寻租行为增加城市住宅用地的成本有关。在专制社会，老百姓缺乏对政府的有效制衡，城市土地的有限供给会为政府的以地生财提供绝佳的便利；在当代社会，政府失灵引发的劣质土地财政，使城市住宅用地成本急剧上升，更是屡见不鲜。由此可见，完全市场化的城市住宅地租，其相对量也许有限，但绝对量不容小觑。另一方面，从市场需求看，市场机制对收入分配的影响是相当令人担忧的。微观上，个人收入的多少在很大程度上具有偶然性；宏观上，国民收入分配还存在两极分化的内在趋势。这就意味着，完全市场化的城市住宅地租，适用的只是一部分人，特别是在市场竞争中取胜、个人收入分配处于中上水平的消费者。相反，对于那些在市场竞争中失败、个人收入分配处于中低水平的消费者，尽管城市住宅的相对价格水平并不高，但他们依然购买不起。对于这部分消费者而言，政府需要做的就不是城市住宅地租的市场化，而是城市住宅地租的非市场化。

当然，从经济的原则出发，地租市场化的对象只能是那些供给有限的优质城市住宅用地，优质城市住宅用地的消费者既有能力也有意愿按照市场价格支付优质城市住宅用地的使用费，同时还能实现政府土地财政收益的最大化；地租非市场化的对象则是那些供给弹性的一般城市住宅用地，这有利于政府在财政开支最小化的前提下解决支付能力有限但又必须解决居住需要的消费者的居住需求。

第三节　城市住宅地租的影响因素与数量变化

一方面，城市住宅的建筑材料是可以再生的，建筑成本是相对稳定的，农业地租取决于农业劳动生产率，也是相对稳定的；另一方面，城市住宅地租是城市住宅价格的结果，而不是相反，这意味着推动城市住宅价格上涨或下跌的因素同时也是推动城市住宅地租上涨或下跌的因素。根据动力机制的不同，推动城市住宅地租上涨或下跌的因素可以分为两大类：市场因素和政策因素。城市住宅地租的规模总体上随着经济发展而不断扩大。

一、市场因素

推动城市住宅地租变化的市场因素主要包括：

(1) 城市经济发展水平。城市经济发展水平是影响城市住宅地租规模的综合指标。城市地租是城市经济发展的结果，没有城市经济的发展，就不会有城市地租的产生，因此城市地租在根本上是受制于城市经济发展的。在一定的意义上，城市经济越发达，城市聚集效应越明显，城市规模越大，城市的级差地租和绝对地租也越多。城市住宅地租作为城市地租存在的一种形式，既具有自身的特殊性，同时也遵循着城市地租的一般属性。城市经济发展水平既是影响城市住宅地租各因素的结果，本身也在相当程度上制约着城市住宅地租。一般而言，城市经济发展水平越高，城市住宅地租规模越大；城市经济发展水平越低，城市住宅地租规模越小。

(2) 国民收入分配状况。国民收入大致相当于国民生产总值扣除资本消耗和间接税，反映一个国家(地区或城市)一年内各种生产要素所得到的实际报酬总和。国民收入分配状况在相当大的程度上决定一个城市住宅的级差地租水平，因为国民收入分配直接决定着城市住宅用地的地位与规模。当国民收入分配向企业倾斜时，企业的城市用地将在城市土地配置中发挥主导作用，城市住宅地租特别是级差地租水平相对较低；反之，住宅的城市用地就在城市土地配置中发挥主导作用，城市住宅地租的级差地租水平相对较高。特别是个人可支配收入差距较大，已经达到严重贫富不均时，城市住宅地租的级差地租会上升到最高水平。

(3) 人口数量和质量。通常情况下，人口的数量更多地影响城市住宅的绝对地租，人口的质量更多地影响城市住宅的级差地租。因为人口数量越多，城市用地会越紧张，相应地，非城市用地转变为城市用地的限制越多，城市住宅的绝对地租也越多，反之则反是。人口的质量更多影响城市住宅的级差地租，主要源于人口的质量既影响人口的收入水平，也影响城市的产业结构。一般地，城市人口质量越高，城市人口的收入水平越高，城市的产业结构越趋于高度化，人们对住宅的要求特别是住宅的外在环境要求会越高，从而城市住宅的级差地租也越大。

(4) 产业发展状况。产业发展状况是决定城市地租规模包括城市住宅地租规模的基本因素。因为产业的发展直接带来国民收入,直接产生城市各种用地需求,产生城市地租。尤其重要的是,产业的结构特征和层次决定着城市各种类型用地之间的相互关系,从而决定着一个城市的住宅地租是以级差地租为主还是以绝对地租为主。另外,一个城市的产业发展不仅涉及城市本身的产业布局,也包括城市产业的对外辐射能力。例如,有些产值不是某一城市创造的,这些产值产生的国民收入也不归这一城市的国民所有,但在形成城市住宅需求时,这些产值和国民收入会发挥巨大的作用。因此,产业发展状况的分析还要联系城市的扩散效应和回流效应。

(5) 土地自然状况。城市土地的地形、地貌以及地质状况是影响城市土地地租从而影响城市住宅地租的重要因素。土地的自然状况影响土地的开发成本,影响土地的利用成本,甚至影响城市土地的供给总量,最终影响城市住宅地租的规模。一般地说,土地越是平整,地基越是坚固,城市用地土地储备越多,城市的地租规模特别是城市住宅的绝对地租规模越小,反之则反是。对级差地租来说,城市土地差异越大,城市住宅用地特别是优质住宅用地越稀缺,城市住宅的级差地租越大。

(6) 土地投资和资本装备。尽管农村土地也有相当数量的投资,但土地投资依然是城市土地区别于农村土地的重要标志,这是因为城市土地投资规模更大,频率更高,密度更惊人。土地投资的直接结果就是城市土地获得了必要的基础设施装备。土地投资不仅拉大了城市土地与农村土地的差异,而且为了最大限度地获得聚集效益,土地投资还使城市土地内部差异加大或缩小,最终使城市土地地租总体规模最大。一般来讲,土地投资越多,土地资本装备越充裕,城市的现代化程度越高,城市的级差地租和绝对地租总额越大,相应地,城市住宅的级差地租和绝对地租也越大。

(7) 市场投机。与有稳定预期的市场因素相比,市场投机对城市住宅的地租影响有高度的不确定性。市场投机对城市住宅地租影响的高度不确定性,不仅指市场投机对城市住宅地租的影响总量具有高度的不确定性,还指市场投机对城市住宅地租的影响结构具有高度的不确定性。市场投机可能主要影响城市住宅的级差地租,也可能主要影响城市住宅的绝对地租,一切视具体情况具体分析。不过在相对稳定的市场环境中,市场投机对城市住宅地租的影响也是相对稳定的。市场投机可以使城市住宅的地租水平在一定时间内偏离均衡点，从而使城市住宅市场的不稳定性进一步增强。

二、政策因素

与农村土地利用相比，城市土地利用的外部性明显增加，这是近现代社会政府普遍干预城市住宅用地的最基本原因，尽管这并不排除政府在管理城市土地利用过程中大搞劣质土地财政，大肆敛财。推动城市住宅地租变化的政策因素主要包括：

(1) 土地规划政策。土地规划政策是政府对城市土地利用总量和利用结构的一种预先安排。理论上说，政府在制定土地规划政策时，应该在遵循经济规律的基础上兼顾社会需要，从而达到最优协调企业微观效益和社会宏观效益的目的。然而由于主观因素的局限和客观因素的制约，土地规划政策在制定时往往会有意或无意地偏向市场或偏向行政方向，导致各种类型的城市土地包括城市住宅土地供求曲线位移，最终在新的住宅市场价格基础上产生新的城市住宅地租水平。与市场因素相比，土地规划政策对城市住宅绝对地租的影响更大，当然这也不是绝对的，一切取决于政策的实际目的。

(2) 土地投资政策。土地投资政策是政府对城市土地进行资本投入所作的一种涉及投资总量与投资结构、投资主体、鼓励与限制的事先安排和引导。土地投资政策的有效与否，直接影响城市土地的增量、质量和供给时点。与过去不同，现代城市基础设施建设不仅投资需要量大，建设周期长，而且需要系统考虑。这意味着，城市土地利用规模的扩大，不能简单依靠摊大饼式的扩张，不能简单依靠补丁式的集约经营。土地投资政策必须未雨绸缪，必须高屋建瓴，否则极易产生土地投资的低效率，即使城市土地形成可观的资本存量，其使用也可能是低效率的。土地投资形成的资本存量及其收益，最终会以城市住宅地租特别是级差地租上升的形式表现出来。

(3) 住宅金融政策。住宅金融政策是政府对住宅生产、消费提供融资支持的一系列相关制度安排。住宅金融的经济基础在于住宅是典型的耐用消费品和住宅的单位价格金额极高。对房地产开发商提供融资支持，有利于降低房地产开发商的准入门槛和运营成本；对消费者提供融资支持，有利于消费者将预期收入转化为现期消费，更好地实现劳动力再生产过程中的整体收支平衡。由于住宅需求的刚性，住宅金融对住宅市场的价格影响可能极大。当住宅供给弹性时，住宅金融对住宅价格的影响受制于住宅的生产成本；当住宅供给刚性时，住宅金融则在很大程度上决定着住宅价格的水平，从而决定着城市住宅地租的水平。

（4）住宅保障政策。住宅保障政策是政府对通过市场渠道难以获得或难以完全获得居住条件的消费者所提供的一种制度安排，以确保其劳动力再生产的需要。一部分消费者难以通过市场渠道获得必要的居住条件，是市场机制运行的必然结果。只要国民经济运行的是市场机制，就必然有一部分劳动力收入较低，这部分劳动力不能购买最低市场价格和金额的居住条件。政府的住宅保障政策完善与否，对消费者合理安排自己的储蓄和消费关系重大。通常情况下，政府的住宅保障政策越完善，住宅市场价格越接近均衡水平，城市住宅的地租越合理，反之则反是。

（5）住宅投资政策。住宅投资政策是政府对住宅充当投资对象所进行的一种事先安排。住宅投资政策通过影响住宅市场的供求和价格来影响城市住宅地租。在市场经济条件下，住宅虽然是价值和使用价值的统一，但能够充当投资品的只能是优质住宅而不是普通住宅。因为普通住宅的地价相对稳定，其偶然的地价上涨不可能超过地面建筑物价值因为自然侵蚀和人为损害而下降的速度。优质住宅则不然，由于优质住宅供给刚性，优质住宅市场价格会随着经济发展水平的提高以及人们购买力的提升而水涨船高。因此，在一定的前提下，允许优质住宅投资，有利于优质住宅市场价格的提升，有利于抬升城市住宅的级差地租。

（6）住宅税收政策。住宅税收政策是政府针对城市住宅的不同经济属性以税收形式进行收入再分配的一种制度安排。针对住宅不同的经济属性，政府可以设计不同的税种，如住宅作为奢侈消费对象，可以征收住宅消费税；住宅作为投资对象，可以征收所得税或营业税；住宅作为财富的一种形式，还可以征收房产税。住宅税收政策对住宅的需求特别是住宅的投资需求会产生极大的影响，从而也会在很大程度上影响住宅的地租水平。一般来说，当住宅的供给紧张时，住宅税收政策会通过压制住宅的不合理需求，特别是住宅的投资需求，在较低的价格水平上实现住宅市场的供求平衡；反之，当住宅供给比较宽松时，宽松的住宅税收政策通过鼓励住宅投资，确保住宅市场的发展能够维持最基本的发展规模。一定的城市住宅价格，与一定的住宅税收政策是脱不开关系的。

（7）住宅市场准入政策。住宅市场准入政策是政府对住宅市场要素特别是土地、人口、资金进出所进行的一种事先制度安排。通常情况下，非住宅用地可以自由更改为住宅用地特别是农用地可以自由更改为城市用地，而且城市住宅用地的供给弹性非常大时，对农村人口进入城市以及城市外的资金进入本地住宅市场进行限制性的规定是没有意义的。然而许多国家和地区特别是城市，无论是工商业用地还是住宅用地供给都非常紧张，为避免产生过多的社会问题，一系列限制外来人口进城以及外来资金入市的措施应运而生，此时住宅市场的价格和地租水平就处于相对合理的位置；反之，如果政府有意让外来人口特别是外来资金竞争有限的住宅市场供给，就会将住宅市场价格和地租水平推高到不合理的境地。

三、城市住宅地租的规模总体上随着经济发展而不断扩大

城市住宅地租的相关影响因素，决定了在经济发展的长河中城市住宅地租的规模总体上只能呈现不断上升的趋势。

第一，经济发展是人类社会发展的基础和核心内容。人类社会的发展是受生产力制约的，生产力越发达，人类社会的发展水平也就越高。在人类社会能够挣脱生产力发展的桎梏之前，人类社会发展、生产力发展和经济发展永远停下脚步是不可想象的。生产力的发展和经济发展首先体现在商品和劳务数量的增加、质量的提高以及品种的多样化上。城市住宅作为生产力发展和经济发展的一种载体，同样会在数量、质量和品种上呈现扩张趋势，由此造成城市住宅的绝对地租特别是级差地租全面提升，实现城市住宅地租总体规模的不断扩张。

第二，城市化、工业化的进程方兴未艾。从近现代经济发展的历史看，城市化和工业化是相互促进的。工业化首先促进城市化，城市化反过来又推动工业化。伴随着一个又一个工业中心(带)的建立，一个又一个城市(群)拔地而起。只要工业化和城市化的进程持续进行下去，城市用地包括城市住宅用地规模就会不断增加，城市地租包括城市住宅地租的规模就会不停地膨胀下去。如果说当前发达国家的城市以升级改造、提升城市住宅级差地租为主，发展中国家的城市则以外延性扩张、增加城市住宅绝对地租为主。

第三，人口向城市集中是不可逆转的历史潮流。人的生产效率提高的过程是人的资本装备提高的过程，人的生活质量提高的过程同样是人的资本装备提高的过程，而城市是对人进行资本装备效率最高的场所，这是追求生产效率的厂商和追求生活质量的消费者不约而同涌向城市的重要原因。目前看来，不但人口向城市转移集中的历史性任务没有完成，就是现有的城市人口增加资本装备也有极为宽广的空间。这意味着，现有的城市空间包括

现有的城市人口居住空间不但在规模上要扩大，在质量上也要提高，所有这些无疑决定了今后城市地租包括城市住宅地租的上升要有一个很长、很长的过程。

第四，城市土地投资和资本存量不断增加。包括住宅地租在内的城市地租之所以称为合成地租，土地投资及其收益以地租的形式表现出来是重要原因。当代社会城市的发展，不仅体现在城市规模的扩大，更体现在城市功能的提升上，而单位土地的投资和资本存量迅速增加是其中最基本的手段。由于单位土地的资本存量不断增加，现代社会的城市建设已经很少采用平地而起的方式建造一座新城，而更倾向于在原有的基础上扩张。因为前一种方式不仅建设周期长，而且需要的资本投入极为庞大，这不单单是一个开发商难以承受，就是一个颇具规模的政府也不是那么容易做到。

第五，越来越劣等的土地不断成为城市土地开发的对象。土地是人类社会生产和生活的基础，然而最适合人类生产和生活的土地，如耕地、草原、森林总是有限的。人们生产和生活地理范围不断扩大的过程，同时也是不断利用更劣等土地的过程，城市规模扩张更是如此。目前世界上的城市基本出现在土质肥沃、人口密集的平原上，从而对人类社会最稀缺的耕地形成了巨大的破坏。今后为了缓解地球，特别是耕地的承受压力，城市扩张有意识地指向丘陵、草原、山地、林地甚至沼泽都有可能。这意味着，城市土地开发的成本越来越高。城市土地开发成本的提高，不仅增加了城市住宅的绝对地租，更增加了城市住宅的级差地租，从而使得整个城市的住宅地租大大增加。

当然，由于一些非经济因素的干扰，短期内城市住宅地租也有可能呈现向下走的趋势。如有些资源型城市，因为资源开采日渐枯竭，替代产业又衔接不上，整体经济出现萎缩，城市地租包括住宅地租在内必然也会出现相当程度的萎缩。又如一些城市由于先天不足，发展速度缓慢，被临近的新兴城市赶超和取代，大量的经济资源特别是生产要素流出，也会导致原有城市地租以及住宅地租下降。还有一些城市，由于政治原因如迁都，由于军事原因如战争破坏，由于社会原因如环境污染等，不得不缩小规模或者干脆废弃，这也会导致城市地租包括住宅地租大幅度下跌。因此，城市住宅地租尽管总体上由于经济发展、城市化等原因呈现上升趋势，但在局部的个别城市依然不能排除因为一些特殊原因，城市住宅地租呈现下跌趋势。

第四节　城市住宅地租变动对公共住宅金融的要求

发展公共住宅金融的目的是促进劳动力的顺利再生产。然而从劳动力再生产的角度看，真正意义上的城市住宅地租无论是绝对地租还是级差地租均不属于劳动力价值范畴，从而与公共住宅金融无关，唯一的准地租——土地投资及其收益才是公共住宅金融的关注对象。此外，城市土地的出现是城市非农业与乡村农业竞争性使用农业用地的结果，任何一块城市土地的产生都必须以支付该块土地的农业地租为前提，因此农业地租理所应当进入城市劳动力价值的范畴，它与城市土地的级差地租无关，与城市土地的绝对地租无关，只与城市劳动力较高的劳动效率有关。

一、城市住宅地租不属于劳动力价值的范畴

城市住宅的级差地租不属于劳动力价值范畴，从而与劳动力再生产没有关系，通常没有争议。这主要基于两方面的原因。一是城市的优质住宅地基供给量有限，不可能满足包括中低收入阶层在内所有人的居住需求。这就意味着，有限的优质住宅地基供给只有采取市场的方式进行竞购才是公平的，竞购的结果必然是中高收入阶层瓜分这部分供给刚性的优质住宅地基。强行将优质住宅地基分配给中低收入阶层，不仅会产生不公平，更会扭曲优质住宅地基这一经济资源的最优配置。二是城市的优质住宅不是劳动力再生产所必需的。优质住宅不仅有发展功能，还有享受成分在内。这意味着，优质住宅的价格已经超出了劳动力工资的范畴，本身就不应该是只能依靠出卖劳动力获取工资的中低收入消费者所能承受的。将优质住宅分配给中高收入者，不仅能够提高中高收入消费者的总体效用，更能促进社会的收入再分配，间接提高中低收入消费者的居住效用。从这个角度看，城市住宅的级差地租应该排除在劳动力再生产之外，从而不应该成为公共住宅金融发展的支撑。

城市住宅的绝对地租是任何利用城市住宅用地的主体都必须缴纳的地租。直观地看，城市住宅的绝对地租似乎应该纳入劳动力工资的范畴。然而理论分析表明，城市住宅的绝对地租同样不属于劳动力工资范畴，从而与劳动力再生产也没有关系。首先，城乡用地的自由转换会遏制城市住宅绝对地租的长期规模过大。城市住宅绝对地租不是农业用地转换为城市住宅用地必须

缴纳的由农业用地所有者凭借土地所有权获得的地租，而是闲置的城市土地因为市场供不应求投入使用并由城市土地所有者凭借土地所有权收取的地租。城市住宅绝对地租数额不可能很大，因为城市住宅绝对地租数额越大，城市土地所有者闲置城市土地的机会成本越高，城市土地所有者越有积极性将闲置的城市土地投入使用。因为绝对地租的产生凭借的是城市土地所有者的土地所有权，如果不考虑城市土地的来源，并不费城市土地所有者分毫，这意味着只要市场有足够的竞争，城市住宅绝对地租只要稍稍高于零，城市住宅用地的增量供应就会源源不断。总之，城市住宅用地供给的高弹性，决定了城市住宅绝对地租不仅规模小，偶尔数额较大的城市住宅绝对地租存在期限也不会很长。其次，城市住宅绝对地租本质上是生产剩余而不是消费剩余，应取自剩余的生产或实现领域，即使列入工资也不过是假手出卖劳动力的消费者。这也就是说，城市住宅的绝对地租与劳动力再生产本身并没有直接关系。从实践上看，城市住宅绝对地租列入消费者的居住成本时，城市会出现大量棚户区和贫民窟，导致瘟疫横行和社会生活秩序紊乱，最终既严重影响城市经济聚集效应的发挥，也严重影响劳动力的再生产，迫使政府不得不对中低收入消费者的居住条件进行改善。再次，劳动力价值是相对稳定的，而绝对地租变动很大。劳动力价值是劳动力再生产所耗费的消费资料的价值，劳动力价值变化意味着整个社会的劳动生产率都要发生变化，这显然不是一朝一夕能够做到的，因此在相当长的时间内劳动力价值都会保持稳定。而绝对地租不一样，城市住宅用地市场供求的起起伏伏，会对城市住宅绝对地租产生相当大的影响。变动性极大的城市住宅绝对地租不可能成为稳定性极强的劳动力价值的基本组成部分。

真正属于劳动力价值范畴从而与劳动力再生产存在关系的，首先是以城市住宅准地租形式出现的土地投资及其收益。土地投资是一种经济行为，其收益机制与地租产生机制有本质的区别。由于土地与其他投资对象自然性质的差异，土地投资在土地使用契约期外的收益不得不以地租的形式为土地所有者占有。也正是在这种意义上，马克思认为，“级差地租和地租只是投入土地的资本的利息”[①]，李嘉图干脆不认可其为地租，因为“地租是为使用土地原有的和不可摧毁的土壤生产力而付给地主的部分土地产品”，它不能“与资本

① 马克思：《资本论》(第三卷)，中共中央马克思恩格斯列宁斯大林著作编译局译，人民出版社1975年版，第840页。

的利息和利润相混淆"[①]。王爱国则认为，城市土地与农村土地的差异主要在于城市土地是用基础设施装备的土地，土地投资在其中发挥着巨大的作用，因此他主张以"都市土地"概念取代"城市土地"概念[②]。尽管这一观点也许过于强调了土地投资的作用，但这至少揭示了一个基本的事实，即土地投资在农村用地转变为城市用地过程中发挥的作用是不可忽视的。因为土地投资加大了农村用地转变为城市用地的成本，城市用地的供给门槛明显提高了，城市土地与农村土地的距离相应扩大了。所以，与其说城市住宅用地成本很高，不如说城市住宅用地包含了很多土地投资。另一方面，土地投资如果主要用于进一步改善优质住宅地基的基础设施，城市住宅级差地租和绝对地租之间的距离会进一步拉大。土地投资对城市住宅用地如此重要，客观上要求我们确保城市土地投资的持续性，换句话说，土地投资必须视为一项经济活动，保本是基础，赢利即使达不到市场水准，也必须处于可以接受的能够增值的水平。只有这样，土地投资才会作为一种经常现象，周而复始地以越来越大的规模进行下去。这同时也意味着，土地投资作为一项居住成本，必须进入劳动力价值，必须进入公共住宅金融领域，成为公共住宅金融的对象。此外，由于土地投资不仅仅涉及住宅用地，还涉及非住宅用地，因此，土地投资里有多大比重应该进入公共住宅金融的范畴，需要具体问题具体分析。其次，农业用地向城市用地转换并以转换成本面目出现的农业地租也应该进入劳动力价值范畴。农业地租作为农业用地向城市用地转换的成本，与城市绝对地租不同。城市绝对地租受市场供求变化的影响，稳定性很差，而农业地租只与农业用地的剩余产品有关，与农业生产效率有关，是一个相当稳定的量。城市绝对地租是城市土地所有权的价格，农业地租本来是农业用地所有权的价格，但在土地变更用途的过程中是以成本的形式出现的。城市如果不能弥补农业地租这一经济损失，则该块农业用地就不可能进入城市用地的范围。农业用地是所有城市用地的最低成本，尽管它和土地投资一样，以城市用地的价格表现出来，但它与城市用地价格中的绝对地租和级差地租有本质的区别。然而，这里又产生了一个新的问题，即作为城市用地来源的农业用地，原来一般都是土地肥沃、位置较佳的优质土地，既有绝对地租，也有级差地租，现在成为城市用地，无论是绝对地租还是级差地租，都进入城市劳动力价值的范畴，这是否意味着城市劳动力

---

① [英]大卫·李嘉图:《政治经济学及赋税原理》,周洁译,华夏出版社 2005 年版,第 43 页。

② 王爱国:《现代都市土地新论》,上海三联书店 2003 年版,第 341 页。

价值高于农村劳动力价值？确实如此！城市产业特别是工业是以劳动效率高于农业为前提的，否则工业既不可能从农业中分离出来，更不可能聚集于城市。城市产业劳动效率高于农村，本身就意味着城市劳动力价值要高于农村劳动力价值，这一差额如果不能弥补城市住宅用地中的农业地租，则农业劳动力进入城市成为城市劳动力同样是不可能的。换句话说，如果现有城市劳动力不能维持较高的劳动效率，不足以实现劳动力的顺利再生产，这部分城市劳动力不是萎缩再生产，就是重新退化为农业劳动力，而城市土地成本中的农业地租是绝对不会变化乃至消失的。

这样，从住宅供给角度构成劳动力价值的实际上只有建筑成本、土地投资和农业地租三个组成部分。

二、建筑成本、土地投资和农业地租共同构成公共住宅金融的对象

如果说在市场经济条件下，由于住宅商品的特殊性，建筑成本不是所有的消费者都能够承担的，建筑成本加土地投资和农业地租使得不能承担的消费者群体规模进一步扩大了。但这种不能承担都是就某一个时点而言的，因为建筑成本加土地投资和农业地租是城市劳动力价值的基本构成部分，极个别的不能承担的特例不能影响消费者整体能够承担的判断。这就是说，公共住宅金融只要限定在这个范围内，消费者是完全有能力偿还的，公共住宅金融的风险是可控的。如果超出了这个范围，也就意味着消费者的居住成本超出了消费者的支付能力，除非消费者有工资外的收入支付这一成本。而且，超出越多，消费者的支付能力越可能有限，公共住宅金融的风险越大。为简化分析的需要，假定城镇普通住宅的使用期限与人的寿命一致。

用公式表示公共住宅金融的发展准则就是：

建筑成本＋土地投资＋农业地租＝劳动力工资折现值×住宅储蓄率≥公共住宅金融融资额

就某个居住保障家庭而言，公共住房金融的约束条件是：

居住保障建筑面积×（单位面积建筑成本＋单位面积分摊土地投资＋单位面积分摊农业地租）

＝Σ家庭劳动力工资现金流×折现率×住宅储蓄率≥公共住宅金融融资额

针对公共住宅金融发展的约束条件，需要指出的是：

第一,当前西方的房价-收入比指标在中国不具有参考价值。西方的房价-收入比反映的是西方中高收入阶层购买商品化住宅时住宅市场价格与消费者或消费者家庭年度收入的比例。西方标准的房价-收入比指标大约是5,即西方一套标准住宅的市场价格大约是消费者年收入的5倍。考虑到购买商品化住宅只是居住保障的一种方法,甚至只是居住保障成本最高的一种方式,消费者的消费、储蓄倾向还受收入水平之外诸多因素,如消费习惯、消费者年龄、消费者家庭成员等的影响,不同国家向消费者提供的赖以生存和发展的商品、劳务的数量、种类和质量都不一样,西方的房价-收入比指标在中国并没有太大的应用价值。因为中国社会公众不仅收入水平低,而且贫富差距极大,中国政府向社会公众提供的公共产品和劳务还处于非常低级的阶段,所有这些都决定了中国社会公众的所谓高储蓄远没有达到社会公众的满意水平,中国社会公众的消费还处于低级并且很刚性的阶段,这反过来意味着中国社会公众的高储蓄能够拿出来用于住房消费的比重其实并不高。如果将中国住房消费的刺激建立在中国高储蓄的基础上,认为中国的房价-收入比可以比国外标准水平高,不仅不可能达到预期的目标,还有可能加剧中国已有的住宅市场泡沫,使中国住宅市场软着陆的前景彻底丧失。

第二,中国目前还不具备公共住宅金融发展的基本条件。由于中国特殊的政治和经济体制,中国特色的社会主义市场经济还很不成熟。科学发展公共住宅金融的条件和环境,中国住宅市场目前还不具备。例如,中国土地国有化,应该最有利于通过收入再分配将住宅保障工作做好,满足社会中低收入者的居住保障需求。然而,中国目前住宅市场的现状却是,中国优质住宅市场不优,许多优质住宅以普通住宅的面目出现,市场价格与普通住宅相差不了多少①;与其说城市聚集效应明显的优质住宅用地和工商业用地养活了中国的土地财政,不如说中国的普通住宅成为中国土地财政的脊梁②;中国的居住保障需求不是依靠政府干预和转移支付,而是希图依靠投资性的商业住宅来满足③。所有这些都说明,中国住宅市场存在严重的认识偏差,这种认识偏差与其说出于无知,不如说出于偏见。因此,中国住宅市场问题与其说是经济问题,不如说是政治问题。只有政治秩序理顺了,中国住宅市场的客观规律才有

---

① 顾书桂:《关于地王和房价的辩证关系》,载《哈尔滨师范大学社会科学学报》2011年第3期。

② 顾书桂:《中国住宅市场的问题与对策》,载《科学·经济·社会》2011年第2期。

③ 顾书桂:《论"以租代买"的经济性质——兼驳"买不如租"论》,载《哈尔滨师范大学社会科学学报》2011年第2期。

可能得到承认，以劳动力价值为基础的公共住宅金融才有可能得到开展。

第三，公共住宅金融的发展仍受到其他因素的制约。居住保障标准是一个历史的、道德的范畴，相应地，居住保障成本也就有很大的弹性空间。当中低收入居民在社会政治和经济生活中有较大发言权时，居住保障标准相对较高，居住保障成本也水涨船高，此时公共住宅金融规模相对较大，反之则反是。当然，公共住宅金融规模扩大也可以来自于单位住宅建筑面积分摊的建筑成本、土地投资和农业地租较多。由于住宅市场竞争相对激烈，建筑成本上升对公共住宅金融规模扩大的影响不会太大。相对于竞争激烈的住宅市场，土地市场是高度垄断的，而且是以政府为主导的卖方垄断和买方垄断，这一点不管是对土地国有的中国还是土地发展权收归国有的其他国家来说都是适用的。当绝对地租被排斥在居住保障成本之外时，土地投资的增加对公共住宅金融规模的扩大可能发挥主导作用。土地投资的增加可能是因为土地资本装备的增加，更可能是因为寻租导致土地的无效投资和名义投资增加。当这种无效和名义的土地投资增加时，公共住宅金融规模的扩大无疑也是一种泡沫。此外，农业地租的增加也会导致公共住宅金融规模的扩大。理论上，农业地租取决于土地的农业剩余产品，但在集体垄断的卖方和城镇垄断的买方的博弈下，农业地租体现的城市住宅用地价格也具有很大的偶然性，甚至会在相当大程度上偏离农业地租。在这种情况下，农业用地无论是高价还是低价转变为城市用地，都会形成泡沫，因为城镇土地国有注定了高价出让的农业用地只会以更高的价格投入城市使用。所以，由政府主导发展的公共住宅金融，同样要注意引入市场机制，促进竞争，将政府垄断诱致的泡沫减少到最低，促进公共住宅金融的健康发展。

三、公共住宅金融发展以劳动力价值为基础的意义

公共住宅金融以劳动力价值为基础，区别于商业住宅金融以商品化住宅为基础，具有重大的理论和实践意义。

首先，在解决居住保障需求的同时避免了传统公共住宅金融的市场风险。传统公共住宅金融与商业住宅金融一样，以商品化的住宅为基础，难免受到商品化住宅市场价格波动的影响。商品化的住宅市场价格发生变化，消费者的财务状况就会发生变化，加上公共住宅金融消费者与商业住宅金融消费者相比，公共住宅金融消费者的收入水平更低，支付能力更弱，市场风险承受能力更差。因此，与商业住宅金融市场相比，公共住宅金融市场的风险更大，基础

更脆弱，更容易发生住宅金融危机。2007年美国次贷危机爆发时，美国商业住宅金融仍然相对健康，但在次贷危机的拖累下，美国最终酝酿出全面的住宅金融危机，原因正在于此。公共住宅金融以劳动力价值为基础，克服了传统公共住宅金融的弊端，将消费者的居住保障成本限制在消费者的支付能力范围以内，大大降低了消费者的财务负担和财务风险。不管住宅市场价格水平如何变化，消费者的支付能力不会受到影响，至少在理论上不会出现支付困难，个别的、偶然的延期支付更不会演变为系统的、全面的住宅金融危机。

其次，避免住房保障给财政带来难以承受的压力。传统的公共住宅金融与商业住宅金融一样，以商品化住宅为基础，意味着财政收支状况与商品化住宅的市场价格波动息息相关。当住宅价格上升时，财政在居住保障方面支出可以很少，居住保障支出的实际规模被基本掩盖，有可能刺激其他方面的财政支出；当住宅价格下跌时，财政在居住保障方面的支出突然加大，居住保障支出的实际规模一下子显现出来。然而，一方面由于财政收支规模和结构有刚性，另一方面由于住房保障需求也有刚性，居住保障需求刚性与财政收支刚性相冲突的结果，不是财政收支失衡，就是居住保障需求得不到满足，社会严重动荡不安。因此传统的公共住宅金融危机，往往都是与社会经济和政治危机联系在一起的。公共住宅金融以劳动力价值为基础，虽然也会受到工资波动的冲击，但因为居住保障成本只是工资的一部分，而且长期来看，居住保障成本是劳动力价值的基本构成，尽管我们不能说以劳动力价值为基础的公共住宅金融绝对不会出现危机，但相对传统的公共住宅金融，产生住宅金融危机的传统因素基本都已经被排除了，这自然有利于财政收支的平衡稳定。

再次，有利于国民经济的稳健发展。传统公共住宅金融以商品化住宅为发展基础，将商品化住宅价格的稳步上涨作为公共住宅金融正常运转的前提条件，迫使政府不停地干预经济，以使经济保持不断增长的势头。然而现代市场经济尽管从长期来看是必然上升的，但这种上升是在波动中实现的，而且不排除在短期内还有停滞甚至掉头向下的可能。为避免经济波动引发房价下跌，阻碍公共住宅金融的正常运行，政府往往会采取各种措施在住宅市场孤注一掷，让房地产业一枝独秀，脱离宏观经济的基本面，从而导致国民经济出现整体失衡的危险。公共住宅金融以劳动力价值为基础，使政府摆脱了住宅市场价格的绑架，从源头上遏制了政府刺激房地产业片面发展的冲动，有利于政府根据经济发展的内在规律，协调各产业之间的关系，促进国民经济持续稳定协调地发展。

最后，有利于实现社会公平与效率的统一。传统公共住宅金融以商品化住宅为基础，一大缺陷就是居住保障过度与居住保障不足并存。当住宅价格持续上升时，消费者的居住保障需求不仅能够较容易得到充分满足，而且可以从商品化住宅的市场溢价中获得巨大的经济利益，由此产生严重的社会不公平，即用于满足社会公平（居住保障）的财政资金被一部分人用来发财致富，这种不公平还会诱发更多的投机与腐败，导致更多的不公平，当过多的经济资源投入居住保障时，效率的损失自然是无法避免的；当住宅价格持续下跌时，由于居住保障支出一下子增加许多，无论是财政还是消费者都感到巨大的经济压力，于是许多消费者的居住保障需求被排斥在外，社会公平又受到损害。公共住宅金融以劳动力价值为基础，避免了住宅价格波动带来的社会不公平现象，确保社会以最有限的经济资源来最有效率地满足中低收入消费者的居住保障需求，促进他们的劳动力再生产，为市场机制的良好运行提供源源不断的合格劳动力，从而在社会公平的基础上实现与效率的统一。

小　　结

城市住宅地租虽然也是城市土地使用者向城市土地所有者缴纳的一种生产剩余，但其从属性和派生性决定了城市住宅地租的实现必须遵循市场化和非市场化两种途径，以适应城市住宅供求的不同特点。影响城市住宅地租的市场因素主要有城市经济发展水平、国民收入分配状况、人口数量和质量、产业发展状况、土地自然状况、土地投资以及市场投机等。影响城市住宅地租的政策因素主要有土地规划政策、土地投资政策、住宅金融政策、住宅保障政策、住宅投资政策、住宅税收政策以及住宅市场准入政策等。在市场因素和政策因素的共同作用下，城市住宅地租的规模总体上随着经济发展而不断扩大。城市住宅地租的运行特点决定了城市住宅地租并不属于劳动力价值的范畴，建安成本、土地投资和农业地租才是劳动力再生产的实际需要。公共住宅金融以劳动力价值为基础，是区别于以商品化住宅为基础的商业住宅金融的基本标志。

第五章　公共住宅金融与商业住宅金融的比较

公共住宅金融的发展以劳动力价值为基础，区别于以住宅商品化为基础的传统公共住宅金融和商业住宅金融，使公共住宅金融有了全新的特征。公共住宅金融与商业住宅金融的共同点更多是形式上的、外在的，而差异则是内容上的、内在的。

第一节　公共住宅金融与商业住宅金融的联系

公共住宅金融与商业住宅金融的联系主要体现为，公共住宅金融与商业住宅金融均是价值运动，公共住宅金融与商业住宅金融是相互补充、相互促进的，公共住宅金融与商业住宅金融均服从于满足居住的需要。

一、两者均是价值运动

公共住宅金融以劳动力价值为基础，商业住宅金融以商品化住宅为基础，尽管两者的支撑不同，但公共住宅金融和商业住宅金融均是以价值为核心内容的资金运动。这意味着，在住宅金融市场上，公共住宅金融和商业住宅金融只有内容上的差异，没有形式上的区别。公共住宅金融和商业住宅金融均遵循最基本的价值运动规律。

首先，公共住宅金融与商业住宅金融价格与规模均反映其各自代表的内在价值。公共住宅金融和商业住宅金融都是原生金融的典型表现形式。公共住宅金融以劳动力价值为基础，商业住宅金融以商品化住宅为基础，价值是公共住宅金融和商业住宅金融价格的共同支撑。只不过公共住宅金融的价值支撑，是劳动力价值，是一种人力资本，它要转化为物质资本，需要一个过程；商业住宅金融的价值支撑，是商品化住宅的价值，直接是一种物质资本。两者内涵不同，但形式是一样的，都是一种价值运动，都遵循最基本的价值运动规律，公共住宅金融和商业住宅金融均围绕各自的价值轴心运动。一般来说，公共住宅金融与商业住宅金融代表的内在价值量越大，公共住宅金融与商业住宅金融产品的价格总额越大，公共住宅金融与商业住宅金融的市场规模也越大。

其次，公共住宅金融与商业住宅金融的收益率均是其各自内含金融风险的函数。公共住宅金融以劳动力价值为基础，内含风险是劳动力价值实现形式即工资变动的风险。工资变动主要受劳动力更新及利用状况的影响。在其他条件不变的前提下，劳动力越是供不应求，劳动力价值实现得越容易，工资水平越高，公共住宅金融风险越低；劳动力越是供过于求，劳动力价值实现得越困难，工资水平越低，公共住宅金融风险越高。工资变动通过影响公共住宅金融风险的大小影响公共住宅金融产品的利率等收益水平，进而影响公共住宅金融市场。商业住宅金融以商品化住宅为基础，内含风险是商品化住宅市场价格的变化。商品化住宅的价格变化既与商品化住宅的供给有关，也与商品化住宅的需求有关。当商品化住宅供给刚性时，商品化住宅的市场价格取决于商品化住宅的市场购买力；当商品化住宅供给弹性很大时，商品化住宅的市场价格通常取决于相当稳定的商品化住宅的生产价格。当商品化住宅的市场价格发生变化时，商业住宅金融的风险也会发生变化，从而引发商业住宅金融产品利率等收益水平的变化，最终影响商业住宅金融市场。

再次，在风险和收益率可以精确计量的前提下，公共住宅金融产品和商业住宅金融产品是可以按照一定的条件互换的。从使用价值来看，公共住宅金融与商业住宅金融经济基础的区别是很明显的：公共住宅金融以劳动力价值为基础，商业住宅金融以商品化住宅为基础；一个无形，一个有形；一个是人力资本，一个是物质资本。然而从价值角度考察，它们并没有质的区别，只有量的大小。由于收益率是风险的函数，尽管公共住宅金融与商业住宅金融风险程度不一样，但风险和收益是可以互换的。这就是说，公共住宅金融产品和商业住宅金融产品是可以按照一定的比率等价的。由于公共住宅金融与商业住宅金融在价值方面差异的消失，公共住宅金融市场和商业住宅金融市场由此形成一个统一完整的住宅金融市场体系。

二、两者相互促进、相互影响

商业住宅金融和公共住宅金融都是住宅金融市场的有机组成部分，它们一个侧重于效率，一个侧重于公平，相互促进，相互影响，推动了住宅金融市场的平稳发展。

第一，商业住宅金融是住宅金融市场风险最大、最活跃的组成部分。商业住宅金融以住宅商品化为基础，由于商品化住宅的市场价格受各种不确定因素的影响较多，因此商业住宅金融的风险很大。然而商业住宅金融反映住宅经济资源的优化配置，是住宅经济效率的体现和住宅经济活力的源泉。商业住宅金融越发展，住宅金融市场的自我发展能力越强，住宅金融市场规模越容易扩大。通常情况下，商业住宅金融与一个国家的生产力发展水平呈正比。生产力发展水平越高，该国商业住宅金融市场所占的比例就越大，该国的住宅金融市场活力越强。一国商业住宅金融的规模（包括绝对规模和相对规模）往往是该国住宅经济效率高低的重要体现。

第二，公共住宅金融是住宅金融市场风险最小、最稳健的组成部分。公共住宅金融以劳动力价值为基础，由于劳动力价值是人力资本，它要转化为物质资本，既取决于劳动力价值本身的大小，也取决于劳动力价值实现的市场条件。但在社会保障制度相对健全的国家，劳动力价值本身的大小以及劳动力价值实现的市场条件，对公共住宅金融的影响并不大。因此，相较于商业住宅金融，公共住宅金融的风险较小，也较商业住宅金融稳健。公共住宅金融的稳定，是一国住宅金融市场稳定的主要依托。通常情况下，公共住宅金融与一国生产力发展水平成反比。生产力发展水平越低，该国的公共住宅金融规模越大，该国的住宅金融市场发展越平稳。一国公共住宅金融的规模（包括绝对规模和相对规模）往往是该国政府干预住宅市场力度的体现。

第三，公共住宅金融与商业住宅金融互为依托，相互促进。公共住宅金融与商业住宅金融是住宅金融市场不可分割、共存共荣的两个组成部分。在效率与公平兼顾的住宅金融市场上，没有一个国家只有商业住宅金融市场，也没有一个国家只有公共住宅金融市场。另一方面，商业住宅金融市场与公共住宅金融市场互相促进。商业住宅金融市场为公共住宅金融的社会公平提供经济支撑，公共住宅金融市场反过来为商业住宅金融的效率提供稳定之源。一个国家的住宅金融市场正是在也必须在公共住宅金融与商业住宅金融的相互促进中获得良性发展。

第四，公共住宅金融与商业住宅金融的互动背后反映的是政府与市场的协调。住宅经济活动与其他领域的经济活动一样，必须兼顾效率与公平。实现效率的主体是市场，实现公平的主体是政府。其中，市场基础上的效率占据主导地位，政府干预下的公平仅仅是补充。政府和市场的这种协调关系体现在住宅金融活动中就是公共住宅金融与商业住宅金融的相互促进和相互影响，只要市场能够发挥作用，商业住宅金融就能够也应该得到充分的发展，市场不能发挥作用的地方，政府应适时地介入，发展公共住宅金融，对商业住宅金融市场起到一种补充作用。公共住宅金融与商业住宅金融的关系本质上就是政府与市场的关系。

三、两者均服从于满足居住需求的需要

与市场经济条件下收入分配两极分化的现实相对应，商业住宅金融与公共住宅金融均服从于满足社会公众居住需求的需要。它们相互补充，相互影响，共同为住宅市场的健康发展提供良好的金融环境。

第一，公共住宅金融主要用于满足中低收入者的刚性居住需求。市场经济条件下，消费者的收入分配是两极分化的。当住宅市场的进入门槛很高时（事实上由于住宅是资金和劳动密集型产品，单位住宅的价格金额确实很大），势必有一部分消费者无法通过市场满足自己的刚性居住需求。在这种情况下，根据支付能力、以劳动力价值为基础发展公共住宅金融，确保在不升高金融风险的前提下解决消费者的刚性居住需求，就成为政府政策的必然选择。公共住宅金融针对收入较低的中低收入消费者，尽管这些消费者相对于中高收入阶层支付能力更弱，但因为公共住宅金融的发展以劳动力价值为基础，其金融风险反而要较商业住宅金融风险低。

第二，商业住宅金融主要用于满足中高收入者弹性的住宅享受和发展需求。市场经济条件下，一部分收入较高的消费者购买力必然较强，他们对住宅的需求不仅在于住宅能够满足他们的生存需要，还在于住宅能够满足他们的发展和享受需要。市场上具有这种特征的住宅只能是优质住宅，是具有市场竞购特征的优质住宅。然而因为优质住宅的市场竞购特性在很大程度上再分配了消费者的支付能力，还因为优质住宅的市场价格本身就是很不稳定的，这意味着优质住宅作为财富的载体，其价值有着高度的不稳定性。以商业化住宅为发展基础的商业住宅金融与公共住宅金融相比，其风险反而很高。不过与商业住宅金融较高风险相对应，商业住宅金融的主体——消费者的支付能力也较强，他们有能力承受这一较大的风险。

第三，公共住宅金融与商业住宅金融在满足消费者居住需求方面存在此消彼长的对立统一关系。居住需求是刚性需求，任何一个国家都必须满足消费者这一最基本的需求。在市场经济条件下，满足居住需求的金融环境不是

商业住宅金融，就是公共住宅金融。商业住宅金融通过市场途径解决消费者的居住需求，公共住宅金融通过行政途径解决消费者的居住需求。通常情况下，商业住宅金融与公共住宅金融有一个分界点，这就是住宅的生产价格。当消费者能够通过商业住宅金融支付住宅的生产价格时，这种住宅市场和消费者群体通常是商业住宅金融覆盖的范围；当消费者无法通过商业住宅金融支付住宅的生产价格时，这种住宅市场和消费者群体通常是公共住宅金融覆盖的范围。如果住宅供应特别是土地供应由政府垄断，公共住宅金融和商业住宅金融的界限与比例通常就取决于政府的行为本身。

第四，公共住宅金融与商业住宅金融在满足居住需求方面的差异不是绝对的而是相对的。同样是满足居住需求，公共住宅金融与商业住宅金融没有不可逾越的鸿沟。理论上，公共住宅金融满足的是消费者的生存需求，商业住宅金融满足的是消费者的发展和享受需求，甚至是投资与投机需求。然而，住宅的生存、发展和享受需求在实践中不是截然分开的，甚至住宅的生存需求都有可能和住宅的投资与投机需求联系在一起。最典型的是传统的以住宅商品化为前提的公共住宅金融，起初满足的是消费者的居住生存需求，随着商品化住宅的升值幅度不断加大，公共住宅金融的职能可能就会由满足消费者的生存需求转向满足消费者的投资和投机需求，转向满足消费者的发展和享受需求，实际执行起商业住宅金融的职能。反之，如果商品化住宅的升值预期落空，消费者无法按期支付本息，即使消费者最初融资的途径是商业住宅金融，此时也会被迫转变执行公共住宅金融的职能，由此产生的巨大亏空则由政府买单。

公共住宅金融与商业住宅金融的这种相互融合、相互渗透，客观上要求我们在发展公共住宅金融时，要与商业住宅金融一起统筹考虑，适当安排，避免以偏概全，导致住宅金融市场发展的失衡和失控。

第二节　公共住宅金融与商业住宅金融的区别

公共住宅金融与商业住宅金融的区别主要体现在它们的发展基础、市场风险、行为属性和经济地位不同。

一、公共住宅金融和商业住宅金融的发展基础不同

公共住宅金融以劳动力价值为发展基础，商业住宅金融以商品化住宅为

发展基础，是公共住宅金融与商业住宅金融各自良性运行的客观要求。

公共住宅金融以解决消费者的刚性居住需求为目的，解决的是消费者的劳动力顺利再生产的问题，因此公共住宅金融的发展只能与劳动力顺利再生产有关。它不能像商业住宅金融那样，以商品化住宅为发展基础，而应该另辟蹊径。根据马克思的劳动价值论，劳动力再生产的开销只与劳动力价值有关，在现实生活中只与工资有关[①]。相应地，从需求的角度看，消费者的支付能力参照系不能简单地用商品化住宅的市场价格来衡量，而应该用消费者的劳动力价值来衡量，用消费者的工资来衡量，即消费者的居住成本是否在消费者的工资承受能力范围之内，消费者能否承担商品化的住宅市场价格则与公共住宅金融无关。从供给角度看，公共住宅金融发展的基础是消费者获得的消费资料，它不是折旧，不是生产剩余或利润，仅仅是维持劳动力再生产的消费基金。因此，生产者之间的资金流动和利润分配（剩余分配）与消费者的公共住宅金融也是无关的。当公共住宅金融从供求两个方面建立在劳动力价值或工资基础上时，公共住宅金融的良性运行也就有了保证。即从供给方面看，公共住宅金融没有超出消费基金的范畴；从需求方面看，公共住宅金融没有超出工资的范畴。只要劳动力的再生产顺利进行，公共住宅金融的顺利运行就有了坚实的保证。当然，这也意味着，劳动力再生产在非正常状态下的中断会阻碍公共住宅金融的正常运行。如政治、军事或社会原因、经济和金融危机等中断国民经济的正常进行，大批工人失业；个别或偶然的原因导致一些消费者丧失劳动能力等。但这些非常态因素不会长期影响公共住宅金融的正常运行，或者不会从整体上影响公共住宅金融的正常运行。

与公共住宅金融不同，商业住宅金融的发展以商品化的住宅为基础。商业住宅金融解决的不是消费者的发展和享受需求，就是消费者的投资和投机需求。当住宅满足消费者的享受和发展需求时，此时住宅更多呈现优质住宅的特征。为了让供给刚性的优质住宅有效率地分配，选择市场机制无疑是唯一的途径。市场化分配优质住宅，不仅仅是能够最充分地体现优质住宅的市场价值，更重要的是，它在最大限度地满足中高收入者发展和享受需求时，实现了收入再分配，有利于增强中低收入消费者的效用，达到社会整体福利的帕累托最优。住宅作为一种财富和价值载体在满足投资或投机需要时，本身需

① 马克思：《资本论》（第一卷），中共中央马克思恩格斯列宁斯大林著作编译局译，人民出版社1975年版，第587页。

要市场来界定其价值，需要市场来实现和转换其价值，否则投资或投机就无从做起。因为投资或投机的本质就是持有和增值，持有的时间越长，增值的可能性越大，当然风险也越大。从这个角度看，商业住宅金融更多关注住宅的价值，而不是使用价值，商品化住宅在更多的场合是作为财富的一种形式存在的，它与消费者的劳动力再生产无关，至多跟消费者的发展和享受需求有关。因此商业住宅金融只能以商品化的住宅为发展基础，这是经济效率的体现，是住宅市场资源优化配置的需要。

二、公共住宅金融和商业住宅金融的市场风险不一

公共住宅金融与商业住宅金融的发展基础不同，决定了公共住宅金融与商业住宅金融各自的市场风险也不一样。

公共住宅金融以劳动力价值为基础，公共住宅金融的风险当然首先体现为劳动力价值的风险。马克思认为，劳动力价值是由平均工人通常必需的生活资料的价值决定的，相应地，决定劳动力价值量的变化因素主要有“自然的和历史地发展起来的首要的生活必需品的价格和范围，工人的教育费，妇女劳动和儿童劳动的作用，劳动生产率，劳动的外延量和内涵量”[①]等。从劳动力价值的内涵以及决定因素看，劳动力价值既受客观因素的影响，也受主观因素的影响。以生活必需品为例，生活必需品的数量和质量，对于工人来说，有一个最低的生理界限，低于这一生理界限，工人的劳动力再生产就会处于萎缩的再生产状态，或者干脆暂时中断，也有可能永久中断，从而在整体上影响社会的简单再生产与扩大再生产，但这是一种高度抽象的、非常一般的判断。因为现实生活中，工人的生理机能存在很大的差异，同样数量和质量的生活必需品，用于不同生理机能的工人进行劳动力再生产，其结果就有可能不一样。在不同的时间和空间，同样数量和质量的生活必需品，即使用于同一批工人再生产劳动力，其结果也有可能不一样。为解决劳动力价值的确定难题，人们在以客观标准衡量劳动力价值大小的同时，还通常辅之以一些主观的标尺。如对妇女和儿童权益的保障，在资本主义发展初期，由于对体力劳动的依赖性较大，妇女和儿童的劳动空间客观上较小，妇女和儿童的生活费用在成年男性工人工资中所占份额相对较大；伴随着生产的机械化不断推广和提升，体力劳动的

---

① 马克思：《资本论》(第一卷)，中共中央马克思恩格斯列宁斯大林著作编译局译，人民出版社1975年版，第613页。

重要性大为下降，妇女和儿童日益参加到现代化大生产中来，此时妇女和儿童的生活费用在成年男性工人工资中的份额就大大下降。由于对妇女和儿童的过度盘剥严重损害资本主义社会化大生产的可持续性，妇女和儿童的权益保护逐步受到重视，不但妇女的劳动场所受到严格限制，儿童也在相当程度上直接被排除在劳动市场之外，这样妇女和儿童的生活费用在成年男性工人工资中的份额重新有所上升。劳动力价值具有很强的主观色彩，意味着劳动力价值的实现有很大的波动空间，这种波动具有很大的人为痕迹在内。不过总体而言，这种波动幅度不是太大，原因主要是出卖劳动力的工人在社会政治和经济生活中历来不处于强势地位，工人工资的上涨幅度历来是有限的；另一方面，确保工人的工资保持在一定的水平之上，是维持社会稳定的需要，因此市场经济条件下工人工资的波动大都是低水平上的波动，这种低水平的波动产生的市场风险相对而言也较小。

与公共住宅金融较小的市场风险不同，商业住宅金融的市场风险较大，因为商业化住宅的市场价格波动完全取决于市场供求状况，而不会受到政府的任何非正常干扰。市场经济的核心内容就是通过市场价格的波动来调节供求，确保供求与价格始终趋向于一个均衡的水平，实现经济资源的最优化配置，实现市场主体相关各方利益的帕累托最优。这意味着，反映市场供求的价格是符合市场主体所有相关各方利益的，商业化住宅市场也是这样。反映商业化住宅市场供求的商业化住宅价格，既是实现商业化住宅购买者利益的基本需要，也是实现商业化住宅销售者利益的基本需要。因此，商业化住宅市场供求及其价格，既不能也不应该受到政府的干扰。即使政府出于市场波动外部性的担忧而对市场进行干预，这种干预也是建立在尊重市场基础之上的，即政府干预还是通过影响市场供求从而影响市场价格来实现政策目标的。与公共住宅的价格相比，商业化住宅价格的波动幅度可以明显放大。从需求方面看，商业化住宅的购买者市场购买力明显强于公共住宅消费者，他们对商业化住宅价格波动的承受能力也明显强于公共住宅消费者，因此政府无需对商业化住宅市场施加类似于公共住宅市场的干预；从供给方面看，商业化住宅供给成本的变化主要来自于住宅地租的变化，而地租纯粹是被动的产物，政府对地租施加干预只会扭曲商业化住宅市场的供求，最终导致商业化住宅供求的长期失衡。因此，由商业化住宅供求的两方面因素决定，商业化住宅市场价格的波动幅度都应该远远高于公共住宅价格的波动幅度，相应地，商业住宅金融的市场风险也应该远远高于公共住宅金融风险。当然，政府不干预商业化住宅市场价格只是一种理想状态，它的前提是政府自身利益与商业化住宅的价格无关。当政府将自身利益与商业化住宅市场价格捆绑在一起时，商业化住宅市场价格还是会受到政府强烈干预的。因为商业化住宅市场价格的下跌意味着商业化住宅地基价格的下跌，当土地使用权出让构成政府的重要财源时，政府会有强烈的动机托市，使商业化住宅市场价格很难下跌，这在特殊情况下也能减少商业化住宅金融的市场风险。当然，这种托市效果是短期的，市场矫正的结果最终会将商业化住宅的市场价格还原到正常水平。

三、公共住宅金融与商业住宅金融的行为属性有别

公共住宅金融与商业住宅金融的差别，归根到底是公共住宅金融与商业住宅金融行为属性的差别。

商业住宅金融是一种市场现象，一种市场行为，是追求效率的市场机制的必然产物。一般经济理论均坚持，最有效地利用经济资源，实现投入最小化，产出最大化，是任何经济体制有效运行的基本要求。因为任何一种经济资源都是稀缺的，经济资源利用越充分，经济效益越好，经济主体越有活力，经济主体的竞争力也越强。人类社会历史本质上就是经济资源一次比一次更有效充分利用的历史。市场经济作为人类社会目前为止最有效的经济资源配置方式，决定了住宅经济领域的经济资源配置也遵循市场原则才是最优的。商业住宅金融将商品化住宅作为发展基础，就是肯定住宅经济资源的市场配置原则，确保住宅经济资源能够优先供给使用效率最高的市场主体，住宅产品能够优先流向市场最稀缺的生产要素拥有者，从而达到提高整个住宅经济活动领域经济效率的目的。因此，商业住宅金融是效率优先的，是所有住宅金融活动中市场色彩最浓厚的，也是受政府干扰和影响最小的。现实生活中，商业住宅金融对信息很敏感，市场波动性很大。不过，商业住宅金融与其说不能避免波动，不如说离不开波动，正是因为波动的存在，商业住宅金融的作用才真正得到了发挥。即便是政府的宏观调控，也不是遏制商业住宅金融的正常波动，而是保护商业住宅金融的正常波动，确保这种正常波动让商业住宅金融最大限度地发挥正面作用。商业住宅金融是典型的市场产物，也是离政府最远的住宅金融形式。

公共住宅金融是一种政府现象，一种政策行为，是追求公平与稳定的政府作用的产物。商业住宅金融虽然是实现住宅经济资源最优配置的基本工具和必然产物，但商业住宅金融不能包办一切。商业住宅金融可以帮助一部分人

解决居住问题，但这部分人不是市场经济主体的全部。商业住宅金融最主要的问题是不能覆盖中低收入消费者，而中低收入消费者又恰恰是市场经济运行的前提条件和必然结果。因为个人之间没有经济条件的差异，就不会有个人追求经济利益的动机；市场经济运行的结果没有经济效益的差异，就不会有对市场主体有效的约束。所以无论从何种角度看，中低收入消费者与市场经济都是相伴生的。然而中低收入消费者是市场机制运行的必然结果，并不意味着市场机制就能帮助中低收入消费者解决居住问题，市场机制只会眷顾其中的胜利者。中低收入消费者作为市场机制的失败者，必须依赖政府的干预才能解决居住问题，这是公共住宅金融产生的直接原因。政府干预解决中低收入消费者的居住问题，显然不能遵循商业住宅金融的市场原则，除非政府是想借鉴市场原则提高政府的工作效率。这样，公共住宅金融就完全成为一种政府现象，一种政策行为，成为政府追求公平和社会稳定的工具。公共住宅金融将劳动力价值作为自身发展的基础，将商品化住宅价格波动引发的风险排除在外，从而使公共住宅金融真正区别和独立于商业住宅金融。

四、公共住宅金融与商业住宅金融的经济地位不同

在追求效率的市场经济条件下，商业住宅金融始终占据主导地位，而公共住宅金融则居于基础地位。

商业住宅金融的主导地位与生产力在人类社会发展中的主导地位是相一致的。人类社会发展的过程首先是生产力的发展过程，然后才是生产关系的发展过程。生产关系必须适应生产力的发展是人类社会发展的基本规律。生产力越发达，人类社会剩余产品越丰富，生产关系的发展才越容易摆脱生产力的束缚。因此，在人类社会彻底摆脱生产力的束缚以前，必须将生产力的发展置于主导地位。由于生产力发展的核心内容是不断提高经济资源的利用效率，即在经济资源限定的前提条件下，做到投入最小化，产出最大化，人类社会的发展过程形式上就是经济资源利用效率不断提高的过程。通常情况下，效率越高的经济体，生产力发展水平越高，对外竞争优势越明显，反之则反是。市场机制作为人类社会目前为止最有效率的经济运行机制，意味着采用市场机制的经济体，其运行效率也是最高的。商业住宅金融将市场机制引入其中，目的就是实现住宅商品市场，特别是优质住宅市场的资源配置效率最优化，确保住宅商品市场投入最小化，产出最大化，商品住宅流向最有购买力的消费者，通过优质住宅的收入再分配最终实现整个社会公众福利的最大化。商业

住宅金融的主导地位，有利于住宅金融市场整体效率的提高和竞争力的增强，有利于帕累托最优基础上的住宅供求衔接，有利于住宅市场体系的完善和住宅市场的可持续发展。

公共住宅金融的基础地位与市场机制的缺陷有关。市场机制虽然是迄今为止人类社会发展生产力最有效率的制度安排，但它本身并不是完美无缺的。首先，市场是有边界的，离开了一定的范围，市场就可能是无效率的。因此，确保市场有效率运行，就必须为市场划定边界，为市场内部制定规则，在市场外部提供适宜的制度环境，这意味着在并非无所不能的市场之外，政府仍然需要发挥作用是不可避免的。其次，市场机制是一种竞争机制，有成功就有失败，有风险才有收益，市场的优胜劣汰使得相当一部分参与者不可能借助市场解决自己的所有问题，但他们既是市场有效运行的前提条件，又是市场有效运行的必然结果。在这种情况下，确保这些被市场淘汰的参与者继续留在市场发挥作用，就成为市场外政府必须履行的基本职责。公共住宅金融就是被商业住宅金融淘汰出来的消费者得到政府干预满足居住需求的一种结果和表现形式。因为商业住宅金融只追求效率，加上住宅市场本身的进入门槛是所有消费品市场进入门槛最高的，商业住宅金融市场的缺陷最明显，政府对商业住宅金融市场机制的补充最显得有必要。然而，无论政府多么有效率，公共住宅金融都只能游离于商业住宅金融之外，对商业住宅金融发挥补充和保底作用，它不能干预商业住宅金融的运作，更不能取代商业住宅金融。

当然，以商业住宅金融为主、公共住宅金融为辅的住宅金融市场格局不是绝对的。在生产力发展水平较低时，如果市场机制发挥作用的能力有限，公共住宅金融有可能发挥作用的空间较大。公共住宅金融发挥作用的空间，基本取决于商业住宅金融失灵边界的大小。商业住宅金融有效作用的边界越宽，公共住宅金融可以发挥作用的空间越小，反之则反是。公共住宅金融与商业住宅金融一起构成住宅金融市场的全部。

第三节　公共住宅金融基本原理总结

通过对西方公共住宅金融的具体分析以及公共住宅金融经济基础的理论分析，我们不难得出如下的结论。

西方公共住宅金融产生于商业住宅金融之后。商业住宅金融以住宅商品化为前提，以住宅的市场价值为经济基础，商业住宅金融的风险因此随着商品化住宅市场价格的升降而不断变小或变大。一方面因为城市土地的私人所有制，另一方面因为对市场机制的盲目崇拜，西方公共住宅金融也将住宅商品化作为自己的前提，将住宅的市场价值作为自己的经济基础，这使得西方公共住宅金融与商业住宅金融没有从根本上区分开来，附属性因此构成西方公共住宅金融的基本特征。由于和商业住宅金融相比，公共住宅金融的消费者支付能力更低，西方公共住宅金融的风险实际上远高于商业住宅金融。以住宅商品化为前提的西方公共住宅金融，内含着住宅价值和使用价值、住房保障义务和政府财力不足、社会公平与经济效率的三大冲突，对外则体现为消费者的财务风险、政府政策缺乏连贯性、住宅市场扭曲以及国民经济失衡的风险，这种冲突与风险源于西方最基本的经济制度和意识形态，因而无法化解。

理论上，住宅的供求脱节是消费者最低支付能力与保障住宅市场价格的脱节。住宅供给分优质住宅的供给和普通住宅的供给。优质住宅的分配只能采取市场竞购的原则，其有限的供给量并不能确保每个消费者都能得到满足；普通住宅的供给弹性较大，虽然可以满足所有消费者的需要，但普通住宅市场的进入依然有一个生产价格门槛，即低于生产价格的支付能力仍不足以让消费者进入普通住宅市场。住宅的需求分生存需求、发展需求、享受需求和投资需求等。由于发展需求、享受需求和投资需求弹性大，而且主要针对优质住宅，因此采用市场竞购的方式去满足比较适宜；生存需求弹性小，主要针对普通住宅，这意味着即使消费者的支付能力低于普通住宅的生产价格，消费者对普通住宅的刚性需求依然必须得到满足。公共住宅金融产生于消费者对普通住宅生产价格支付能力的不足，但公共住宅金融的价值属性决定了公共住宅金融不可能建立在消费者对普通住宅生产价格的支付缺口上，因为收支失衡的现金流无论经过公共住宅金融多长时间的运作，其结果的现金流收支依然会是失衡的。公共住宅金融只能建立在消费者的支付能力基础上，即消费者的保障居住成本必须限制在消费者的支付能力范围内。公共住宅金融弥补的是消费者的暂时支付缺口，而不是消费者的永久支付缺口。

消费者的支付能力是消费者劳动力价值的体现，具体反映在工资上。只要是劳动力再生产特别是劳动力简单再生产的需要，消费者都具备足够的支付能力。因此将消费者的保障居住成本限制在消费者的支付能力范围内，实际上就是要将消费者的居住成本限制在劳动力再生产特别是劳动力简单再生产的范围内。城市地租作为一种生产剩余，与劳动力的再生产无关，因此不应该列入居住保障成本，相应地，消费者的保障居住成本不过是建安成本、农业地租和必要土地投资的总和。建立在劳动力价值基础上的公共住宅金融，不仅解决了消费者现金流收支失衡的问题，还解决了消费者现金流收支的时间错配问题，这是公共住宅金融与商业住宅金融的根本区别。公共住宅金融与商业住宅金融发展基础不同，风险不同，行为属性不同，经济地位不同，但它们都是一种价值运动，它们相互促进，相互影响，共同服务于社会公众居住需求的需要。

小　结

公共住宅金融与商业住宅金融既相区别又相联系。公共住宅金融和商业住宅金融首先都是一种价值运动，它们相互促进、相互影响，共同服务于社会公众居住需求的需要。但公共住宅金融与商业住宅金融的区别也是很明显的。公共住宅金融的发展以劳动力价值为经济基础，商业住宅金融的发展以商品化住宅的市场价值为经济基础；公共住宅金融因为劳动力价值较为稳定，风险较低，商业住宅金融因为商品住宅市场价格变化较大，风险较高；公共住宅金融是为了满足中低收入消费者的刚性居住需求，因而是一种政府行为，商业住宅金融是为了满足中高收入者的享受和投资需求，弹性较大，因而完全是一种市场行为；公共住宅金融目的是为了追求社会公平，处于基础和辅助的地位，商业住宅金融追求效率，处于主体和引导的地位。

第六章　中国公共住宅金融的发展环境

中国公共住宅金融的发展取决于中国的自然资源和自然环境，更取决于中国的经济基础和社会安排。总体而言，人多地少、城市经济得到初步发展的中国国情决定了中国公共住宅金融的发展空间极大。

第一节　中国公共住宅金融发展的自然资源和自然环境

中国地大物博，自然资源和自然环境总体尚可，但地理分布很不均衡，经济活动相对集中是中国充分利用现有自然资源和自然环境的客观需要。

一、中国的国土与自然环境

中国位于亚洲东部，太平洋西岸。中国的国土，是指中华人民共和国国家管辖下的领土、领海和领空。截至 2009 年底，中国国土面积为 959.81 万平方公里，居世界第 4 位，海域面积 473 万平方公里。海洋平均深度 961 米，海洋最大深度 5 377 米。岸线总长度 32 000 公里，其中大陆岸线长度 18 000 公里。岛屿总数 5 400 个，不含港、澳、台的岛屿面积 3.87 万平方公里[①]。在 959.81 万平方公里的中国国土面积中，按地形分，山地 320 万平方公里，占比 33.33%，高原 250 万平方公里，占比 26.04%，盆地 180 万平方公里，占比 18.75%，平原 115 万平方公里，占比 11.98%，丘陵 95 万平方公里，占比 9.9%；按地高分，500 米以下 241.7 万平方公里，占比 25.18%，500—1 000 米 162.5 万平方公里，占比 16.93%，1 000—2 000 米 239.9 万平方公里，占比 24.99%，

① 本章数据如不特别说明，皆来自于中华人民共和国国家统计局编著的《中国统计年鉴 2011》和《国际统计年鉴 2010》，中国统计出版社 2011 年版。

2 000—3 000 米 67.6 万平方公里，占比 7.04%，3 000 米以上 248.3 万平方公里，占比 25.86%；按地表特征分，耕地 12 172 万公顷，占比 12.68%，林地 30 590 万公顷，占比 31.86%（其中森林 19 545 万公顷，占比 20.36%），内陆水域面积 1 747 万公顷，占比 1.82%，草地 39 283 万公顷，占比 40.92%（其中可利用草地 33 100 万公顷，占比 34.48 万公顷），其他 12 208 万公顷，占比 12.72%。

如果说国土是中国地面的自然环境，气候就是中国地上的自然环境。气候指地球与大气之间长期能量交换与质量交换所形成的一种自然环境状态，它是多种因素综合作用的结果。气候既是人类生活和生产的环境要素之一，也是供给人类生活和生产的重要资源。气温、湿度、降水等气象要素的多年平均值是用来描述一个地区气候状况的主要参数，而各种气象要素某年、某月的平均值或总量则可以反映出该时期天气气候状况的重要特征。中国的气候状况主要有三个指标：热量分布、降水量和气候带面积比例。关于热量分布（积温≥℃），黑龙江北部及青藏高原达到 2 000—2 500，东北平原达到 3 000—4 000，华北平原达到 4 000—5 000，长江流域及以南地区达到 5 800—6 000，南岭以南地区达到 7 000—8 000。关于降水量（毫米），台湾中部山区≥4 000，华南沿海达到 1 600—2 000，长江流域达到 1 000—1 500，华北、东北达到 400—800，西北内陆仅仅 100—200，塔里木盆地、吐鲁番盆地和柴达木盆地≤25。关于气候带面积比例（国土面积＝100），湿润地区（干燥度＜1.0）占 32，半湿润地区（干燥度＝1.0—1.5）占 15，半干旱地区（干燥度＝1.5—2.0）占 22，干旱地区（干燥度＞2.0）占 31。长江流域及以南地区属于温暖湿润的亚热带气候，气候资源极为丰富。

总体而言，中国国土面积广大，各种地形、地貌比较齐全，气候也具有多样性，地区差别较大，这为中国开展多种多样的经济活动，从古老的农业到现代的工业，从传统的商业到发达的生产性服务业，提供了极为便利的条件。

表 6－1　　中国主要城市平均气温（2010 年）　　单位：℃

城市	1月	2月	3月	4月	5月	6月	7月	8月	9月	10月	11月	12月	年平均
北京	−4.8	−1.0	4.1	11.2	21.7	24.7	28.6	26.5	21.3	13.6	5.8	−1.0	12.6
乌鲁木齐	−10.6	−12.4	−4.4	8.7	16.2	22.5	24.0	22.8	18.0	9.7	2.4	−8.2	7.4
哈尔滨	−17.1	−15.5	−7.2	4.0	16.0	25.5	23.4	22.0	16.5	6.4	−3.6	−16.3	4.5
上海	5.3	7.5	9.3	12.8	20.8	23.8	28.9	30.7	26.2	19.2	14.0	7.9	17.2

续　表

城市	1月	2月	3月	4月	5月	6月	7月	8月	9月	10月	11月	12月	年平均
郑州	1.1	3.7	8.9	14.3	22.4	27.5	28.8	26.3	21.7	16.0	10.9	5.5	15.6
广州	14.7	16.5	19.2	20.3	26.0	26.8	29.6	29.3	28.0	24.0	20.3	15.7	22.5
重庆	9.3	10.8	14.5	16.8	21.9	24.2	29.6	28.9	25.1	18.7	14.8	9.0	18.6
昆明	11.1	13.3	15.9	18.5	21.7	20.9	21.4	20.8	19.9	15.1	11.8	9.5	16.7
拉萨	−0.5	3.3	8.0	11.4	14.3	18.8	18.0	16.5	14.5	10.0	5.7	−0.3	10.0
兰州	−7.1	−2.8	3.0	8.4	15.2	19.0	22.7	20.5	16.0	7.7	0.2	−8.1	7.9

表 6－2　　中国主要城市平均相对湿度(2010 年)　　单位：%

城市	1月	2月	3月	4月	5月	6月	7月	8月	9月	10月	11月	12月	年平均
北京	43	47	47	43	45	60	65	64	63	58	44	33	51
乌鲁木齐	76	77	72	50	40	42	42	39	38	57	68	71	56
哈尔滨	74	69	70	63	68	55	83	81	65	66	72	79	70
上海	69	74	70	69	67	75	73	68	72	66	62	59	69
郑州	43	61	52	52	55	52	69	74	74	60	44	30	56
广州	76	82	72	82	78	78	71	70	79	62	60	63	73
重庆	81	73	75	78	80	82	73	66	76	81	84	82	78
昆明	57	43	48	53	56	72	75	76	76	81	78	75	66
拉萨	20	15	20	22	32	34	49	57	56	41	25	21	33
兰州	51	43	42	37	51	61	60	60	72	73	64	56	56

表 6－3　　中国主要城市降水量(2010 年)　　单位：毫米

城市	1月	2月	3月	4月	5月	6月	7月	8月	9月	10月	11月	12月	年平均
北京	10.4	2.6	22.2	17.5	29.5	88.7	34.0	177.8	80.8	59.0	/	/	522.5
乌鲁木齐	15.6	9.5	46.8	30.0	26.2	31.2	13.2	12.5	5.1	32.5	28.3	31.5	282.4
哈尔滨	4.6	17.6	26.8	44.4	115.6	68.3	184.7	57.8	16.5	13.9	22.2	18.9	591.3
上海	40.6	80.2	172.8	96.3	60.9	100.4	124.0	202.0	120.5	81.0	5.0	45.2	1 128.9
郑州	0.2	13.2	15.4	54.6	21.6	18.7	152.6	178.6	141.1	2.8	1.5	/	600.3
广州	69.5	71.7	19.0	256.7	584.5	322.7	164.9	250.5	558.6	28.9	2.1	24.5	2 353.6
重庆	20.8	13.4	47.4	141.6	121.9	197.1	185.0	105.6	57.2	62.5	56.7	35.5	1 044.7
昆明	3.4	/	22.1	27.9	43.6	84.3	159.5	215.4	98.8	150.1	34.9	29.1	869.1
拉萨	/	0.1	2.9	5.0	8.8	35.2	86.3	142.7	70.1	8.7	/	/	359.8
兰州	0.8	0.5	0.2	16.0	47.0	44.8	10.3	18.6	31.8	20.6	/	1.4	192.0

表 6-4　　中国主要城市日照时数(2010 年)　　单位：小时

城市	1月	2月	3月	4月	5月	6月	7月	8月	9月	10月	11月	12月	年平均
北京	189.9	137.2	172.2	213.5	269.2	223.0	181.5	207.4	198.2	182.6	199.5	208.7	2 382.9
乌鲁木齐	107.8	99.2	219.8	286.9	309.1	315.3	301.7	309.2	283.2	229.6	201.7	152.2	2 815.7
哈尔滨	105.0	157.0	177.1	195.1	198.1	287.4	178.7	203.1	264.5	176.8	133.4	75.9	2 152.1
上海	143.7	103.5	117.0	122.6	154.1	95.6	129.6	205.2	148.7	121.6	147.3	173.1	1 662.0
郑州	152.7	96.6	126.3	168.5	191.7	199.7	102.6	113.6	81.9	131.4	189.8	172.3	1 727.1
广州	64.1	40.3	92.6	24.4	83.7	68.9	200.6	221.6	144.8	163.0	209.6	170.4	1 484.0
重庆	24.6	18.8	88.2	57.9	76.4	64.8	146.8	201.8	107.6	66.9	23.0	33.8	910.6
昆明	261.5	261.6	231.1	242.2	251.4	121.5	110.4	135.8	119.8	89.5	119.0	193.0	2 136.8
拉萨	265.7	238.7	267.5	267.2	300.2	297.3	236.2	205.7	233.2	272.4	276.6	273.5	3 134.2
兰州	208.4	192.1	216.6	253.7	240.2	240.6	251.7	248.4	161.4	188.6	238.6	210.9	2 651.2

二、中国的自然资源种类与规模

自然资源指人类可以直接从自然界获得并用于生产和生活的物质资源。自然资源一般可以分成可再生资源和非再生资源两大类。可再生资源指在较短时间内可以再生、可以循环利用的资源，包括土地资源、水资源、气候资源、生物资源和海洋资源等。非再生资源指在使用后不能再生的资源，包括矿产资源和地热能源。其中，土地资源是最基础的自然资源，矿产资源则是经济现代化的重要依托。

土地指陆地的表层部分，它主要由岩石、岩石的风化物和土壤构成。土地资源按利用类型可以分为农用地、建筑用地和未利用地。农用地包括耕地、园地、林地、牧草地和水面。建筑用地包括居民点及工矿用地、交通用地和水利设施用地。未利用地指农用地和建筑用地以外的土地，包括滩涂、荒漠、戈壁、冰川和石山等。农用地是土地资源的主体。截至 2010 年底，中国土地资源总量中，耕地面积为 12 172 万公顷(2008 年底国土资源部数据)，荒地面积 12 208 万公顷，林业用地面积 30 590 万公顷，草地面积 39 283 万公顷，内陆水域面积 1 747 万公顷。森林资源和水利资源是中国两种重要的自然资源。截至 2010 年底，中国林地面积 30 590.41 万公顷，其中森林面积达到 19 545.22 万公顷，人工林面积 6 168.84 万公顷，森林覆盖率达到 20.36%，活立木总蓄积量达到 1 491 268.19 万立方米，森林蓄积量达到 1 372 080.36 万立方米。伴随着地表水资源的集约利用，2010 年，中国水资源总量达到 30 906.4 亿立方米，其中地表水资源量 29 797.6 亿立方米，地下水资源量 8 417.0 亿立方米，地表水与地下水资源重复量 7 308.2 亿立方米，人均水资源量达到 2 310.4 立方米，比 2000 年均有所增加。内陆水域（含池塘、湖泊、水库、河沟等）总面积 2010 年底也达到 17 471 千公顷，其中，可养殖面积 6 749 千公顷，已养殖面积 4 669 千公顷，尚可利用水面 2 080 千公顷。海洋部分，海域总面积 472 700 千公顷，大陆架渔场面积达到 280 000 千公顷，海水可养殖面积 2 600.11 千公顷，其中浅海 1 622.56 千公顷，滩涂 797.00 千公顷，港湾 180.55 千公顷。

表 6－5　　中国水资源情况

年份	水资源总量（亿立方米）	其中（亿立方米）			人均水资源量（立方米/人）
		地表水资源量	地下水资源量	地表水与地下水资源重复量	
2000	27 700.8	26 561.9	8 501.9	7 363.0	2 193.9
2001	26 867.8	25 933.4	8 390.1	7 455.7	2 112.5
2002	28 261.3	27 243.3	8 697.2	7 679.2	2 207.2
2003	27 460.2	26 250.7	8 299.3	7 089.9	2 131.3
2004	24 129.6	23 126.4	7 436.3	6 433.1	1 856.3
2005	28 053.1	26 982.4	8 091.1	7 020.4	2 151.8
2006	25 330.1	24 358.1	7 642.9	6 670.8	1 932.1
2007	25 255.2	24 242.5	7 617.2	6 604.5	1 916.3
2008	27 434.3	26 377.0	8 122.0	7 064.7	2 071.1
2009	24 180.2	23 125.2	7 267.0	6 212.1	1 816.2
2010	30 906.4	29 797.6	8 417.0	7 308.2	2 310.4

至于矿产资源，中国的种类和蕴藏量也是极为丰富的。截至 2010 年底，中国石油基础储量达到 317 435.3 万吨，天然气达到 37 793.2 亿立方米，煤炭达到 2 793.9 亿吨，铁矿石达到 222 亿吨，锰矿石达到 19 515.6 万吨，铬矿石达到 442.1 万吨，钒矿达到 1 242.6 万吨，原生钛铁矿达到 23 043 万吨，铜达到 2 870.7 万吨，铅达到 1 272 万吨，锌达到 3 251.4 万吨，铝土矿石达到 89 732.7 万吨，镍达到 312.1 万吨，钨达到 220.8 万吨，锡达到 138.2 万吨，钼达到 463 万吨，锑达到 71 万吨，金达到 1 863.4 吨，银达到 36 363.7 吨，菱镁矿石达到 182 936.8 万吨，普通萤石矿达到 4 055.9 万吨，硫铁矿石达到 159 152.1 万吨，磷矿石达到 29.6 亿吨，钾盐达到 43 885.6 万吨，盐矿达到 1 750.7 亿吨，芒硝达到 91.1 亿吨，重晶矿石达到 9 498.6 万吨，玻璃硅质原料

矿石达到 146 170.5 万吨，石墨矿物达到 5 412.3 万吨，滑石矿达到 12 594.2 万吨，高岭土矿石达到 63 933.2 万吨。

三、中国自然资源的结构性矛盾

然而从中国自然资源的种类构成、地区构成以及人均占有量看，中国的经济和社会发展都存在着严重的局限。

第一，中国耕地比重不高，人均占有量更低。2008 年底，中国耕地仅有 12 172 万公顷，约占中国国土总面积的 12.68%，比 2005 年同期指标分别减少 2 158 千公顷和 2.68 个百分点。2005 年，中国耕地的绝对指标不仅低于美国的 17 445 万公顷，也低于印度的 15 965 万公顷，大国中仅高于俄罗斯的 12 178 万公顷。如果考虑人口密度，中国耕地指标更加低得可怜。2007 年，世界的人口密度仅仅 51.02 人/平方公里，澳大利亚低至 2.74 人/平方公里，美国也不过 32.88 人/平方公里，中国则高达 141.34 人/平方公里。

表 6-6　　国土面积与人口密度

国家和地区	2006 年国土面积（万平方公里）	人口密度（人/平方公里）		
		2000 年	2006 年	2007 年
世界	13 442.48	46.88	50.43	51.02
中国	959.81	135.37	140.64	141.34
澳大利亚	774.12	2.49	2.70	2.74
美国	963.20	30.80	32.68	32.88
日本	37.79	348.07	350.50	350.54

表 6-7　　2005 年土地利用　　单位：万公顷

国家和地区	陆地面积	耕地面积	多年生作物面积	森林面积
世界	1 296 446	141 214	14 131	394 265
中国	93 275	14 330	1 306	19 729
印度	29 732	15 965	999	6 770
美国	91 619	17 445	275	30 309
俄罗斯联邦	163 814	12 178	180	80 879
澳大利亚	76 823	4 940	31	16 368

第二，中国的山地和平原相对集中。中国的主要山脉和高原都集中于中

西部，如阿尔泰山、天山、祁连山、帕米尔高原、昆仑山、喀喇昆仑山、唐古拉山、羌塘高原、念青唐古拉山、横断山、喜马拉雅山、冈底斯山等。其中，天山、帕米尔高原、喀喇昆仑山、念青唐古拉山、横断山、喜马拉雅山、冈底斯山等山峰的高度均超过 7 000 米，喜马拉雅山的珠穆朗玛峰更高达 8 848 米，雄踞世界第一。中国的主要河流和平原则位于中东部，如长江、黄河、松花江、辽河、珠江、海河、淮河等。其中，长江全长 6 300 公里，年径流量 9 513 亿立方米，两倍于另外六条大河的年径流量，流域面积 1 808 500 平方公里，略逊于另外六条大河流域面积的总和。

第三，中国的海洋资源主要集中于南海和广东、辽宁等地。中国海域总面积 472 700 千公顷，渤海仅仅 7 700 千公顷，南海 350 000 千公顷，相当于渤海的 45 倍，占海域总面积的 74%。中国大陆架渔场总面积 280 000 千公顷，渤海仅仅 7 700 千公顷，南海高达 182 100 千公顷，相当于渤海的 23.6 倍，占大陆架渔场总面积的 65%。全国浅海滩涂海湾可养殖面积 2 600.11 千公顷，主要集中在广东（835.67 千公顷）、辽宁（725.84 千公顷）、山东（358.21 千公顷）。

第四，中国的矿产资源地理分布也很不均匀。截至 2010 年底，全国石油基础储量 317 435.27 万吨中，54 516.41 万吨在黑龙江，51 163.47 万吨在新疆，34 310.68 万吨在山东，44 012.46 万吨在海上；37 793.20 亿立方米天然气中，8 616.43 亿立方米在新疆，7 149.44 亿立方米在内蒙古，6 763.11 亿立方米在四川，5 628.11 亿立方米在陕西；2 793.93 亿吨煤炭中，844.01 亿吨在山西，769.86 亿吨在内蒙古；222.32 亿吨铁矿石中，75.46 亿吨在辽宁，37.49 亿吨在河北，28.73 亿吨在四川；19 515.64 万吨锰矿石中，5 711.1 万吨在湖南，4 033.44 万吨在广西；442.1 万吨铬矿石主要分布在西藏（199.49 万吨）、内蒙古（60.35 万吨）和甘肃（124.83 万吨）；钒矿和原生钛铁矿基本分布在四川，比重分别占 55%（686.77 万吨）和 98%（22 534.64 万吨）；有色金属铜主要在江西（698.58 万吨，占 24%）；铅主要分布在内蒙古（301.12 万吨，占 23.67%）和云南（191.01 万吨，占 15%）；锌也主要在云南（682.05 万吨，占 21%）和内蒙古（588.89 万吨，占 18.11%）；铝土矿主要在贵州、广西、河南和山西；非金属的菱镁矿石主要在辽宁；硫铁矿石主要在四川、广东；磷矿石主要在湖北、云南、贵州和四川；高岭土矿石则主要在广东和广西。

中国自然资源的这种结构性矛盾决定了中国社会的经济活动势必只能是在地理上相对集中的精耕细作。这种地理上相对集中的精耕细作在农业领域体现为鱼米之乡、天下粮仓，在工业领域则体现为一个又一个工业城市的兴起。

第二节　中国公共住宅金融发展的经济基础和社会环境

在过去三十多年的时间里，利用丰富的自然资源和优质的自然环境，中国国民经济发展取得了举世瞩目的成就。然而由于中国人口基数大，底子薄，无论是农业还是工业，无论是城市还是乡村，中国经济在面临进一步发展的巨大压力时，土地资源的瓶颈制约也越来越明显，中国的城市化浪潮在可以预见的未来仍将处于高速进行的过程中。

一、中国国民经济发展成就相当可观

改革开放以来，中国国民经济和社会发展获得了巨大的成功。无论是绝对指标，还是相对指标，中国国民经济和社会发展的成就都毫不逊色。1978—2008 年，中国国内生产总值从世界第 10 位上升到世界第 3 位，贸易总额从世界第 29 位上升到世界第 3 位，外汇储备更从世界第 38 位上升到世界第 1 位；从中国主要指标占世界的比重看，1978—2008 年，中国人口从世界的 22.3% 下降到世界的 19.8%，国内生产总值从世界的 1.75%上升到 7.14%，贸易总额从世界的 0.79%上升到 7.88%；从中国工业主要产品产量居世界的位次看，同期中国粗钢产量从世界的第 5 位升至世界第 1 位，发电量从世界第 7 位升至世界第 2 位，水泥从世界第 4 位升至世界第 1 位。2008 年，中国的国内生产总值已经达到 43 262 亿美元，高于欧元区的任何一个国家，尤其是德国、英国、法国等老牌资本主义强国，稍低于日本的 49 093 亿美元。中国其他指标，特别是主要农产品指标，不是继续居于世界前列，就是还有所进步。

表 6-8　中国主要指标居世界的位次

指标	1978 年	1980 年	1990 年	2000 年	2006 年	2007 年	2008 年
国土面积	4	4	4	4	4	4	4
人口	1	1	1	1	1	1	1

续 表

指标	1978 年	1980 年	1990 年	2000 年	2006 年	2007 年	2008 年
出生预期寿命	75(169)	77(173)	83(186)	88(190)	74(193)	85(210)	/
国内生产总值	10	11	11	6	4	4	3
人均国民收入	175(188)	177(188)	178(200)	141(207)	129(209)	132(209)	127(210)
贸易总额	29	26	15	8	3	3	3
出口额	30	28	14	7	3	2	2
进口额	27	22	17	9	3	3	3
外商直接投资	/	60	12	9	4	6	3
外汇储备	38	37	7	2	1	1	1
人文发展指数	/	/	79(160)	96(173)	94(179)	92(182)	/

注：括号内为参与排序的总数。这是 1977 年的数字。

表 6－9　　中国主要指标占世界的比重　　单位：%

指标	1978 年	1980 年	1990 年	2000 年	2005 年	2006 年	2007 年	2008 年
人口	22.3	22.1	21.6	20.8	20.2	20.1	20.0	19.8
国内生产总值	1.75	1.73	1.64	3.75	4.94	5.43	6.16	7.14
进出口贸易总额	0.79	0.93	1.65	3.60	6.66	7.17	7.70	7.88
出口额	0.76	0.89	1.80	3.86	7.26	8.00	8.71	8.89
进口额	0.82	0.96	1.50	3.35	6.08	6.37	6.70	6.90
外商直接投资	/	0.11	1.68	2.95	7.44	4.98	4.22	6.38
稻谷产量	36.35	36.00	36.95	31.69	28.81	28.59	28.70	28.23
小麦产量	12.13	12.54	16.58	17.00	15.55	17.46	18.10	16.30
玉米产量	14.24	15.81	20.11	17.92	19.49	20.82	19.36	20.18
大豆	10.09	9.83	10.15	9.55	7.63	6.97	7.22	6.73

表 6－10　　中国农业主要产品产量居世界的位次

项目	1978 年	1980 年	1990 年	2000 年	2006 年	2007 年	2008 年
谷物	2	1	1	1	1	1	1
肉类	3	3	1	1	1	1	1
棉花	3	2	1	1	1	1	1
大豆	3	3	3	4	4	4	4
花生	2	2	2	1	1	1	1

续　表

项目	1978年	1980年	1990年	2000年	2006年	2007年	2008年
油菜籽	2	2	1	1	1	1	2
甘蔗	7	9	4	3	3	3	3
茶叶	2	2	2	2	1	1	1
水果	9	10	4	1	1	1	1

表6-11　　中国工业主要产品产量居世界的位次

项目	1978年	1980年	1990年	2000年	2006年	2007年	2008年
粗钢	5	5	4	1	1	1	1
煤	3	3	1	1	1	1	1
原油	8	6	5	5	5	5	5
发电量	7	6	4	2	2	2	2
水泥	4	4	1	1	1	1	1
化肥	3	3	3	1	1	1	
棉布	1	1	1	2	1	1	1

表6-12　　国内生产总值　　单位：亿美元

国家和地区	1990年	2000年	2005年	2006年	2007年	2008年
世界	218 133	320 019	452 321	489 478	548 911	605 870
中国	3 569	11 985	22 359	26 579	33 823	43 262
美国	57 572	97 648	123 761	131 329	137 514	142 043
日本	30 183	46 674	45 521	43 760	43 843	49 093
欧元区	56 862	62 472	101 306	107 133	122 776	135 655
德国	17 145	19 002	27 914	29 133	33 174	36 528

二、中国国民经济进一步发展与资源约束的矛盾

然而，由于中国人口多，底子薄，中国一方面发展空间还很大，另一方面中国发展的资源瓶颈日益明显。

以淡水资源为例。2007年世界人均淡水资源总量6 624立方米，其中高收入国家达到9 313立方米，低收入国家也达到4 619立方米，而中国同期仅仅2 132立方米。森林资源部分，2005年，世界森林覆盖率平均30.4%，中等

收入国家高达 32.4%，发达国家为 28.9%，低收入国家也达到 25.1%，中国仅仅 21.2%，而且中国这一指标在 2000 年是 19%。至于耕地，中国的资源约束就更为明显。2005 年，中国耕地面积 14 330 万公顷，人口 130 372 万人；印度耕地面积 15 965 万公顷，人口 109 458 万人；美国耕地面积 17 445 万公顷，人口 29 556 万人；俄罗斯联邦耕地面积 12 178 万公顷，人口 14 315 万人；澳大利亚耕地面积 4 940 万公顷，人口 2 039 万人；世界耕地面积 141 214 万公顷，人口 646 205 万人。中国人均耕地面积相当于印度的 75.36%，美国的 18.62%，俄罗斯的 12.92%，澳大利亚的 4.54%，世界平均水平的 50.3%。中国发展国民经济的资源瓶颈由此可见一斑。

表 6-13　世界淡水资源

国家和地区	2007 年人均淡水资源总量（立方米）	2007 年淡水抽取量占水资源总量百分比（%）	2007 年淡水抽取量的利用（%）		
			用于农业	用于工业	生活用水
世界总计	6 624	9.0	70	20	10
高收入国家	9 313	10.4	43	42	15
中等收入国家	6 589	8.5	76	15	9
低收入国家	4 619	9.4	90	5	5
中国	2 132	22.4	68	26	7

表 6-14　世界森林资源　单位：%

国家或地区	森林平均消失率		森林覆盖率	
	1990—2000 年	2000—2005 年	2000 年	2005 年
世界总计	0.2	0.2	30.7	30.4
高收入国家	−0.1	−0.1	28.8	28.9
中等收入国家	0.2	0.2	32.7	32.4
低收入国家	0.5	0.7	26.0	25.1
中国	−1.2	−2.2	19.0	21.2

从另一方面看，中国国民经济和社会发展远没有呈现高度发达的水平，中国国民经济和社会发展的路还很长。2008 年，中国人均国民收入 2 940 美元，不仅与挪威的 87 070 美元、瑞士的 65 330 美元、美国的 47 580 美元相比不可

同日而语，就是与高收入国家的平均指标 39 345 美元相比也极为悬殊，仅相当于中低收入国家的平均水平(2 789 美元)。即使按照购买力平价来比较，中国的人均国内生产总值 5 962 国际元，高于中低收入国家的 5 398 国际元，但低于中等收入国家的 6 237 元，依然与高收入国家的 37 066 国际元相差悬殊。从中国居民的消费结构来看，食品方面，2010 年城镇消费仍有 35.7%，农村消费是 41.1%；衣着方面，同期城镇消费是 10.7%，农村消费是 6.0%；居住方面，城镇消费是 9.9%，农村消费是 19.1%；家庭设备用品及服务方面，城镇消费是 6.7%，农村消费是 5.3%。从产业结构来看，2010 年，中国的第三产业产值比重仅仅 43.1%，就业比重仅仅 34.6%，均远远低于第二产业的 46.8%和 28.7%，中国距离高度发达的服务型社会还很遥远。

表 6-15　　世界人均国民收入　　单位：美元

国家和地区	1990 年	2000 年	2005 年	2006 年	2007 年	2008 年
世界	3 850	5 265	7 045	7 487	7 990	8 613
低收入国家	268	291	379	414	461	524
中等收入国家	869	1 322	2 037	2 346	2 763	3 260
中低收入国家	779	1 155	1 758	2 019	2 370	2 789
高收入国家	17 990	25 883	34 444	35 996	37 460	39 345
中国	310	930	1 740	2 010	2 410	2 940
挪威	24 590	35 860	62 310	68 270	77 370	87 070
瑞士	32 530	40 270	56 780	58 790	60 820	65 330
美国	22 080	34 410	43 570	44 890	46 090	47 580

表 6-16　　世界年中人口

国家和地区	人口(万人)				2008 年增长率(%)
	2000 年	2005 年	2007 年	2008 年	
世界	607 827	646 205	661 440	669 203	1.2
低收入国家	81 989	91 330	95 265	97 284	2.1
中等收入国家	424 817	450 294	460 080	465 067	1.1
中低收入国家	506 806	541 623	555 346	562 350	1.3
高收入国家	101 021	104 582	106 094	106 853	0.7
中国	126 265	130 372	131 831	132 564	0.6

表 6－17　按照购买力平价法计算的国民经济核算主要指标(2008 年)

国家和地区	国内生产总值（亿国际元）	人均国内生产总值（国际元）	国民总收入（亿国际元）	人均国民总收入（国际元）
世界	696 976	10 415	693 090	10 357
低收入国家	13 660	1 404	13 688	1 407
中等收入国家	290 045	6 237	286 195	6 154
中低收入国家	303 583	5 398	299 713	5 330
高收入国家	396 059	37 066	396 863	37 141
中国	79 032	5 962	79 840	6 020

表 6－18　中国居民消费结构　单位：%

指标		1990 年	2000 年	2010 年
城镇居民消费结构	食品	54.3	39.4	35.7
	衣着	13.4	10.0	10.7
	居住	7.0	11.3	9.9
	家庭设备用品及服务	10.1	7.5	6.7
	医疗保健	2.0	6.4	6.5
	交通通信	1.2	8.5	14.7
	教育文化娱乐服务	11.1	13.4	12.1
	杂项商品与服务	0.9	3.4	3.7
农村居民消费结构	食品	58.8	49.1	41.1
	衣着	7.8	5.7	6.0
	居住	17.3	15.5	19.1
	家庭设备用品及服务	5.3	4.5	5.3
	交通通信	1.4	5.6	10.5
	文教娱乐用品及服务	5.4	11.2	8.4
	医疗保健	3.3	5.2	7.4
	其他商品及服务	0.7	3.1	2.1

表 6－19　中国国民经济结构　单位：%

指标		1978 年	1990 年	2000 年	2010 年
就业结构	第一产业	70.5	60.1	50.0	36.7
	第二产业	17.3	21.4	22.5	28.7
	第三产业	12.2	18.5	27.5	34.6

续 表

指标		1978 年	1990 年	2000 年	2010 年
国内生产总值结构	第一产业	28.2	27.1	15.1	10.1
	第二产业	47.9	41.3	45.9	46.8
	第三产业	23.9	31.6	39.0	43.1

因此，从各个角度看，继续集约利用经济资源，特别是保护土地资源，推进中国的城市化进程，仍是中国经济进一步发展的关键。

三、中国城市化浪潮仍将处于高速进行的过程中

从城市人口比重看，中国的城市化进程远没有结束。2008 年，中国城市人口比重 43.1%，低于世界水平的 49.9%，更低于日本的 66.5%，韩国的 81.5%，墨西哥的 77.2%，美国的 81.7%，巴西的 85.6%，澳大利亚的 88.7%，德国的 73.6%。2010 年，中国的城镇人口比例提高到 49.9%，也不过是 2008 年的世界水平。

表 6－20 城市人口比重 单位：%

国家和地区	2000 年	2005 年	2006 年	2007 年	2008 年
世界	46.7	48.7	49.1	49.5	49.9
中国	35.8	40.4	41.3	42.2	43.1
日本	65.2	66.0	66.2	66.3	66.5
韩国	79.6	80.8	81.0	81.2	81.5
墨西哥	74.7	76.3	76.6	76.9	77.2
美国	79.1	80.8	81.1	81.4	81.7
巴西	81.2	84.2	84.7	85.1	85.6
澳大利亚	87.2	88.2	88.4	88.6	88.7
德国	73.1	73.4	73.5	73.6	73.6

表 6－21 中国城乡结构演变 单位：%

指标	1978 年	1990 年	2000 年	2010 年
城镇人口比重	17.9	26.4	36.2	49.9
农村人口比重	82.1	73.6	63.8	50.1

2010 年,中国地级及以上城市合计 287 个,其中 400 万人口以上的城市 14 个,200 万—400 万人口的城市 30 个,100 万—200 万人口的城市 81 个,50 万—100 万人口的城市 109 个,20 万—50 万人口的城市 49 个,20 万人口以下的城市 4 个。这些地级及以上城市,在中国国民经济和社会发展中发挥了极为突出的作用。它们以全国 6.5%的土地承载着全国 29.0%的人口,创造了 61.3%的国内生产总值,提供了 54.0%的利润总额,而且经济结构更为合理先进。2010 年,中国地级及以上城市第一产业产值比重仅为 17.3%,第二产业产值比重提升为 64.7%,第三产业产值比重更高达 68.0%,显示出中国城市经济在中国国民经济发展中的优越性。

表 6-22　中国地级及以上城市国民经济和社会发展主要指标(2010 年)

指标	全国总计	地级城市合计(市辖区)	地级城市合计占全国比重(%)
土地面积(万平方公里)	960.0	62.9	6.5
年末总人口(万人)	134 091.0	38 866.0	29.0
地区生产总值(亿元)	401 202.0	245 978.4	61.3
其中:第一产业产值	40 533.6	7 005.3	17.3
第二产业产值	187 581.4	121 317.0	64.7
第三产业产值	173 087.0	117 656.1	68.0
利润总额(亿元)	53 049.7	28 627.7	54.0

表 6-23　中国地级及以上城市公用事业基本情况

项目	1990 年	1995 年	2000 年	2009 年	2010 年
城区面积(平方公里)	1 165 970	1 171 698	878 015	175 463.61	178 691.73
建成区面积(平方公里)	12 856	19 264	22 439	38 107	40 058
城市建设用地面积(平方公里)	11 608	22 064	22 114	38 727	39 758
城市人口密度(人/平方公里)	279	322	442	2 147	2 209

在中国城市化的浪潮中,沿海开放城市、经济特区以及省会城市和计划单列市的竞争优势更为突出。中国地级及以上城市(包括市辖县)的人口密度平均为 618 人/平方公里,而沿海开放城市的人口密度是 696 人/平方公里,经济特区的人口密度是 1 527 人/平方公里,沿海开放城市和经济特区又更占优势。

从2010年在岗职工平均工资看，东南沿海地区的城市职工要比西北内陆地区的城市职工高出一大截。如太原是38 838.9元，呼和浩特是37 693.5元，长春是35 721.1元，武汉是39 302.2元，郑州是32 777.8元，南宁是37 039.9元，重庆是35 367.0元，兰州是33 963.8元，乌鲁木齐是40 648.8元，这些内陆城市在岗职工年平均工资基本在4万元以下，而东南沿海的厦门为40 282.9元，深圳是50 455.0元，宁波是43 476.2元，南京为48 781.7元，杭州为48 771.9元，广州为54 494.1元，上海也高于具有特殊地位的北京，前者为71 875.4元，后者为65 682.2元。

表6-24　中国沿海开放城市和经济特区城市社会经济指标(2010年)

指标	沿海开放城市合计		经济特区城市合计	
	包括市辖县	不包括市辖县	包括市辖县	不包括市辖县
土地面积(万平方公里)	14.3	3.4	0.7	0.7
年末人口数(万人)	9 958.5	4 802.5	1 068.9	1 061.6
在岗职工平均人数(万人)	1 568.8	1 173.9	427.3	426.8
地区生产总值(亿元)	72 869.8	53 624.6	14 059.2	14 049.7
其中：第一产业	3 106.8	748.6	126.4	123.5
第二产业	34 470.4	24 233.8	6 888.1	6 884.6
第三产业	35 292.6	28 642.3	7 044.6	7 041.6
利税总额(亿元)	9 589.7	7 055.4	2 241.1	2 240.4
在岗职工工资总额(亿元)	7 689.1	6 405.9	1 894.8	1 893.7

表6-25　中国主要省会城市和计划单列市主要经济指标(2010年)

城市名称	年末总人口(万人)	地区生产总值(当年价格亿元)	其中			在岗职工平均工资(元)
			第一产业	第二产业	第三产业	
北京	1 258	14 113.6	124.4	3 388.4	10 600.8	65 682.2
太原	366	1 778.1	30.3	798.5	949.3	38 838.9
呼和浩特	230	1 865.7	91.3	679.0	1 095.4	37 693.5
长春	759	3 329.0	252.8	1 719.9	1 356.4	35 721.1
上海	1 412	17 166.0	114.2	7 218.3	9 833.5	71 875.4
厦门	180	2 060.1	23.1	1 024.5	1 012.5	40 282.9
深圳	260	9 581.5	6.5	4 523.4	5 051.7	50 455.0
宁波	574	5 163.0	219.1	2 870.7	2 073.2	43 476.2
武汉	837	5 565.9	170.0	2 532.8	2 863.1	39 302.2

续　表

城市名称	年末总人口(万人)	地区生产总值(当年价格亿元)	其中			在岗职工平均工资(元)
			第一产业	第二产业	第三产业	
郑州	963	4 040.9	124.6	2 269.9	1 646.4	32 777.8
深圳	260	9 581.5	6.5	4 523.4	5 051.7	50 455.0
南宁	707	1 800.3	244.4	651.9	903.9	37 039.9
重庆	3 303	7 925.6	685.4	4 359.1	2 881.1	35 367.0
兰州	324	1 100.4	33.8	529.2	537.4	33 963.8
乌鲁木齐	243	1 338.5	19.9	600.4	718.2	40 648.8
南京	632	5 130.7	142.3	2 327.9	2 660.5	48 781.7
杭州	689	5 949.2	208.4	2 844.1	2 896.7	48 771.9
广州	806	10 748.3	188.6	4 002.3	6 557.5	54 494.1

在人口向城市，特别是东南沿海城市集中的同时，中国农业生产的规模化与精细化经营则在稳步推进。国有农场是中国农业生产规模化和集约化经营的代表。2006 年至 2010 年，中国国有农场数量从 1 896 个减少到 1 807 个，在职工人数基本没有变化的基础上，耕地面积从 5 187.0 千公顷上升到 5 989.3 千公顷，农作物播种面积从 5 509.0 千公顷上升到 6 310.4 千公顷，农业机械总动力从 153.9 亿瓦上升到 212.6 亿瓦，农用化肥施用量从 173.1 万吨上升到 227.8 万吨，农业总产值从 1 252.7 亿元上升到 2 342.3 亿元，猪牛羊肉产量从 139.6 万吨上升到 190.4 万吨，水产品总产量从 87.1 万吨上升到 115.2 万吨。中国国有农场在推进机械化作业的同时，产值与产量同步上升。这意味着，中国国有农场走的是内涵式农业发展道路，农业生产的规模化和集约化相互促进。除了国有农场，中国农业发展的总体状况也能在某种程度上反映中国农业的规模化和集约化经营。

表 6－26　　中国国有农场基本情况

指标	2006 年	2007 年	2008 年	2009 年	2010 年
农场数(个)	1 896	1 885	1 893	1 818	1 807
职工人数(万人)	329.3	330.1	334.5	339.7	330.7
耕地面积(千公顷)	5 187.0	5 308.1	5 498.9	5 598.3	5 989.3
农业机械总动力(亿瓦)	153.9	168.2	180.0	197.1	212.6
农用化肥施用量(万吨)	173.1	194.2	204.6	210.8	227.8
农业总产值(亿元)	1 252.7	1 452.3	1 667.7	1 906.6	2 342.3

续 表

指标	2006 年	2007 年	2008 年	2009 年	2010 年
农作物总播种面积(千公顷)	5 509.0	5 633.4	5 831.0	6 073.3	6 310.4
猪牛羊肉(万吨)	139.6	145.1	157.1	172.6	190.4
水产品总产量(万吨)	87.1	95.0	97.1	107.7	115.2

表 6-27　　中国农业生产条件和农作物播种面积

指标	2000 年	2009 年	2010 年
农用机械总动力(万千瓦)	52 573.6	87 496.1	92 780.5
有效灌溉面积(千公顷)	53 820	59 261	60 348
化肥施用量(万吨)	4 146.4	5 404.4	5 561.7
农村用电量(亿千瓦时)	2 421.3	6 104.4	6 632.3
农作物总播种面积(千公顷)	156 300	158 614	160 675
茶园面积(千公顷)	1 089	1 849	1 970
果园面积(千公顷)	8 932	11 140	11 544

表 6-28　　中国农牧渔业生产情况

指标		2005 年	2006 年	2007 年	2008 年	2009 年	2010 年
农产品产量(万吨)	粮食	48 402.2	49 804.2	50 160.3	52 870.9	53 082.1	54 647.7
	油料	3 077.1	2 640.3	2 568.7	2 952.8	3 154.3	3 230.1
	棉花	571.4	753.3	762.4	749.2	637.7	596.1
	茶叶	93.5	102.8	116.5	125.8	135.9	147.5
	水果	16 120.1	17 102.0	18 136.3	19 220.2	20 395.5	21 401.4
农产品单位面积产量(公斤/公顷)	谷物	5 225	5 310	5 320	5 548	5 447	5 524
	棉花	1 129	1 295	1 286	1 302	1 289	1 229
	花生	3 076	3 254	3 302	3 365	3 361	3 455
	油菜籽	1 793	1 833	1 874	1 835	1 877	1 775
肉类产量(万吨)		6 938.9	7 089.0	6 865.7	7 278.7	7 649.7	7 925.8
奶类(万吨)		2 864.8	3 302.5	3 633.4	3 781.5	3 677.7	3 748.0
禽蛋产量(万吨)		2 438.1	2 424.0	2 529.0	2 702.2	2 742.5	2 762.7
水产品总产量(万吨)		4 419.9	4 583.6	4 747.5	4 895.6	5 116.4	5 373.0

表 6 - 29　　中国农村居民家庭平均每人出售的农畜产品和水产品　　单位：公斤

年份	粮食	棉花	油料	水果	猪肉	蛋类	水产品	家禽	牛羊奶
1985	123.49	4.13	14.37	6.78	16.27	2.21	1.74	1.00	1.02
1990	180.24	4.31	12.87	13.17	17.84	1.89	2.05	1.45	1.68
1995	179.20	4.31	12.02	24.28	24.17	3.54	2.94	2.42	1.90
2000	264.74	5.59	18.43	46.43	30.19	6.32	5.82	4.6	2.67
2005	375.79	22.06	20.09	61.62	32.19	10.52	8.54	9.62	11.27
2010	460.46	14.71	17.46	65.93	33.10	12.87	11.13	10.50	11.27

由此可见，无论是横向的国际比较还是纵向的国内比较，中国的城市化进程都没有结束，而且仍将处于高速进行的过程中，这为中国的住宅金融特别是公共住宅金融提供了极为广阔的发展空间。

第三节　中国公共住宅金融发展空间广阔

中国公共住宅金融的广阔发展空间，既与中国收入分配的差距扩大有关，也与中国的土地资源特别是耕地资源稀缺有关，更与中国政治制度必须更关心民生保障有关。

一、中国收入分配差距大使中国公共住宅金融覆盖范围扩大

改革开放以来，中国国民收入水平迅速提高是一个不争的事实。1978—2010 年，中国城镇居民人均可支配收入从 343 元上升到 19 109 元，中国农村居民人均纯收入从 134 元上升到 5 919 元，增长幅度均在 8 倍以上。然而，中国居民收入差距的扩大同样是一个不争的事实。1978 年，中国城乡收入差距体现在中国城镇居民人均可支配收入是中国农村居民人均纯收入的 2.56 倍，2010 年这一差距放大到 3.23 倍。此外，中国国民收入差距还体现在地区差距、行业差距、单位差距和家庭差距上。2010 年，中国东部地区城镇居民人均可支配收入 23 273 元，农村居民人均纯收入 8 143 元；中部地区城镇居民人均可支配收入 15 962 元，农村居民人均纯收入 5 510 元；西部地区城镇居民人均可支配收入 15 806 元，农村居民人均纯收入 4 418 元；东北地区城镇居民人均

可支配收入 15 941 元，农村居民人均纯收入 6 434 元。最高的东部比最低的西部，城镇高出 7 467 元，比重为 47%，农村高出 3 725 元，比重为 84%，也就是说中国的地区收入差距，农村比城镇更大。中国收入分配的行业差距也很大，2010 年，全国职工平均工资水平是 36 539 元，农林牧渔业仅仅 16 717 元，金融业高达 70 146 元，两者相差 4.2 倍。单位性质的不同也是导致中国收入差距扩大的重要原因。2010 年，中国国有单位平均工资是 38 359 元，城镇集体单位平均工资仅仅 24 010 元，两者相差 1.6 倍。中国收入分配的各种差距最终反映到家庭的收入差距上。2010 年，中国最低收入户（占调查样本的 10.01%）平均每人全部年收入仅仅 6 703.70 元，低收入户（占调查样本的 10.01%）10 247.04 元，中等偏下户（占调查样本的 20.3%）13 970.99 元，中等收入户（占调查样本的 20.3%）18 920.72 元，中等偏上户（占调查样本的 20%）25 497.81 元，高收入户（占调查样本的 9.99%）34 254.64 元，最高收入户（占调查样本的 9.98%）56 435.17 元。其中，最高收入户是最低收入户的 8.42 倍，是低收入户的 5.51 倍，是中等偏下户的 4.01 倍，是中等收入户的2.98倍，是中等偏上户的 2.21 倍，是高收入户的 1.65 倍。如此大的收入差距，反映到住宅市场上，必然是有相当一部分消费者的购买力低于完全竞争市场条件下的普通住宅价格。他们的基本住宅需求不可能通过市场渠道得到满足，他们必须借助政府干预发展公共住宅金融，实现劳动力的简单再生产和扩大再生产。如果考虑到失业人员，发展公共住宅金融的余地更大。

表 6-30　　中国国民经济和社会发展总量指标

指标	总量指标				
	1978 年	1990 年	2000 年	2009 年	2010 年
城镇登记失业人数（万人）	530	383	595	921	908
城镇居民平均每户家庭人口（人）	/	3.5	3.13	2.89	2.88
农村居民平均每户常住人口（人）	/	4.8	4.2	3.98	3.95
城镇人均住房建筑面积（平方米）	/	/	/	31.3	31.6
农村人均住房面积（平方米）	8.1	17.8	24.8	33.6	34.1
城镇居民人均可支配收入（元）	343	1 510	6 280	17 175	19 109
农村居民人均纯收入（元）	134	686	2 253	5 153	5 919

表 6-31 中国按区域分的国民经济和社会发展指标(2010 年)

指标	全国总计	东部地区		中部地区		西部地区		东北地区	
		绝对数	比重	绝对数	比重	绝对数	比重	绝对数	比重
土地面积(万平方公里)	960	91.6	9.5	102.8	10.7	686.7	71.5	78.8	8.2
年底总人口(万人)	134 091.0	50 663.7	38.0	35 696.6	26.8	36 069.3	27.0	10 954.9	8.2
城镇就业人员(万人)	34 687.0	11 443.1	48.5	4 847.6	20.5	5 000.8	21.2	2 298.4	9.7
城镇登记失业率(%)	4.1	3.2	/	3.8	/	3.8	/	3.9	/
人均国内生产总值(元)	29 992	46 354	/	24 242	/	22 476	/	34 303	/
城镇居民可支配收入(元)	19 109	23 273	/	15 962	/	15 806	/	15 941	/
农村居民人均纯收入(元)	5 919	8 143	/	5 510	/	4 418	/	6 434	/

表 6-32 中国民族自治地方国民经济与社会发展主要指标

指标	年底总人口(万人)	人均地区生产总值(元)	城乡最低生活保障人数(万人)
1990 年	15 296	/	/
1995 年	16 044	3 055	/
2000 年	16 818	4 451	/
2005 年	17 499	8 991	/
2009 年	18 318	15 889	1 677.8
2010 年	18 494	22 061	1 907.4

表 6-33 2010 年中国就业人员按行业分城镇单位平均工资 **单位:元**

项目	合计	国有单位	城镇集体单位	其他单位
全国总计	36 539	38 359	24 010	35 801
农林牧渔业	16 717	16 522	18 156	21 359
采矿业	44 196	44 904	23 791	44 907
制造业	30 916	36 386	20 841	30 609
电力、燃气及水的生产和供应业	47 309	47 724	33 851	47 164
建筑业	27 529	31 777	20 210	27 522
交通运输、仓储和邮政业	40 466	40 097	19 882	43 176

续 表

项目	合计	国有单位	城镇集体单位	其他单位
信息传输、计算机服务和软件业	64 436	46 402	37 576	74 178
批发和零售业	33 635	35 814	16 816	35 109
住宿和餐饮业	23 382	23 864	18 808	23 505
金融业	70 146	66 014	44 154	77 445
房地产业	35 870	33 967	24 617	37 102
科学研究、技术服务和地质勘查业	56 376	53 235	37 538	67 716
居民服务和其他服务业	28 206	32 417	20 818	25 536

表 6-34 按收入等级分城镇居民家庭基本情况(2010 年)

指标	调查户数(户)	调查户比重(%)	平均每人全部年收入(元)	平均每人可支配收入(元)
全国	65 607	100	21 033.42	19 109.44
最低收入户	6 569	10.01	6 703.70	5 948.11
其中：困难户	3 279	5	5 483.09	4 739.15
低收入户	6 570	10.01	10 247.04	9 285.25
中等偏下户	13 144	20.03	13 970.99	12 702.08
中等收入户	13 103	20.03	18 920.72	17 224.01
中等偏上户	13 121	20.00	25 497.81	23 188.90
高收入户	6 553	9.99	34 254.64	31 044.04
最高收入户	6 548	9.98	56 435.17	51 431.57

二、中国土地资源稀缺使普通住宅不再弹性供给

当普通住宅地基可以无限制供给时，城市住宅基本需求满足的成本与农村住宅基本需求满足的成本差别并不大，因为城市普通住宅地基的投资需求并不大，农业地租规模也不是很明显。然而与那些地广人稀的国家相比，联系到中国城市化的现有模式，中国的普通住宅地基供给不但不可能无限制供给，而且因为劣质土地财政的冲动，中国的普通住宅地基一直被有意识地减少供给，这使得中国城市普通住宅的价格不但不能长期稳定，反而比优质住宅的价格上涨幅度更快①，使中国必须通过发展公共住宅金融满足基本居住需求的消

① 顾书桂：《中国住宅市场的问题与对策》，载《科学·经济·社会》2011 年第 2 期。

费者规模群体进一步扩大了。

从表 6－23 可以看出，中国的城市人口密度，20 世纪 90 年代上升很平缓。1990 年是 279 人/平方公里，1995 年才上升到 322 人/平方公里，2000 年也仅仅达到 442 人/平方公里，十年上升 1.58 倍。但 21 世纪第一个十年上升很快，2010 年的中国城市人口密度达到 2 209 人/平方公里，是 1990 年的 7.9 倍，2000 年的 5 倍。这意味着，中国在 1998 年城镇住房体制改革以后，中国城市人口在迅速增加的同时，城区面积并没有相应增加，滞后供应的城市土地势必以城市地价的迅速上扬反映出来。2001 年，中国重点监测城市商业住宅综合地价为 1 315 元/平方米，商品房价格为 2 170 元/平方米。2010 年，这一组数字已经上升到 4 488 元/平方米和 5 029 元/平方米，增幅分别为 241%和 132%。商业住宅地价的增幅明显超出了商业住宅本身市场价格的增幅，这说明，过去十年来中国商业住宅价格的增长具有地价推进的典型特征。2010 年，中国经济最发达的华东地区，居住地价水平值为 10 238 元/平方米，比本地区综合地价（7 156 元/平方米）高出 43%，而华东地区的综合地价又比全国综合地价（3 943 元/平方米）高出 81%。这一方面说明，中国的地价是根据市场的购买力确定的；另一方面说明，中国的住宅已经成为土地所有者获取地租的重要途径。如果考虑到华东地区的居住地价仅比商业地价低 36%，却比工业地价高出 923%，而且居住用地规模远大于商业用地规模，中国的居住用地实际上已经成为中国土地所有者获取地租的最主要途径。

表 6－35　2001—2010 年中国重点监测城市综合地价与商品房价格及增长率

年份	商住综合地价（元/平方米）	地价增长率（%）	商品房价格（元/平方米）	房价增长率（%）
2001	1 315		2 170	
2002	1 340	6.02	2 250	3.69
2003	1 663	6.3	2 359	4.84
2004	1 697	7.92	2 778	17.76
2005	2 070	5.27	3 168	14.04
2006	2 280	6.96	3 367	6.28
2007	2 613	14.92	3 864	14.76
2008	3 664	0.59	3 877	0.34
2009	4 053	7.31	4 695	21.10
2010	4 488	10.76	5 029	7.11

资料来源：http://www.mlr.gov.cn/tdsc/djxx/djjc/201105/t20110503_849405.htm，2010 年全国主要城市地价状况分析报告。

表 6-36　　2010 年全国分区域不同用途地价增长率及地价水平值

各区域	地价水平值(元/平方米)				地价增长率(%)			
	综合地价	商业	居住	工业	综合地价	商业	居住	工业
全国	3 943	6 536	5 766	772	10.60	11.97	12.69	7.36
华北	3 361	3 463	5 380	863	12.88	9.33	17.15	10.58
东北	2 113	4 176	2 337	521	6.65	6.36	8.97	2.93
华东	7 156	15 876	10 238	1 001	8.37	9.14	8.93	7.36
中南区	3 742	8 785	5 870	785	11.84	20.50	11.70	9.25
西南区	3 601	7 645	4 548	560	12.90	10.09	18.93	1.29
西北区	1 612	2 717	1 963	561	8.55	10.79	10.39	4.54

资料来源：http://www.mlr.gov.cn/tdsc/djxx/djjc/201 105/t20 110 503_849 405.htm,2010 年全国主要城市地价状况分析报告。

表 6-37　　2010 年全国重点监测区域不同用途地价水平值

各地区	地价水平值(元/平方米)			
	全国	长江三角洲	珠江三角洲	环渤海地区
综合	2 882	4 403	3 830	3 182
商业	5 185	7 592	12 247	5 619
居住	4 245	7 334	6 397	4 982
工业	629	803	762	645

资料来源：http://www.mlr.gov.cn/tdsc/djxx/djjc/201105/t20110503_849405.htm,2010 年全国主要城市地价状况分析报告。

一旦居住地价由市场决定，且居住土地成为收取地租的基本工具，则住宅市场的发展结果必然是住宅(不管是优质住宅还是普通住宅)向实现城市地租的工商业者集中。表 6-38 显示，1985 年，中国房屋施工面积和竣工面积分别为 35 491.8 万平方米和 17 072.7 万平方米，1990 年仅上升到 37 923.0 万平方米和 19 552.5 万平方米，1995 年一下子上升到 89 862.8 万平方米和 35 666.3 万平方米，2000 年更进一步上升到 160 141.1 万平方米和 80 714.9 万平方米，2005 年变为 352 744.7 万平方米和 159 406.2 万平方米，2010 年则达到 708 023.5 万平方米和 277 450.2 万平方米。从人均指标来看，2010 年，中国城市人均住宅建筑面积 31.6 平方米，与农村人均住房面积 34.1 平方米相比较，其实已经是超前发展了。再从中国建筑业的总产值、增加值以及建筑业企业的利润总额和利税总额来看，中国的房地产业发展总体规模也都是相当可观的。然而，由于这些产品大部分以商品形式流向实现城市地租的工商业者，这就意味着，中国的城市住宅建设很大一部分是与中低收入阶层的刚性居住需求无关的。因为以商品形式存在的城市住宅，不可能满足中低收入阶层的基本居住需求，“以租代买”在理论上也是极其荒谬的①。2010 年是中国住宅市场宏观调控轰轰烈烈的一年，这一年的住房用地供应情况，很能反映劣质土地财政依赖严重的中国地方政府对不能带来城市地租的保障性住房建设的抵触心理。表 6 - 40 显示，2010 年，全国住房用地全年计划是 184 748. 84 公顷，实际供给 125 381. 85 公顷，仅仅完成计划的 68%。换句话说，对于那些缺乏市场购买力的住宅需求，地方政府是拒绝供应土地的。实际供应的保障房用地是 15 949. 85 公顷，仅占不到 13%的比重。而且保障房用地里，真正反映消费者支付能力的廉租房仅有 3 509. 10 公顷，能弥补所有成本（包括寻租）的经济适用房却占 12 440. 75 公顷。实际供给的 65 085. 47 公顷中小套型商品房用地中，限价商品房仅仅 1 552. 95 公顷，公租房更只有少得可怜的 190. 25 公顷，普通商品房却仍然高达 63 342. 27 公顷，占 97. 32%。由此可见，在过去多年的宏观调控过程中，中国的保障性住房需求被置于多么无足轻重的地位。事实上，中国最近十年城市化进程的加速是以农民工入城为基本特征的，他们无论是存量还是增量购买力都极为有限，他们满足居住需求的载体基本集中于普通住宅，而城市土地滞后供给影响的恰恰就是普通住宅的供给。其后果必然是，普通住宅价格的上扬进一步加剧了这些新市民的住房困难，如果没有政府干预，得不到公共住宅金融的支持，他们只能蜗居、群租，以住房质量的下降换取住房数量的满足，从而以萎缩的形式再生产自己的劳动力。

表 6 - 38　　建筑业房屋建筑面积　　单位：万平方米

年份	房屋建筑面积		其中			
			国有		集体	
	施工面积	竣工面积	施工面积	竣工面积	施工面积	竣工面积
1985	35 491. 8	17 072. 7	19 295. 8	8 563. 1	16 196. 0	8 509. 6
1990	37 923. 0	19 552. 5	20 303. 2	9 361. 7	17 619. 7	10 190. 9
1995	89 862. 8	35 666. 3	44 562. 9	15 182. 4	41 829. 5	19 262. 0

① 顾书桂：《论“以租代买”的经济性质——兼驳“买不如租”论》，载《哈尔滨师范大学社会科学学报》2011 年第 2 期。

续 表

年份	房屋建筑面积		其中			
			国有		集体	
	施工面积	竣工面积	施工面积	竣工面积	施工面积	竣工面积
1998	137 593.6	65 682.6	45 866.9	17 577.4	71 597.6	39 338.0
1999	147 262.5	73 924.9	47 055.7	19 868.6	70 590.4	39 949.1
2000	160 141.1	80 714.9	46 237.5	20 145.0	68 112.3	38 515.5
2001	188 328.7	97 699.0	46 627.5	20 338.2	61 239.2	36 115.1
2002	215 608.7	110 217.1	44 567.3	19 628.2	52 564.4	30 071.3
2003	259 377.1	122 827.6	46 803.7	18 774.1	50 488.9	26 727.6
2004	310 985.7	147 364.0	52 397.9	20 552.5	42 858.3	23 393.3
2005	352 744.7	159 406.2	56 308.8	20 505.7	42 257.4	21 750.4
2006	410 154.4	179 673.0	62 253.8	20 014.4	40 872.5	21 019.3
2007	482 005.5	203 992.7	68 768.4	20 539.5	42 119.6	21 300.9
2008	530 518.6	223 592.0	65 633.7	19 853.2	39 247.8	19 224.8
2009	588 593.9	245 401.6	72 681.0	21 765.4	36 380.9	18 783.2
2010	708 023.5	277 450.2	84 452.8	22 076.1	39 232.1	18 375.0

表 6－39　全国建筑业指标　单位：万元

指标	2005 年	2006 年	2007 年	2008 年	2009 年	2010 年
建筑业企业利润总额	9 066 623	11 930 744	15 611 225	22 018 389	27 187 552	34 090 741
建筑业企业利税总额	20 664 572	25 945 621	32 753 973	44 668 222	53 724 409	67 603 869
建筑业增加值	68 997 130	81 163 870	99 443 523	124 889 453	156 198 171	189 835 420
建筑业总产值	345 520 968	415 571 580	510 437 142	620 368 061	768 077 416	960 311 338

表 6－40　全国住房用地供应情况　单位：公顷

年份		2010
住房用地	住房用地全年实际	125 381.85
	住房用地全年计划	184 748.84
保障房用地	保障房用地全年实际	15 949.85
	廉租房	3 509.10
	经济适用房	12 440.75

续　表

年份		2010
棚改房用地	棚改房用地全年实际	14 725.40
	保障房	8 722.06
	中小套型	6 003.34
中小套型商品房用地	中小套型商品房用地全年实际	65 085.47
	普通	63 342.27
	限价	1 552.95
	公租	190.25
其他		29 621.12

三、中国政权性质决定住房保障需求必须得到满足

中国是社会主义国家，不管是处于初级阶段还是党和国家领导人个性特点有何不同，中国发展经济的目的归根到底都是要最大限度地满足人民群众不断增长的物质和文化生活的需要，关于这一点，中国发展住宅经济和住宅市场也不会例外。中国共产党和中国人民政府对中低收入阶层住房保障需求的重视几乎贯彻中国住宅市场发展过程的始终。

(1) 1998 年 7 月 3 日，国发〔1998〕23 号《国务院关于进一步深化城镇住房制度改革加快住房建设的通知》，规定从 1998 年下半年开始，停止住房实物分配，逐步实行住房分配货币化。

(2) 2000 年，国家计委、建设部联合发出《关于房地产中介服务收费的通知》，统一房屋中介收费标准；修订完善《商品房买卖合同示范文本》，并于 2001 年在全国参考使用；实施《房产测量规范》，房产测量推行国家规范。

(3) 2001 年，《关于调整住房租赁市场税收政策的通知》，财政部、国家税务总局对房屋出租的税费进行减免；《关于对消化空置商品房有关税费政策的通知》，财政部、国家税务总局通过免征营业税、契税和收费，促进积压空置商品房的销售。

(4) 2002 年，国土资源部《招标拍卖挂牌出让国有土地使用权规定》(11 号令)，要求各类经营性用地公开交易。

(5) 2003 年是中国的土地市场治理整顿年。国务院办公厅先后发出《国务院办公厅关于暂停审批各类开发区的紧急通知》、《国务院办公厅关于清理整顿各类开发区加强建设用地管理的通知》和《国务院办公厅关于加大工作力

度，进一步治理整顿土地市场秩序的紧急通知》，基本刹住开发区的圈地之风；省以下国土资源管理部门实行垂直管理；颁布《物业管理条例》。

(6) 2004年，国土资源部、监察部联合下发《关于继续开展经营性土地使用权招标拍卖挂牌出让情况执法监察工作的通知》(71号令)，要求将历史遗留问题处理完毕；建设部、国家发改委、国土资源部和中国人民银行联合颁布《经济适用住房管理办法》，规定经济适用住房面积严格控制以中(80平方米)小(60平方米)套型为主，价格坚持保本微利原则；国家发改委、建设部下发《物业服务收费明码标价规定》；银监会公布《商业银行房地产贷款风险管理指引》，规定建筑商不得为开发商垫资建楼，开发商开发项目自有资金不低于项目总投资的35%，购房者的月供房款不得超过收入的50%。

(7) 2005年，国务院办公厅印发《国务院办公厅关于切实稳定住房价格的通知》(旧八条)，主要是高度重视稳定住房价格、切实负起稳定住房价格的责任、调整住房供应结构、严格控制被动性住房需求、引导居民合理消费、全面监测房地产市场、贯彻各项政策措施、认真组织督促检查；发布“新八条”，主要是强化规划、加大供应、管住价格、完善廉租房制度、税收调控、金融监管、整顿规范秩序、加强市场监测；《国家税务总局、财政部、建设部关于加强房地产税收管理的通知》要求优惠只针对超过规定年限的普通住宅交易。

(8) 2006年，《关于调整住房供应结构稳定住房价格的意见》(国六条)发布；国务院办公厅出台《关于调整住房供应结构稳定住房价格的意见》(国办发〔2006〕37号，9部委“十五条”)，对“国六条”进一步细化；提出“双70%”指标，90平方米以下住房须占项目总面积七成以上，居住用地供应量七成用于中低价位中小套型，个人住房按揭贷款首付不低于三成，中低收入者自住且套型低于90平方米仍为两成；建设部等5部委下发《关于规范房地产市场外资准入和管理的意见》(建住房〔2006〕171号，也称“外资限炒令”)；国家税务总局下发《国家税务总局关于加强住房营业税征收管理有关问题的通知》(国税发〔2006〕74号)规定购买不足5年的住宅对外销售征收全额营业税，《国家税务总局关于住房转让所得征收个人所得税有关问题的通知》(国税发〔2006〕108号)规定统一强制性征收二手房转让20%的个人所得税，《国家税务总局关于个人加强房地产交易个人无偿赠与不动产税收管理有关问题的通知》(国税发〔2006〕144号)对二手房行业补漏。

(9) 2007年，商务部、国家外汇管理局发出《关于进一步加强、规范外商直接投资房地产业审批和监管的通知》，加强外资管理；国务院下发《国务院关于解决城市低收入家庭住房困难的若干意见》(国发〔2007〕24 号),健全廉租住房制度;中国人民银行下发《央行、银监会关于加强商业性房地产信贷管理的通知》,规定二套房贷首付款比例不低于四成,且利率不低于基准利率的 1.1 倍;国土资源部下发《关于认真贯彻〈国务院关于解决城市低收入家庭住房困难的若干意见〉进一步加强土地供应调控的通知》,缩短土地开发周期,规定保障性住房用地年度供应量不得低于 70%。

(10) 2008 年,国务院重拳打击囤地;免征廉租房的营业税、房产税和居住用地城镇土地使用税,免征廉租房和经济适用房的印花税;国税总局下发《关于房地产开发企业所得税预缴问题的通知》,提高房产企业预缴的税金额。为防止经济下半年进一步滑坡,财政部下发《继续加大保障民生投入力度切实解决低收入群众基本生活》的通知,宣告政府由"调控"向"救市"过渡。

(11) 2009 年,住建部、监察部召开《治理房地产开发领域违规变更规划、调整容积率问题专项工作电视电话会议》;国家税务总局制定《土地增值税清算管理规程》;国务院发布《国务院关于调整固定资产投资项目资本金比例的通知》,规定房地产开发项目的最低资本金比例从 35%降到 20%—30%,意味着一直紧缩的房地产信贷政策开始松绑;查处"小产权房";公布《土地调查条例实施办法》;银监局发布《固定资产贷款管理暂行办法》与《项目融资业务指引》,确保固定资产贷款资金真正用于实体经济的需要;国土资源部下发《国土资源部关于严格建设用地管理促进批而未用土地利用的通知》;财政部、国土资源部、央行、监察部联合公布《关于进一步加强土地出让收支管理的通知》,规定开发商拿地首付款比例由 20%—30%提高到 50%,且全部期限不超过一年;财政部、国税总局发布《营业税减免细则》,规定 5 年内的普通住宅差额征收,5 年外的非普通住宅差额征收;督办处理房地产开发闲置土地。

(12) 2010 年初,国务院发布《国务院办公厅关于促进房地产市场平稳健康发展的通知》(国十一条),规定省级政府负总责;国土资源部出台《关于加强房地产用地供应和监管有关问题的通知》(19 条土地调控新政),包括开发商竞买保证金不低于两成、一个月内付清地价的 50%、囤地开发商将被冻结等内容;开展房地产用地突出问题专项检查;二套房贷首付提高至五成;国土资源部公布《2010 年住房供地计划》,总量增长 130%,中小套型商品房占 40%;4 月,国务院发布《国务院关于坚决遏制部分城市房价过快上涨的通知》(简称"新国十条");9 月推出了史上最严厉的调控政策:暂停发放三套房贷,部分城市限购房套数,推进房产税改革试点,囤地、捂盘房企将停发股票债券不给贷款。

此外，中国城镇化的加速推进，即使以城镇劳动力生产效率的同步提高为前提，这也意味着公共住房金融规模的扩大。因为新市民有相当比例、相当长一段时间生产、生活在劳动效率较低的农村，其劳动力价值实现的程度与数量会明显低于城市劳动力价值实现的程度和数量，反映在住宅市场上，那就是这些新市民如果在农村，因为居住成本接近建筑成本，大致能够依靠自己的努力解决刚性居住需求；然而一旦离开农村进入城市，由于居住成本不仅包括原有的建筑成本，还包括农业地租和城市土地投资，甚至劣质土地财政产生的垄断地租也会进入刚性居住成本，这些新市民的支付缺口就会大大扩大，弥补支付缺口、满足新市民的刚性居住需求就成为中国公共住宅金融新的艰巨任务，这本身就意味着公共住宅金融规模的扩大。

从1998年中国住宅市场全面启动以来中国政府对住宅市场的干预过程可以发现，尽管由于种种原因，或者是政府失灵，或者是政府经验不足，或者是住宅市场的问题重要性相对下降，中国住宅市场的宏观调控均以失败而告终，但只要中国中低收入阶层的基本居住需求得不到满足，中国政府就不会放弃住宅市场的宏观调控。这从另外一个方面说明，中国的公共住宅金融发展空间并没有缩小，相反它还越来越重要了。

小　　结

中国国土辽阔，资源丰富，但由于耕地比重较低，特别是人口众多，这使得中国的城市化不仅仅承担转移农村人口、发展国民经济的重任，还要发挥集约利用自然资源、保护农业用地特别是耕地的功能。中国现阶段仍处于城市化的迅速推进期，中国城市的普通住宅市场价格也像优质住宅一样，有稳步上升的趋势，加上市场机制本身会导致社会收入分配的两极分化，以及中国政权的社会主义性质，都使得中国的公共住宅金融有极大的发展空间。

第七章　中国住房公积金制度述评

中国目前实行的《住房公积金管理条例》于 1999 年 4 月 3 日由中华人民共和国国务院令第 262 号发布，并根据 2002 年 3 月 24 日《国务院关于修改〈住房公积金管理条例〉的决定》修订。但中国最早的住房公积金制度出现于上海。1996 年 4 月 12 日，上海市第十届人民代表大会常务委员会第二十七次会议通过《上海市住房公积金条例》，并根据 1997 年 5 月 27 日上海市第十届人民代表大会常务委员会第三十六次会议《关于修改〈上海市住房公积金条例〉的决定》修正。对两者内容进行比较，我们不难发现，中国住房公积金制度的内在缺陷。也正因为如此，2005 年 9 月 23 日上海市第十二届人民代表大会常务委员会第二十二次会议通过《上海市住房公积金管理若干规定》，等于提前宣告了中国住房公积金制度的失效。

第一节　《住房公积金管理条例》（2002 年修订版）述评

中国《住房公积金管理条例》分《总则》、《机构及其职责》、《缴存》、《提取和使用》、《监督》、《罚则》以及《附则》七章。其中，《总则》、《缴存》、《提取和使用》是其核心内容。

一、中国《住房公积金管理条例》的基本内容

中国《住房公积金管理条例》的《总则》有七条款，其主要内容有：

第一，强调制定《住房公积金管理条例》的目的。即加强对住房公积金的管理、维护住房公积金所有者的合法权益、促进城镇住房建设和提高城镇居民的居住水平。

第二，限定《住房公积金管理条例》的适用对象。即中华人民共和国境内

住房公积金的缴存、提取、使用、管理和监督，这里的住房公积金则指国家机关、国有企业、城镇集体企业、外商投资企业、城镇私营企业及其他城镇企业、事业单位、民办非企业单位、社会团体及其在职职工缴存的长期住房储金。

第三，界定住房公积金的所有权。即职工个人缴存的住房公积金和职工所在单位为职工缴存的住房公积金，属于职工个人所有。

第四，明确住房公积金的管理原则。即住房公积金管理委员会决策、住房公积金管理中心运作、银行专户存储、财政监督的原则。

第五，规定住房公积金的用途。即职工购买、建造、翻建、大修自住住房。

第六，关于住房公积金存贷利率的决定方式。即中国人民银行提出、建设行政部门征询、国务院批准。

第七，住房公积金政策的拟定和监督主体。即建设行政部门、财政部门、中国人民银行拟定并监督执行住房公积金政策。

《住房公积金管理条例》的《缴存》有十一条款，其主要内容有：

第一，住房公积金的缴存额。职工住房公积金的月缴存额为职工本人上一年度月平均工资乘以职工住房公积金缴存比例，单位为职工缴存的住房公积金月缴存额为职工本人上一年度月平均工资乘以单位住房公积金缴存比例。其中，新参加工作的职工从参加工作的第二个月开始缴存住房公积金，月缴存额为职工本人当月工资乘以职工住房公积金缴存比例；单位新调入的职工从调入单位发放工资之日起缴存住房公积金，月缴存额为职工本人当月工资乘以职工住房公积金缴存比例。

第二，住房公积金的缴存比例。职工和单位住房公积金的缴存比例均不得低于职工上一年度月平均工资的5%，有条件的城市，可以适当提高缴存比例。具体缴存比例，由住房公积金管理委员会拟订，本级人民政府审核，省、自治区、直辖市人民政府批准。

第三，住房公积金的缴存方式。职工个人缴存的住房公积金，由所在单位每月从其工资中代扣代缴。单位应当于每月发放职工工资之日起5日内将单位缴存的和为职工代缴的住房公积金汇缴到住房公积金专户内。单位应当按时、足额缴存住房公积金，不得逾期缴存或者少缴。对缴存住房公积金确有困难的单位，可以降低缴存比例或者缓缴，待单位经济效益好转后，再提高缴存比例或者补缴、缓缴。

第四，住房公积金缴存的财务处理。单位为职工缴存的住房公积金，按下列规定列支，机关在预算中列支，事业单位由财政部门核定收支后在预算或者费用中列支，企业在成本中列支。

《住房公积金管理条例》的《提取和使用》有七条款，主要内容是：

第一，职工提取住房公积金存储余额的条件。职工提取住房公积金余额的前提条件包括，购买、建造、翻建、大修自住住房的，离休、退休的，完全丧失劳动能力并与单位终止劳动关系的，出境定居的，偿还购房贷款本息的，房租超出家庭工资收入的规定比例的。此外，职工死亡或者被宣告死亡的，职工的继承人、受遗赠人可以提取职工住房公积金账户内的存储余额；无继承人也无受遗赠人的，存储余额纳入住房公积金增值收益。

第二，职工申请住房公积金贷款的条件。职工缴存住房公积金且在购买、建造、翻建或大修自住住房时，才可以申请住房公积金贷款。但申请人申请住房公积金贷款应当提供担保。

第三，住房公积金积余的使用。在保证住房公积金提取和贷款的前提下，住房公积金可以购买国债。

第三，住房公积金的增值收益处置。住房公积金的增值收益用于建立住房公积金贷款风险准备金、住房公积金管理中心的管理费用和建设城市廉租住房的补充资金。其中，住房公积金管理中心的管理费用，按略高于事业单位费用标准制定，从住房公积金增值收益中上交本级财政并由本级财政拨付。

尽管中国《住房公积金管理条例》的内容还有很多，但其他内容基本上是为上述内容的展开提供保障。对中国《住房公积金管理条例》基本内容的分析，有助于我们弄清中国住房公积金制度失灵的内在原因和必然性。

二、中国《住房公积金管理条例》的内在缺陷

客观地说，《住房公积金管理条例》的《总则》对住房公积金的原则性规定大体科学，这可能源于住房公积金制度在世界范围内发育得都比较成熟。不过结合中国的具体国情，其中一些规定仍然不免脱离实际，过度夸大了住房公积金的功能。首先，住房公积金对促进城镇住房建设的作用是局部性的，因为住房公积金主要促进城镇保障性住房的建设。由于认识不到住房公积金的住房保障功能，导致现实中的住房公积金离房价越来越远，甚至成为炒房的一个次要工具。对很多人特别是中低收入阶层而言，住房公积金与住房无关，住房公积金管理中心不过是政府强制储蓄并借助通货膨胀进行收入再分配的又一个行政机构。其次，住房公积金的功能不应该是提高城镇居民的居住水平，而应该是满足城镇居民的基本居住需求。提高城镇居民居住水平是中国现代化

过程中孜孜以求的目标，但它的起点是先满足中低收入者的保障居住需求。撇开最需要保障的人群、最基本的居住需求，奢谈中高收入人群的改善居住需求，而且还要政府干预，这在理论上是无论如何也说不过去的。因为对于中高收入消费者而言，他们提高或者改善自己的居住需求，借助市场渠道即可，政府干预只会降低他们的福利。再次，住房公积金归职工个人所有的规定过于简单化。原因在于，住房公积金如果和其他收入一样归职工个人所有，个人所有的住房公积金就没有必要从个人收入中剥离，成为不能自由支配的收入，而且单位更没有必要为这种不能自由支配的职工收入进行配套。最后，自住住房本身是一个很不严谨的概念。自住住房可以是保障性住房，也可以是商品性住房；可以是普通住宅，也可以是优质住宅。当自住住房突破保障性普通住宅范畴后，住房公积金的职能发挥其实已经被扭曲了。从这种意义上说，中国《住房公积金管理条例》在《总则》中就已经埋下了日后中国住房公积金制度失灵的种子。

中国《住房公积金管理条例》的《缴存》使中低收入阶层的居住保障需求明显遭到排斥。首先，《住房公积金管理条例》只规定职工缴纳住房公积金的义务，只规定职工缴纳住房公积金的最低比例，丝毫不考虑职工缴纳住房公积金与获得住房保障之间的关联性。因为从“有条件的城市，可以适当提高缴存比例”的规定看，缴存比例的确定只和职工的缴纳能力有关，与职工支付住房保障的价格或成本无关。这里实际上已经宣告住房公积金与住房脱钩，住房公积金也许仅仅是公积金。其次，对住房保障需求刚性的忽视还可以从住房公积金收取的弹性上反映出来。缴存住房公积金确有困难的单位，居然可以降低缴存比例或缓缴，待单位经济效益好转后，再提高缴存比例或者补缴、缓缴，这其实是视缴纳住房公积金为软约束。住房保障是一种政府行为，住房公积金制度的设立不过是缓解政府住房保障财力不足的一种途径，如果住房公积金少缴或缓缴，由此产生的财务负担就会全部落到政府财政肩上。因此，单位能否少缴或缓缴住房公积金，决定权在政府财政部门，而不是住房公积金管理委员会和住房公积金管理中心，更不是单位职代会或工会。《住房公积金管理条例》将财政部门的权力剥夺，实际上也就解除了财政部门履行住房保障的义务，住房公积金再次与住房保障实现了脱钩。

中国《住房公积金管理条例》的《提取和使用》反映了中国政府部门对住房公积金制度理解的思维混乱。首先是住房公积金提取的合情不合理。离休、退休可以提取住房公积金，如果已经解决了住房保障需求，这是可以理解的，因为此时的住房公积金不过是当事人物质财富的一种特殊存在形式。完全丧失劳动能力并与单位终止劳动关系，也可以提取住房公积金，就属于合情不合理了。因为住房公积金是与住房保障需求相关的，当事人经济贫困属于社会保障的另一范畴，两者不能混同，当消费者居住保障需求还没有满足时，却将住房公积金提取出来用于满足消费者的基本生活需要，实质就是挖肉补疮，只会使社会问题进一步激化。出境定居提取住房公积金，如果消费者的保障居住需求得到解决，这也是无可厚非的，否则依然有钻制度漏洞之嫌。至于提取存储余额用于购买、建造、翻建、大修自住住房，或者偿还购房贷款本息，由于超出消费者居住保障需求的部分完全由消费者自身负担，这一规定是没有什么可挑剔的。但房租超出家庭工资收入的规定比例也可以提取住房公积金，就值得商榷了。因为住房公积金用于住房保障需求，理论上住房公积金就是消费者的居住成本，真正反映消费者满足刚性居住需求的支付能力，当消费者拿其他收入支付房租时，此时消费者的储蓄实际上就是以住房公积金的形式存在的。问题的关键在于，一旦消费者需要动用储蓄时，他很可能受到住房公积金提取的限制，从而影响劳动力的简单再生产和扩大再生产。因此，消费者通过租赁方式满足刚性居住需求，就应该允许消费者使用住房公积金全额支付房租。如果住房公积金的储存不足以支付房租还有余，唯一的原因就是整个社会的住宅市场秩序处于扭曲状态。房租超出家庭工资收入的规定比例才允许提取住房公积金，是公积金在逃避住房保障职能。①。其次，职工缴存住房公积金且在购买、建造、翻建和大修自住住房时才可以申请住房公积金贷款，有明显不合理的地方。这里，将缴纳住房公积金与申请住房公积金贷款相挂钩，不利于明确政府的住房保障职能，削弱了缴纳住房公积金的强制性色彩，将购买、建造、翻建和大修自住住房与申请公积金贷款连接，更为用住房公积金贷款炒房开了一道方便之门。可能政策制定者已经意识到公积金贷款会用于炒房，《提取和使用》特别规定，住房公积金贷款的风险由住房公积金管理中心承担，申请人申请住房公积金贷款应当提供担保。需要指出的是，住房公积金管理中心本身是事业单位，更没有资本积累，要它承担公积金贷款的风险是非常不合理的。如果公积金贷款指向住房的保障需求，即使担保有风险，这种风险也不应由住房公积金管理中心承担，而应由政府财政部门承担。《提取和使用》的这种规定，反映了相关决策部门对中国住房公积金制度理解上的思维

① 顾书桂：《论“以租代买”的经济性质——兼驳“买不如租”论》，载《哈尔滨师范大学社会科学学报》2011年第2期。

混乱。最后,住房公积金管理中心的管理费用规定也不合时宜。住房公积金管理中心既然是事业单位,就不应该在制定费用标准时有特殊待遇。住房公积金管理中心费用来源应该是财政预算,将财政负担转嫁给住房公积金,实际上是鼓励住房公积金管理中心利用住房公积金寻租。

综上分析,《住房公积金管理条例》远不是中国政府履行住房保障职能的一项法律规定,不要说中国政府本身的运行机能不是很健全,即使各项规章制度完备,《住房公积金管理条例》也不能保障每个住房公积金缴纳者满足最基本的住房保障需求。当然,金融永远是实体经济的反映,在中国住房保障制度不是很完善的情况下,中国的《住房公积金管理条例》也不可能很完善,否则中国《住房公积金管理条例》能否存在这么多年都很难说。

三、中国《住房公积金管理条例》的修正方向

从历史上看,住房公积金制度作为履行政府住房保障职能的一个重要工具,确实发挥了非常积极的作用。住房公积金制度既能实现强制储蓄的目标,又能减轻政府住房保障的财政负担,因此不应该否定。中国《住房公积金管理条例》的修正,应该是在保留住房公积金制度积极作用的同时,结合中国国情,创造性地使其协助政府履行全社会的住房保障职能。

第一,科学测定中国中低收入阶层的刚性居住需求。2010 年,中国城镇人均住房建筑面积已经达到 31.6 平方米,农村人均住房面积为 34.1 平方米。两相比较,考虑到农村的住宅用地供给弹性较大,成本较低,农村人均住房面积更能反映居住需求,中国城镇人均住房建筑面积进一步拓展的余地已经很小。今后,剔除人口地区流动因素,中国城镇住宅建设更多应该是更新改造,以及存量住宅的二次分配,恢复住宅的民生属性。这样,在严厉控制住宅投资的前提下,就必须科学测定中国城镇居民住宅的刚性需求。中国城镇居民的这种刚性居住需求能否得到科学测定,不仅决定中国在城市化过程中是否真正能够切实有效地保护耕地,而且决定中国政府是否能真正履行住房保障职能,是否能按经济规律办事,是否能维持住宅市场以及国民经济的整体均衡,促进社会的良性发展。

第二,根据支付能力确定职工的住房公积金缴存额。住房公积金是消费者满足基本居住需求的必要成本,是消费者劳动力价值的必要组成部分。因此正常的住宅市场秩序,应该能够确保基本居住成本控制在消费者的承受能力范围之内。那种一辈子不吃不喝都买不起一套住宅、许多人"以租代买"满

足刚性居住需求现象的出现，只能说明整个社会都已经被住宅市场扭曲，整个住宅市场都已经被土地所有权扭曲。一个健康的住宅市场，政府强制储蓄也好，消费者自愿储蓄也好，都不会影响消费者的基本居住需求得到满足。当然，这丝毫也不意味着职工的住房公积金缴存额和支付能力随着时间的推移、随着经济发展水平的提高不会发生变化，恰恰相反，经济发展水平越高，消费者的支付能力会越大，消费者的住房公积金缴存额也会越多。但住房公积金制度的设立只是满足中低收入消费者的刚性居住需求，因此消费者的支付能力不是住房公积金缴存额确定的唯一依据，在经济发展到一定程度以后，支付能力甚至有可能不是住房公积金缴存额确定的重要依据。

第三，合理安排中国财政的住房保障支出。从经验上，人们总是认为，政府的住房保障支出与住房公积金缴存额成反比。住房公积金缴存额越大，政府的住房保障支出越少；住房公积金缴存额越小，政府的住房保障支出规模越大。但从理论上看，从整个过程看，这一结论值得商榷。因为满足住房基本需求的成本包含在劳动力价值之内，真正需要政府财政净支出的只是极少数缺乏正常劳动技能不能实现劳动力价值的那些人。加上全部职工因为时间差产生的净储蓄，除非政府本身运转失灵，否则政府的住房保障支出很少会有我们想像的那么大。政府唯一需要做的是，合理安排住房保障支出，避免出现住房保障收支的结构性失衡或总量失衡。

第四，实现住房公积金缴纳与住房保障提供的衔接。这是任何一个国家住房公积金制度设计的核心内容和最终目的。职工缴纳住房公积金是手段，政府完好履行住房保障职能是目的，两者都不可偏废。毕竟住宅是一种劳动和资源密集型产品，在市场条件下，它更是价值额最大的一种商品，一种耐用消费品。不依靠全体消费者的互助和自力更生，而是将负担单纯转嫁给财政，这不但是任何一个国家不能容忍的，也是任何一个国家财政都不能承受的。对中国政府，特别是中国地方政府而言，尤其要强调缴纳住房公积金只是政府履行住房保障职能的手段，缴纳住房公积金本身并不是目的。缴纳住房公积金不是简单储蓄，更不是政府干预的纯粹储蓄，它必须和政府提供住房保障联系在一起。

第二节　《上海市住房公积金条例》（修正）述评

与全国性的《住房公积金管理条例》相比，《上海市住房公积金条例》虽然出现得更早,但因为上海的经济条件较好,上海中低收入阶层的住房刚性需求也显得更加迫切,由此导致《上海市住房公积金条例》的住房保障色彩明显加强。

一、《上海市住房公积金条例》的基本内容

《上海市住房公积金条例》分《总则》、《管理组织》、《住房公积金的缴存》、《住房公积金的提取和使用》、《住房公积金的监督管理》、《法律责任》和《附则》七个部分,其中《总则》、《住房公积金的缴存》、《住房公积金的提取和使用》是核心内容。

《总则》有六个条款,主要内容包括:

第一,规定《上海市住房公积金条例》的制定目的。即加强住房公积金管理、维护住房公积金缴存者的合法权益、促进职工住房建设、保障职工对住房的基本需求。

第二,明确住房公积金的所有权性质。即职工缴存的住房公积金和职工所在单位为职工缴存的住房公积金,属于职工个人所有。

第三,限定住房公积金的适用范围。即住房公积金用于职工住房的基本需求以及职工住房建设资金的融通。

第四,住房公积金的设立原则。即住房公积金实行统一管理、专户存储、专项使用、安全运作、社会监督的原则。

第五,职工和单位缴纳住房公积金的义务。即职工有缴存住房公积金的义务,单位有为职工缴存住房公积金的义务。《总则》还规定,职工有要求所在单位为其缴存住房公积金的权利,有按照规定查询、提取住房公积金和申请住房公积金贷款的权利,有监督住房公积金管理的权利;职工所在单位有按照规定查询、融通住房公积金的权利。

《住房公积金的缴存》有六个条款,主要内容有:

第一,关于住房公积金的缴存比例和缴存额。即住房公积金的缴存额等于职工本人上一年度的月平均工资乘以职工、单位的住房公积金缴存比例之和。《住房公积金的缴存》还规定,职工、单位的住房公积金缴存比例和缴存额的上下限,每年由市公积金管理中心会同有关部门拟定,经市住房委员会审核同意,并且按照国家金融管理的有关规定报经批准后公布执行。

第二,住房公积金的缴存方式。即职工缴存的住房公积金,由单位在其每月工资收入中代为扣除;单位为职工缴存和代扣的住房公积金,由单位自发放

月工资之日起五日内，存入市公积金管理中心在受托银行设立的住房公积金专户，并且计入职工住房公积金账户，不得逾期缴存或者漏缴、少缴；企业被依法宣告破产的，其欠缴的住房公积金本息，作为职工工资列入破产财产的第一清偿顺序（《上海市住房公积金条例》将其作为《住房公积金的提取和使用》的组成部分，明显是不妥当的）。

第三，住房公积金的存贷款利率。即住房公积金自存入受托银行之日起计息；住房公积金的存贷款利率，每年由市公积金管理中心会同有关部门拟定，经市住房委员会审核同意，并且按照国家金融管理的有关规定报经批准后公布执行。

《住房公积金的提取和使用》有九个条款，主要内容包括：

第一，住房公积金提取的优先权。即制定住房公积金的提取、使用计划，应当优先保证职工提取住房公积金账户中的储存余额。

第二，住房公积金的提取条件。职工提取住房公积金储存余额的情形包括：购买、建造自住住房或者翻建、大修具有所有权的自住住房；离休、退休；完全丧失劳动能力并与所在单位终止劳动关系；户口迁出本市或者出境定居；职工死亡或者被宣告死亡，其继承人或受遗赠人可以提取；职工购买、建造自住住房或者翻建、大修具有所有权的自住住房，在提取本人住房公积金储存余额不足时，征得被提取人的书面同意后，可以提取配偶、同户成员或者非同户的直系血亲住房公积金余额。

第三，关于住房公积金贷款。即履行住房公积金缴存义务的职工，在购买、建造自住住房或者翻建、大修具有所有权的自住住房时，可以申请住房公积金贷款，但应当提供担保；履行住房公积金缴存义务的单位，在建造或者购买职工住房时，可以申请住房公积金贷款，但应当提供担保。

第四，住房公积金与职工住房的关系。住房公积金可以用于统一建设职工住房，该职工住房应当以成本价向履行住房公积金缴存义务的单位或者居住困难的职工出售；单位利用公积金或公积金贷款购买的职工住房应当用于解决本单位职工住房困难，不得营利。不过，使用住房公积金统一建造和出售职工住房的实施办法，由市人民政府另行制定。

第五，住房公积金的运营与收益。市公积金管理中心在保证住房公积金正常支付的前提下，可以购买国债或者委托金融机构进行保值、增值运营，增值收益纳入住房公积金，可以用于建立风险储备金。不过，住房公积金用于保值、增值运营的比例，由市住房委员会决定。

1999年7月7日，上海市人民政府发布《上海市住房公积金个人购房贷款管理办法》，不过仅适用职工购买自住住房而且是上海市国有土地上具有所有权的住房。《上海市住房公积金条例》涉及的其他后续规章制度不但至今没有出台，《上海市住房公积金条例》本身也在2005年9月23日被《上海市住房公积金管理若干规定》取而代之，从而完成了《上海市住房公积金条例》的历史使命。

二、《上海市住房公积金条例》的成就与不足

总体而言，撇开地方规章制度的固有缺陷不论，《上海市住房公积金条例》与中国《住房公积金管理条例》相比，有明显的可取之处。例如，中国《住房公积金管理条例》规定，住房公积金的重要目的之一是"促进城镇住房建设，提高城镇居民的居住水平"，《上海市住房公积金条例》直接强调"促进职工住房建设，保障职工对住房的基本需求"，这样就显得更贴近住房公积金的本来面目（即住房强制储蓄），更能还原住房公积金的基本功能（即满足住房保障需求）。然而上海市住房公积金的硬伤也是很明显的，这些硬伤最终反映在1999年通过、2002年修改的中国《住房公积金管理条例》中。

首先是关于住房公积金所有权性质的规定。《上海市住房公积金条例》只简单界定所有的住房公积金均属于职工个人所有，丝毫也不涉及住房公积金缴纳的强制性。因为不强调住房公积金缴纳的强制性，就无法理解属于职工个人所有的住房公积金，为什么单位要为职工配套，为什么单位不能直接发给个人，然后直接从个人收入中提取。更值得商榷的是关于住房公积金的定义，《总则》规定："住房公积金是指在本市工作并且具有本市城镇常住户口的职工及其所在的机关、企业、事业单位和社会团体按照本条例规定缴存的一种长期住房储金。"这是否意味着，不具有本市城镇常住户口的职工工资不包含住房公积金，或者不具有本市城镇户口的职工不能享受单位配套的住房公积金。无论从哪个角度看，这都是典型的户口不平等。当然在理论上，由于中国是土地国有的社会主义国家，由单位配套给职工住房公积金的做法本身就不太合理。

其次是住房公积金缴存的上限规定。住房公积金从其产生过程看，一开始就是具有住房保障性质的强制储蓄，其缴存首先是一种义务，其次才是一种权利。因此，强制规定住房公积金的缴存比例和缴存下限是可以理解的。但强制规定住房公积金缴存的上限就显得不好理解了。然而，人的冲动是一时

的，理性是永恒的，存在的就是合理的，《上海住房公积金条例》的上限规定只能说明制度漏洞提供了住房公积金缴存者的图利空间。也就是说，住房公积金缴存者缴得越多，获得的好处也越多。问题在于政府提供的任何保障（包括住房保障在内）都应该是封顶的，否则对社会公众整体而言就是一种不公平。住房公积金缴存者有多缴公积金的内在动力恰恰意味着上海市设立住房公积金没有将住房保障落到实处。

再次，住房公积金提取、使用和贷款的相关规定不能确保政府住房保障职能的正常履行。《上海市住房公积金条例》与中国《住房公积金管理条例》一样（可能用“中国《住房公积金管理条例》沿袭《上海市住房公积金条例》的思路”这一说法更贴切），将购买、建造自住住房或者翻建、大修具有所有权的自住住房作为职工提取住房公积金储存余额的前提条件，这显然意味着《上海市住房公积金条例》提供的政策优惠已经超出了住房保障应有的范围，因为自住住房与住房保障完全是两个概念。更致命的硬伤是，住房公积金贷款金额竟然与住房公积金缴存额简单挂钩，即住房公积金缴得越多，住房公积金贷款金额越大。由此也就不难理解，住房公积金贷款有风险，需要提供担保，住房公积金贷款申请即使符合其他条件，也可能因为贷款额度用光变为预申请。从这个角度看，《上海市住房公积金条例》已经在很大程度上偏离了住房保障的基本属性，变为一种单纯的强制储蓄和政府敛财工具了。

最后，建设职工住房规定的无疾而终，进一步证实了《上海市住房公积金条例》的不成熟。《上海市住房公积金条例》规定，住房公积金可以用于统一建设职工住房，该职工住房应当以成本价向履行住房公积金缴存义务的单位或居住困难的职工出售，这一内容本身就缺乏强制色彩。至于由市政府另行制定使用住房公积金统一建造和出售职工住房的实施办法，则至今不见踪影，尽管《上海市住房公积金条例》早在 2005 年就被宣告失效。由此合乎逻辑的推论只能是，上海市住房公积金制度的设立，并不能解决职工特别是中低收入阶层的住房保障问题，中低收入阶层的强制储蓄只是为中高收入阶层购买商品化住宅提供更多的财力支撑，从而最大限度地推高商品化住宅市场的价格，特别是供给刚性的优质住宅市场价格（在中国更多的是推高供给刚性的普通住宅的市场价格），为地方政府的土地财政铺平道路。

三、《上海市住房公积金管理若干规定》的妥协

2005 年出台的《上海市住房公积金管理若干规定》以及随后配套推出的

《上海市家庭生活困难职工提取住房公积金实施办法(试行)》、《个人建造、翻建、大修公积金贷款细则(试行)》、《上海市城镇个体工商户及其雇用人员、自由职业者缴存、提取和使用住房公积金实施办法(试行)》与1999年推出的《上海市住房公积金个人购房贷款管理办法》,构成当前上海市住房公积金制度的基本内容。从整体上看,上海市住房公积金制度充满了对现实的妥协。

首先,将上海市住房公积金制度的设立目的与国家住房公积金制度的设立目的一致起来,使上海市住房公积金制度进一步偏离了正确方向。原先《上海市住房公积金条例》规定,促进职工住房建设,保障职工对住房的基本需求,尽管口惠而实不至,但多少对上海市政府发挥住房保障职能有一点促进作用。现在《上海市住房公积金管理若干规定》直接引用中国《住房公积金管理条例》的规定,将"促进城镇住房建设,提高城镇居民的居住水平"作为上海市住房公积金制度的设立目的,只会进一步使住房公积金偏离住房保障的目标。

其次,维持对住房公积金缴存最高限额的规定,说明上海市住房公积金依旧着眼于为商品化住宅市场服务,而不是为保障性住宅市场服务。住房保障最低限度受制于社会的经济发展水平和道德标准,最高限度受制于政府的财力。然而不管政府的财力多么雄厚,政府的住房保障都会封顶的。只要政府的住房保障封顶,职工缴纳住房公积金就不会有多多益善的心态。上海市住房公积金制度维持缴存最高限额的规定,只能说明上海市至今仍没有将住房保障落到实处,甚至根本就没有将住房保障与住房公积金制度挂钩。

再次,住房公积金提取条件的修改,其实是对劣质土地财政现实的进一步妥协和承认。《上海市住房公积金管理若干规定》继续将"购买、建造、翻建、大修自住住房"作为住房公积金储存余额提取的条件,职工离休、退休,或者大部分或者完全丧失劳动能力并与单位终止劳动关系,或者出境定居,也可以提取住房公积金,另外还新增了两条,即偿还购房贷款本息和房租超出家庭工资收入的规定比例也可以提取住房公积金,这些规定实际上都是将住房公积金视为简单的职工收入。如果说经济困难提取住房公积金,感情上还说得过去的话,其他提取住房公积金的条件在道理上就很难讲得通。因为住房公积金有一部分是由企业支付的,企业外的消费者拿不到是一种不公平,不需要住房保障的职工拿到了,同样是一种不公平。这种不公平与其说和住房公积金制度的设置不合理有关,不如说这是对现实劣质土地财政的妥协。因为地价高涨已经使得住房公积金代表的支付能力与房价完全脱钩,既然住房公积金不能发挥原有功能,那采用感情上说得过去的方法分掉也就是一种无奈的选择。

最后,在住房公积金不能发挥住房保障职能的前提下扩大住房公积金的覆盖面,只能说明政府在其中的既得利益日益坐大。在当代社会,一种完善的保障制度是覆盖劳动力再生产方方面面环节的,不同的保障收入对应不同的保障支出,这是当代社会政府编制预算的基本准则。《上海市家庭生活困难职工提取住房公积金实施办法(试行)》将住房保障的资金用于满足基本的生活需要,以住房公积金替代政府救济,明显违背了社会保障和政府预算的基本原则。政府将住房保障的有限资金运用到有无限吸收能力的商品住宅市场,这意味着政府并没有,至少没有认真履行住房保障的基本原则,却通过《上海市城镇个体工商户及其雇用人员、自由职业者缴存、提取和使用住房公积金实施办法(试行)》,将住房公积金的覆盖范围进一步扩大。反过来说明住房公积金制度给地方政府带来的体制外收益太大,地方政府已经很难拒绝这种诱惑。在这种情况下,奢谈住房公积金的住房保障功能,也就是一种不合时宜的表现了。

第三节 中国住房公积金制度的发展方向

中国(包括上海)住房公积金的制度安排与住房保障职能的不协调,不管住房公积金本身的保值增值状况如何,都昭示着中国住房公积金的现有运行模式是不完善的。中国要切实解决当前社会严重的住房保障问题,必须对现有的住房公积金运行模式进行革新。这种革新主要涉及三方面的内容。

一、理顺住房公积金与居住保障的关系

住房公积金与住房保障的关系似乎无需赘述,住房保障需要住房公积金的支撑,也是住房公积金缴纳的直接目的。然而,从住房公积金在中国的实际运行看,住房公积金与居住保障之间的连接关系并不是非常紧密。在一些地方,中国的住房公积金不但与住房保障无关,甚至将政府的住房保障职能越推越远。因此,正确理解住房公积金与住房保障之间的相互关系,在当代中国社会仍然有必要。

第一,居住保障是政府弥补市场缺陷最基本的职能之一,因此政府不能推诿无为。市场经济是通过价格机制配置经济资源、分配商品和劳务的经济。对生产要素的供给者来说,当生产要素的供给数量不足时,越稀缺的经济资源越能得到充分的利用,相应地该生产要素所有者获得的生产要素报酬也越高;

当生产要素的供给数量过剩时，谁的经济资源产出多、成本低，谁的经济资源得到最充分的利用，相应地该生产要素所有者获得的生产要素报酬就越多。对于商品的需求者来说，当商品供给不足时，购买力越高的消费者获得稀缺商品的可能性越大，或者说，越是稀缺的商品越容易实现其价值，商品供给者获得的收入越有保证；当商品供给过多时，越是成本低廉、质量可靠的商品，越有竞争优势，商品供给者的资金回流也越容易。这样通过价格调节生产要素和商品的供求，全社会的经济资源得到了最优配置。然而在市场经济中，有成功者就有失败者，他们在均衡状态下玩的只能是零和游戏，于是收入分配两极分化也就成为市场机制有效运行的必然结果，对于周而复始运行的市场机制而言，它同时也是市场机制有效运行的前提条件，因为没有收入分配的两极分化，利益机制就不可能有效地发挥作用。从这种角度讲，政府要确保市场机制有效地运行，就必须对中低收入者的劳动力再生产进行托底，也就是提供社会保障。在劳动力再生产过程中，劳动者的消费资料单位市场价格越高，政府提供保障的必要性越大，住房作为劳动力再生产的最大宗消费，也就成为政府成本最高的保障对象。所以，对于中低收入消费者的住房保障，政府是不能推卸责任的，除非政府根本不想使市场机制有效运行下去。

第二，住房公积金是一种与住房保障相关的强制储蓄，不同于一般意义上的个人所有资金。住房是一种成本极高的消费品，但也是一种劳动力再生产的必需品。这意味着，住房保障的成本极高，而且政府提供具有刚性。相对于政府的有限财力，政府有理由在个人支付能力的许可范围内筹集必要的住房资金，协助政府住房保障职能的发挥。然而，市场运行中的住房具有双重属性，它首先是商品，是价值的载体，然而这种住房与劳动力的再生产无关，它更不是劳动力再生产的必需品；另一方面，住房还是消费品，特别是供给弹性的普通住宅，基本消费品的民生属性最为明显。在这种情况下，政府住房保障指向不会是具有商品特征的优质住宅，而是具有民生属性的普通住宅。以普通住宅为基础提供政府住房保障，通过全社会的收入再分配，满足中低收入消费者基本的居住需求，由此形成的住房公积金，显然也不能简单地归于个人所有。住房公积金强制储蓄的背后，隐藏着政府主导的全社会收入再分配，隐藏着中高收入消费者对中低收入消费者的补贴，隐藏着政府以税费减免为形式的地租补贴。因此，无论是单位为个人缴纳的住房公积金，还是政府为中低收入消费者提供的住房保障，均不能简单地视为个人所有，不能像普通个人所有的财物那样随意支配。

第三,住房公积金的产生与政府住房保障的提供是直接相关的,不能脱节。住房公积金作为政府主导的强制储蓄,是与政府提供的住房保障直接连接在一起的。收缴了住房公积金,却不提供住房保障,意味着,住房公积金的收取失去了理由,住房公积金的存在没有了必要。政府有提供住房保障的资金,却不提供住房保障,那是政府的失职,如果不是政府在进行欺诈,就是政府在巧取豪夺。理论上,收缴了住房公积金却不提供住房保障,有三种可能。一种可能是住房公积金没有足额收取,一种可能是没有提供住房保障的意愿,还有一种是收取住房公积金另有目的。联系中国住房保障和公积金收取的实践看,后两种可能性的概率较大。

二、住房保障成本的确定

住房是市场经济条件下单价金额最大的一种消费品,因此站在商品的立场上,政府提供住房保障的成本很高有一定道理。然而对劳动力再生产而言,住房的价值量虽大,依然是有限度的,它依然属于劳动力价值的重要组成部分,因此对整个消费者群体而言,住房保障实际上不会花费政府什么。政府提供住房保障成本的高低,取决于政府站在什么立场上看待这个问题。

在住宅商品化的前提下,政府提供住房保障的成本很高是一个客观事实。当住宅作为一个商品出现时,政府提供住房保障的成本不仅包括住宅的建安成本和农业地租,还包括基础设施的土地投资,更包括变化不定的城市土地绝对地租和级差地租。无论是住宅建筑还是住宅需要的基础设施,本身就属于资源和劳动密集型产品,单位价值量很大,将这些单位价值量很大的住房保障负担加到财政身上,政府当然感觉非常沉重。而地租(包括农业地租和城市地租)特别是城市地租更是一个无法估量的显性成本和机会成本。当经济高速发展,从而使土地需求在很长时期内不可逆转地扩大时,政府提供住房保障付出的不仅是显性的巨额的绝对地租,还有数量同样不菲的未来的级差地租(机会成本)。因为随着时间的推移,过去的普通住宅会因为自然环境和社会环境的改善,现在变成优质住宅。在这种情况下,政府不可能一夜之间改变保障性住宅的经济性质,从而丧失可能的财政收益,形成政府提供住房保障的机会成本。如果考虑到劣质土地财政,政府提供住房保障的成本会更高。劣质土地财政不仅可以免去政府提供住房保障的直接成本,而且能够获得建立在住宅投资或投机基础上的巨额的土地出让收入(绝对地租)。从住宅商品化的角度看,我们不得不承认,政府提供住房保障的成本的确很高。

然而考虑到与土地相关的税费和土地国有化,政府提供的住房保障成本其实又很低。首先,住宅建筑和住宅建设需要的基础设施,尽管单位价值量很大,但它的需求依然属于劳动力价值的组成部分,没有超出消费者的支付能力范围。农业地租不管高低,也是如此。因为没有较高的城市劳动生产效率,不仅农用土地不会向城市土地转换,就是农民也不会向城市流动变为产业工人,所以农业地租理所当然也是城市劳动力价值的基本组成部分。消费者的支付能力有两个组成部分,一种是不稳定的,一种是稳定的。不稳定的支付能力来自偶然性的收入,稳定的支付能力来自必然性的收入,从消费者拥有的人力资本构成状况看,消费者稳定的支付能力只能建立在劳动力价值的基础之上。即只有属于劳动力再生产需要的范畴,消费者的支付能力才是稳定的。保障性住宅是劳动力再生产的基本需求,其支出构成劳动力价值的重要组成部分,因此保障性住宅成本不管绝对量有多大,其性质就已经决定了消费者有这个能力进行支付。所谓政府提供住房保障,会给财政造成巨大的收支赤字,至少在理论上是不成立的。至于政府在农业劳动力生产效率没有提高以前就过早将其身份变更为城市工人,则是另外一回事。其次,城市地租是一种生产剩余,不管是绝对地租还是级差地租,不可能也不应该进入住宅保障成本。绝对地租是由土地所有权产生的,级差地租还跟土地的位置、土地的物理和化学性质等因素有关。然而,不管是绝对地租还是级差地租,也不管绝对地租和级差地租的规模有多大,归根到底它们都是一种生产剩余,这种生产剩余应由生产者提供给土地所有者,而与劳动者无关。如果一定要将劳动者牵扯进来,劳动者至多是厂商向土地所有者支付地租的中介。再次,与土地相关的税费或土地国有化足以将城市地租剔除在住宅保障成本之外。市场经济条件下,地租的存在是土地资源优化配置的前提条件,没有地租就没有土地资源的利用效率,因此地租存在本身没有问题,更不应该被取缔。然而,地租的存在有充足的理由,并不等于地租就一定要归拥有土地的私人所有,更不等于地租要全部归拥有土地的私人所有。事实上,地租作为一种不劳而获的、被动的生产剩余,对整个社会的公平分配没有任何益处,也不利于调动整个社会劳动者的积极性和创造性,地租从产生的那一天起,就成为政府财政再分配的对象。近代社会以来,尽管土地国有存在这样、那样的不足,但市场竞争已经促使土地国有的缺陷受到很大程度的抑制,土地国有因此成为当代社会土地所有制的重要形式之一。与土地私有制相比,土地国有制更容易使国家财政获得较多的甚至全部的地租份额,这有利于进一步降低甚至取消地租在住房保障成本中的比重。因此，那种一定要将地租列入住房保障成本的观点是站不住脚的。

中国当前住房保障的症结在于不愿意放弃保障性住宅的商品化，保障性住宅的商品化不仅意味着拥有土地的政府能够回收住宅建筑、农业地租和土地投资的成本，更能获得收益可观的城市绝对地租和级差地租。当拥有商品住宅的住宅投资或者住宅投机者成为城市地租的主要承担者时，他们自然要在房租上将城市地租体现出来。因此，企图要靠商品化的住宅解决本应由政府承担的住房保障问题，在理论上无论如何也说不通的，所谓"买不如租"的荒谬性也正在于此。中国住房保障的成本不能也不应该包括城市地租，这是中国政府提供住房保障的前提。

三、住房公积金缴存数量与方式

住房公积金缴存数量和缴存方式的确定，操作上无疑较为复杂，但理论上相对简单得多。首先，从需求上看，住房公积金是消费者工资的重要构成，是消费者劳动力价值的基本内容。马克思在分析一国具体的工资水平时，曾经指出，它取决于"决定劳动力的价值量的变化的一切因素：自然的和历史地发展起来的首要的生活必需品的价格和范围，工人的教育费，妇女劳动和儿童劳动的作用，劳动生产率，劳动的外延量和内含量"①。可见，消费者的工资水平可能受多种具体因素的影响，但总体上不会跳脱劳动力价值的范畴，住房公积金作为消费者工资重要构成的这一基本经济性质不会改变。其次，从供给上看，住房公积金是弥补保障性住宅建安成本、农业地租与基础设施投资的需要。劳动力价值所指向的消费资料（商品和劳务）要求劳动力在再生产出来以后通过新的劳动至少能够得到弥补，这就意味着，政府提供住房保障满足劳动力再生产需要的成本只能是保障性住宅的建安成本、农业地租以及必要的住宅地基基础设施投资。如果住宅地基的基础设施投资有多种与保障性住宅无关的用途，则真正应该由保障性住宅分摊的成本就必须是其他使用者支付价格后的剩余额。当然，住房公积金从需求和供给两个角度得出来的数额可能不尽一致，剔除计算误差，只能归咎于两种原因，一是公积金的缴存比例不恰当或者公积金的缴存基数确定不科学，二是保障性住宅的建安成本、农业地租或基础设施投资勘测错误。住房公积金供求两方面的不一致性，既取决于政

---

① 马克思：《资本论》（第一卷），中共中央马克思恩格斯列宁斯大林著作编译局译，人民出版社1975年版，第613页。

府的工作效率，也在很大程度上决定了在提供住房保障过程中政府财政承担风险的大小。

城市地租不应该列入住房保障成本从而住房公积金不包含地租的任何组成部分，并不意味着住房公积金在收取的过程中不会与城市地租的收取产生联系。事实上，只有在土地国有的前提下，政府才会直接以成本价供给保障性住宅用地，即地价只是为了弥补农业地租和土地基础设施投资的回收。如果是土地私有，住房公积金不可能不与城市地租发生关系。在土地私人所有时，政府必须设法将保障性住宅用地的地租直接降低或者向其他经济主体转嫁。首先，政府通常以城市规划的方式掌握城市土地的开发权，直接限制城市土地所有者的地租收益，以降低保障住房用地的成本。然后，政府以税费的形式，对城市土地所有者的地租收益进行二次分配，从而将地租收益的一部分财力掌握在政府自己手中。接着，政府以财政补贴的形式降低保障性住宅用地的成本，使其中的绝对地租尽可能趋于零。最后，对那些不能实现劳动力价值的低收入消费者，政府给予托底的住房保障，形成财政净支出。当然，住房保障的实际结果取决于政府规划效率以及财政税收、补贴力度等一系列与住房保障有关的环节。问题的关键在于，上述两种情形只是政府提供住房保障的理想状态，而现实与理想往往存在很大的差异。例如美国，政府提供住房保障并不以干预地价的形式进行，而是由政府提供担保，将住房保障寄托在保障性住宅升值从而提高中低收入消费者的支付能力上；又如中国，土地虽然实现国有化，但政府提供住房保障，有很大一部分借助于企业零售支付城市地租的方式，提高这些消费者的支付能力，希望这部分消费者能够通过市场渠道满足自己的基本居住需求。美国住房保障的缺陷众所周知，它最终也以次贷危机的爆发而告终[①]。中国住房保障的模式是否有效，从过去十年的住宅市场宏观调控屡败屡调可以看出，里面问题其实不少，因而也亟须改进。

小　　结

发端于上海的住房公积金制度是中国公共住宅金融的主体，然而由于理解上的偏差，特别是由于中国住房保障制度本身并不成熟，中国住房公积金制度与住房保障之间并没有建立起有效的连接。中国的住房公积金既没有较好

① 顾书桂：《赤字转嫁是美国次贷危机的主因》，载《同济大学学报（社会科学版）》2011年第5期。

地反映保障性住宅的需求，也没有较好地反映保障性住宅的供给，从而造成中国住房公积金与住房保障的脱节。中国的住房公积金制度改革必须体现中国消费者保障性住宅的支付能力，也要反映中国消费者保障性住宅的成本。只有这样，才能促进中国的住房公积金制度更好地履行住房保障的功能。

第八章　中国发展公共住宅金融的基本原则

劣质土地财政在加剧中国住房问题的同时，已经构成中国公共住宅金融健康发展的严重掣肘①。中国公共住宅金融不但不能发挥住房保障的功能，反而成为劣质土地财政的重要工具。要恢复公共住宅金融的住房保障功能，必须科学构建公共住宅金融的基本原则。

第一节　劣质土地财政加剧中国的住房困难

住宅市场解决经济资源的配置效率，但它不解决社会公平问题，政府提供住房保障就是为了弥补住宅市场的这一缺陷。然而，由于中国特殊的政治和经济体制，政府不但没有提供必要的住房保障，劣质土地财政反而使得中国的住宅问题更为严重。弥补支付能力的不足是中国政府提供住房保障的基本思路。

一、住房保障的基本原理

住房保障源于住房基本需求不能在住宅市场上得到满足。在完全竞争的住宅市场上，住宅的价格是由住宅供求双方决定的。就住宅的供给而言，由于住宅的建安成本是相对固定的，住宅的建造技术和建造标准也是相对稳定的，因此住宅的供给主要受制于住宅地基的供给。住宅地基供给有两种类型，一种是普通住宅地基的供给，一种是优质住宅地基的供给。优质住宅地基的形成不仅需要投资额大，而且需要很长的时间，因此供给刚性；普通住宅地基的形成需要土地投资额相对小，农业用地转换为城市用地的成本较低，需要的时

① 顾书桂：《保障性住房融资问题仍在土地财政》，载《哈尔滨师范大学社会科学学报》2011 年第 4 期。

间更短，因此供给弹性。这就是说，从住宅的供给方面看，普通住宅的价格受生产成本影响较大，低于普通住宅生产成本的市场价格一般是不可能出现的，但高于普通住宅生产价格的市场价格会诱发普通住宅的大量供应；优质住宅的市场价格只与消费者的竞购能力有关，与优质住宅的生产价格无关，优质住宅的市场价格与消费者的竞购能力成正比。就住宅的需求而言，它可以分为消费需求和投资需求。住宅的投资需求是将住宅当作投资的对象，希望在一段时间后住宅不但能保值还能增值。住宅的消费需求则分为住宅的生存、发展和享受需求。其中住宅的享受需求是消费者的弹性需求，随个人收入的上升而增加，住宅的生存和发展需求是消费者的刚性需求，特别是住宅的生存需求，消费者几乎没有弹性，不管消费者有没有支付能力，住宅的生存需求都必须得到满足。因此，住宅市场需求主要指的是住宅的投资需求、住宅的享受需求以及住宅的发展需求。住宅生存需求独立存在且通过市场渠道得到满足，这一比例即使有也非常小。当住宅市场供求双方达到均衡时，住宅市场价格也就确定下来了。可以想见的是，住宅的投资需求和住宅的享受需求结合优质住宅的供给势必形成优质住宅的竞购价格，住宅的发展需求以及少部分的生存需求结合普通住宅的供给势必形成普通住宅的生产价格，普通住宅满足的对象不仅是仅能支付普通住宅生产价格的消费者，还包括优质住宅市场竞购能力不足、被优质住宅市场淘汰下来的消费者。

与一般投资品和消费品不同的是，住宅是一种劳动、资源密集型产品，单位金额极高，相应地，无力购买最低单位住宅的消费者数量也最多。又因为住宅需求是一种刚性需求，是任何一个消费者生产和再生产自己的劳动力都必须得到满足的，所以当消费者由于支付能力不足而不能通过市场渠道满足自己的住宅生存需求时，政府提供住房保障就成为理所当然的事情了。事实上，与优质住宅市场一样，普通住宅市场同样有一个淘汰过程，只不过这一淘汰过程的主体是收入的市场分配机制。市场分配机制有效运行，就必然会产生一批收入低下的消费者，没有这一批收入低下消费者的出现，就不会有中高收入消费者的主观能动性发挥，就不会有有效的市场竞争。所以从收入分配的角度看，政府提供住房保障，同样能得出理所当然的结论。市场渠道不能满足一部分消费者的刚性居住需求，客观上需要政府对这部分住宅市场取而代之。然而，政府取代市场向消费者提供住房，满足消费者的刚性居住需求，并不是自动实现的。市场经济条件下，政府履行住房保障的职能如何，与该国的政治体制有很大的关系。

二、劣质土地财政加剧中国的住房困难

从历史上看，无论是1994年的《国务院关于深化城镇住房制度改革的决定》，还是1998年的《国务院关于进一步深化城镇住房制度改革加快住房建设的通知》，我们都不难找到中国最高行政机关国务院涉及住房保障的相关内容。然而2003年以来，中国历次住宅市场宏观调控，不但保障性住房越建越少，普通住宅的市场价格也是越来越高，甚至超过了优质住宅的市场价格涨幅①，劣质土地财政的特征非常明显。

从表8－1可以看出，中国的建设用地批准规模与土地出让收入规模基本没有相关性。2006年与2007年，中国建设用地批准规模几乎没有差别，但土地出让收入相差几乎一倍；2009年的建设用地批准规模几乎比2010年的建设用地批准规模大20%，2010年土地出让收入规模反而比2009年土地出让收入规模大70%。1999年至2005年，中国土地出让收入总额不过2.34万亿元，甚至不及2010年一年中国的土地出让收入额2.7万亿元。表8－2显示，在历年的土地交易市场上，只有居住用地的交易价格指数全面超过整体的土地交易价格指数。同时，这一指标不仅超过商业用地的交易价格指数，更超过工业用地的价格交易指数。这意味着，居住用地的出让已经成为政府收取城市地租的主要至少是最重要的渠道。如果再联系表6－36和表6－37的数据，我们可以发现，应该作为城市地租缴纳主体的工业用地，其地价反而是最低的，而且低得不成比例。例如2010年，全国的工业用地价格(629元/平方米)仅及综合地价(2 882元/平方米)的22%，商业地价则是综合地价的180%，居住地价是综合地价的147%；在珠江三角洲地区，工业地价是综合地价的20%，商业地价是综合地价的320%，居住地价是综合地价的167%，长江三角洲与环渤海地区的差距则稍微小点。

表8－1　　中国土地出让规模与收入

年份	2006	2007	2008	2009	2010
批准建设用地(万公顷)	40.6	41.28	39.88	58.77	48.45
土地出让收入(亿元)	7 000	13 000	9 600	15 900	27 000

资料来源：徐绍史：《加强和改善土地宏观调控　构建科学发展新机制》，载《求是》2010年第3期。

① 顾书桂：《中国住宅市场的问题和对策》，载《科学·经济·社会》2011年第2期。

表 8 - 2　　　中国房地产价格指数

项目	2000 年	2005 年	2006 年	2007 年	2008 年	2009 年
土地交易价格指数	100.2	109.1	105.8	112.3	109.4	105.4
居住用地	101.0	110.3	106.0	113.7	111.3	106.4
工业用地	98.6	103.6	104.7	105.9	103.3	102.2
商业营业用地	100.4	107.9	106.4	113.0	111.1	106.0
其他用地	99.8	106.7	103.5	103.8	105.5	106.2
房屋租赁价格指数	102.4	101.9	101.4	102.6	101.4	99.4
住宅	114.2	100.5	101.4	102.6	101.4	99.4
经济适用房	/	101.2	100.1	100.3	100.1	100.1
廉租房	/	100.0	100.2	100.4	100.0	91.0
商品住宅	/	/	/	/	102.6	99.7
普通住宅	/	100.6	102.3	103.6	102.0	100.3
高档住宅	/	100.1	100.2	101.2	107.0	95.8
非住宅	/	/	/	/	100.6	99.6
办公楼	96.2	102.9	100.9	102.9	99.9	100.4
商业营业用房	99.0	101.7	101.8	102.7	100.6	99.0
其他	/	104.5	101.9	100.9	102.5	101.2

当居住用地出让成为城市地租收取的主要工具、地价上涨成为房价上涨的主要推动力以后，住房本身的经营收益就不再显得重要了。表 8 - 2 的房屋租赁价格指数显示，伴随着商品房价的迅速上涨，2005—2009 年，中国的商品住宅租赁价格指数不是基本稳定就是不涨反跌，基本徘徊在 100 左右，这与表 6 - 35 显示的中国商品房价增长率动辄 10%左右形成鲜明的对比。这就是说，中国住宅的投资收益主要来自于房价抬升，而中国目前的房价抬升又是靠地价抬升实现的，因为普通住宅地价的抬升只能归咎于劣质土地财政，即政府通过有意控制普通住宅地基的供给，使普通住宅市场价格也变为竞购价格，从而最大限度地获取土地出让收入。劣质土地财政泛滥的结果就是进一步加大了一般消费者购买普通住宅的支付缺口，使得不能通过市场渠道满足基本居住需求的住房保障人群规模进一步扩大了。

三、中国住房保障的出路

中国住房保障首先要解决的问题是，不能在住宅市场上通过获得所有权满足住房基本需求的消费者，能否通过在住宅市场上获得住宅租赁权满足基本的居住需求。这一问题的答案只能是否定的。我们不能否认，有相当一部分投资者投资住宅的目的是为了获得房租收益；我们也不能否认，有相当一部分缺乏住宅购买能力的消费者目前只能通过租赁的方式来满足自己的刚性居住需求。然而这丝毫也不能证明，通过市场租赁可以解决消费者的刚性居住需求，从而满足消费者劳动力再生产的需要。原因很简单，当前中国住宅的投资收益主要来自于房价上涨或地价上涨，而不是住宅租赁收益。这就是说，当前消费者之所以能够通过市场租赁满足自己的刚性居住需求，是以房价不断上涨且构成住宅投资者的主要收益为前提的。一旦房价停止上涨，现有的市场租金根本不能反映市场租赁成本，更不能反映消费者恒久的租赁能力。因此，任何通过市场渠道满足消费者刚性居住需求的观点，不仅在理论上是站不住脚的，在实践上更是有害的。另一方面，中国的劣质土地财政催生了一大批住宅投资者，这些住宅投资者并不指望微薄的房租能够收回投资并获得赢利，因此中国的住宅投资者有相当大的一部分宁可让房子闲置也不出租，向住宅租赁市场提供房源的投资者只是其中的一个部分而已，这又给土地资源稀缺的中国造成了极大的资源浪费。总之，中国的劣质土地财政以及由此衍生的住宅投资，与政府提供住房保障的职能是完全相悖的。劣质土地财政推高普通住宅市场价格，使得中国的住房问题恶化了。

关于劣质土地财政的原因，大多数人将其归咎于分税制，或者分税制是主要原因。如卢洪友①、周彬②等人采用实证的方法得出结论，推高房价的劣质土地财政与分税制有直接关系。然而我们不能不注意到，分税制只能解释它迫使地方政府寻觅自己的财源，不能解释地方政府为什么将财源主要锁定在普通住宅上。因为地方政府的财源很多，获得的难度有大有小，付出的成本有多有少。中国地方政府将地方财源一下子瞄准在普通住宅地基的出让收益上，只能说明中国地方政府将普通住宅作为生财对象的便捷性。首先，普通住宅地基来自于弱势的农民，支付的成本可以较小；其次，抬高普通住宅的售价较为容易，因为面向普通住宅的需求刚性最强；再次，普通住宅售价抬高影响的是城市中低收入阶层，这些人群的住房保障权益可以被忽视；最后，无论是住宅投资者还是地方政府，从普通住宅获益都是时间最短、见效最快的、风险

① 卢洪友等：《土地财政根源："竞争冲动"还是"无奈之举"》，载《经济社会体制比较》2011年第1期。

② 周彬、杜两省：《土地财政与房地产价格上涨：理论分析与实证研究》，载《财贸经济》2010年第8期。

最小的。如果缺少这些条件，我们很难想像，中国的普通住宅还会成为地方政府的生财对象。王宏利[①]研究也发现，美国的土地财政经历了四个阶段，1776年至1861年是中央政府土地财政收入以土地出售为主的时期，美国内战开始至1900年是中央政府财产税普遍征收时期，1942年前是土地财政收入向地方政府转移时期，20世纪40年代中期至今是地方土地财政收入以财产税为主的时期。我们与其说这一发现为地方政府的土地财政提供了依据，不如说这一发现告诉我们，普通住宅不是地方政府的天然财源，土地出让和财产税都可以为地方政府带来不菲的财政收入。

其实土地财政是一种很正常的现象。市场经济条件下，只要土地是一种经济资源，是一种商品，能够产生市场价格，它就会成为政府征收税费的对象。因此，土地财政本身是无可厚非的，只不过是土地财政在中国走了样。中国地方政府将不该作为土地财政对象的普通住宅作为政府财源，违背了财政的公平和能力两大原则，从而使土地财政在中国成了一个贬义词。那么，中国地方政府将财源转向优质住宅，是否就能够摆脱土地财政的负面形象又能够满足地方政府的预算需要呢？恐怕未必！因为优质住宅需求是一种弹性需求，这种弹性需求意味着它给地方政府带来的财力规模不可能像普通住宅那样大。优质住宅的税费能够弥补地方政府的住房保障支出就已经很不错，如果寄希望于优质住宅还能作为政府其他支出的财源，可能就显得不切实际了。从实际情况看，中国地方政府有依赖土地财政的客观必然性，但土地财政对象只能是城市地租的获得者，否则整个市场经济的运行秩序就会被打乱。从这个角度看，中国劣质土地财政最根本的原因在于搞错了城市地租的缴纳主体。中国土地财政的对象，不仅仅是优质住宅，更是大量利用城市土地、大量获取城市地租的工商业企业。中国城市为了启动经济和发展经济，对某些具有指标性的工商企业用地提供优惠，这本身没有错。但这种优惠只能来自于政府自身财政利益的减少，而且今天较多的优惠是为了明天较多的税费，只有这样才符合城市土地财政的真谛。然而中国的实际情况是，城市工业用地价格一直很低，中国地方政府让利不但不会减少财政收入和财政支出，相反，它们通过给职工住房公积金配套等方式，又变相地从工商业企业那里取回部分优惠的城市地租。只不过是这种方式，对职工的住房保障而言，不仅成效不明显，而且会滋生严重的道德风险。

---

① 王宏利：《美国土地财政收入演进规律及启示》，载《地方财政研究》2011年第5期。

解决了劣质土地财政的困扰，只是将住房保障问题返回到原点。中国的住房保障问题还是要从消费者的支付能力不足入手，不是降低消费者的支付价格，就是提高消费者的支付能力，抑或两者兼而有之。针对消费者支付能力的不足，目前国内外的应对措施通常有三种，一是住宅增值型，二是弥补缺口型，三是劳动力价值支撑型。这三种应对措施也是国际社会公共住宅金融发展的三种模式，对它们的比较有利于我们寻找到最适合中国公共住宅金融发展的路径。

第二节　公共住宅金融模式比较

不同的经济和社会前提，可以产生不同的公共住宅金融模式。然而不同的公共住宅金融模式，尽管都在一定程度上能够发挥住房保障的作用，但它们的经济和社会后果可能存在很大的差别。

一、住宅增值型公共住宅金融

住宅增值型公共住宅金融也称资产积累型公共住宅金融，它以美国为代表。住宅增值型公共住宅金融的核心内容是借助商品化住宅的增值效应，弥补消费者支付能力的不足，从而保障消费者基本居住需求的满足。理论上，商品化住宅特别是优质住宅确实有价格上升空间。尽管完全竞争市场条件下普通住宅因为供给弹性很大而价格具有相当的稳定性，但对任何一个具体的住宅而言，普通住宅不可能永远是普通住宅。普通住宅的属性源于其周围的自然环境和社会环境复制成本较低，然而无论是自然环境和社会环境，随着时间的推移，都会发生变化。一旦普通住宅周围的自然环境和社会环境被人为改善导致复制成本大幅度提升或者根本不可能复制，普通住宅的经济属性也会发生变化，普通住宅有可能变为优质住宅，并且普通住宅周围的自然环境和社会环境改善得越多，普通住宅变为优质住宅在广度和深度上也就体现得越明显。商品化住宅的这种价格上升空间是住宅增值型公共住宅金融发展的经济基础，只要善于利用商品化住宅的这种价格上升潜力，消费者保障性住宅支付能力不足的问题就会迎刃而解。

住宅增值型公共住宅金融的发展需要具备一定的前提条件：①国民经济具有长期稳定增长的趋势，只有国民经济的持续稳定增长，国民人均可支配收入水平才会提高，住宅市场的有效需求才会逐步积累并越来越多；②城市地理范围和人口规模的持续扩张可期，优质住宅总是相对于普通住宅而言的，没有新的普通住宅，老的普通住宅不可能成为新的优质住宅，因此城市住宅市场的增量与城市人口的增量对于普通住宅经济属性的改变非常重要；③政府改变保障性住宅商品属性的成本过高，保障性住宅可以是商品属性，也可以是非商品属性，一切取决于政府的住房保障政策，然而保障性住宅的增值必须以住宅的商品化属性为前提；④政府缺乏必要的财力弥补消费者保障性住宅的支付缺口，这种缺乏可以基于客观原因，如政府既没有财政结余又没有扩大财政赤字的空间，也可以基于主观原因，如财政转移支付的乘数效应过小，远不如政府购买的乘数效应大等；⑤政府为中低收入消费者的住房抵押贷款提供担保，中低收入消费者在进入住宅市场的初期是不具备必要购买力的，因而无法形成商品住宅的有效需求，但住宅增值型公共住宅金融以消费者购买商品化住宅为前提，因此政府唯一的选择只能是为中低收入消费者提供担保，促成他们获得住宅的所有权，然后通过住宅的增值将当初的购房债务偿清。

从住宅增值型公共住宅金融发展的前提条件，我们不难发现住宅增值型公共住宅金融的优点是既能缓解政府住房保障收支赤字，又不影响政府住房保障问题的解决，这对那些持续财政赤字的政府而言尤其具有吸引力。第二次世界大战以来，西方国家奉行需求管理政策，以财政赤字拉动内需，尽管在短期内带来国民经济的一定增长，但长期内导致大多数国家债台高筑，政府的职能发挥也受到明显的影响。此时，如果能不增加财政支出，又能向社会提供最基本的住房保障，任何一种制度安排都会受到政府的热烈欢迎，住宅增值型公共住宅金融正是在这一背景下在美国得到了极大的发展。然而，住宅增值型公共住宅金融的缺点也是很明显的。住宅增值型公共住宅金融有严格的适用条件，而这种条件不是所有国家在所有时间都能具备的。例如，经济长期稳定增长不容易做到，因为市场机制避免不了周期波动；城市地理范围和人口的持续扩张，在发展比较成熟的、生育率较低的发达国家很难做到。也正因为如此，采用住宅增值型公共住宅金融发展模式的国家，其政府往往有意无意地推动国民经济持续增长，不管国民经济还有没有继续增长的潜力，由此造成国民经济总量和结构的严重失衡，最终导致公共住宅金融危机和经济危机的全面爆发。不过在新兴发展中国家，住宅增值型公共住宅金融的发展条件较好，住宅增值型公共住宅金融的发展取得了一定的成功，但后续如何避免其弊端值得关注。

二、财政弥补缺口型公共住宅金融

财政弥补缺口型公共住宅金融是在不改变住宅市场供求均衡的前提下，由财政直接弥补中低收入消费者支付缺口的公共住宅金融行为，它是西方大部分国家采取的公共住宅金融发展模式。

财政弥补缺口型公共住宅金融应该是符合西方国情、最稳健的公共住宅金融发展模式。首先，财政弥补缺口型公共住宅金融对住宅市场的干预最少。西方社会普遍信奉私人所有制基础上的市场经济模式，只要市场能够有效运行，政府的干预就越少越好。在这一前提下，政府对住宅市场的干预只能被压缩到最低限度。诚然，政府提供住房保障的方式很多，包括改变城市土地的所有权。然而，政府对土地私人所有权的变更，不但会遇到意识形态的障碍，还会无形中加重政府的即时财政负担，即土地国有化的一次性财政负担远比住房财政补贴的连续性负担重。比较而言，财政弥补缺口型公共住宅金融的财政负担要轻得多，对住宅市场的干预也少得多。其次，财政弥补缺口型公共住宅金融有利于国民经济的整体均衡稳定。市场经济是效率引导型经济，体现在收入分配上就是总有一部分人的支付能力不足以满足劳动力简单再生产和扩大再生产的需要。因此，政府进行收入再分配，不仅是社会公平的需要，同时也是市场经济继续顺利运行的需要。财政弥补缺口型公共住宅金融将政府对住宅市场的干预局限在市场的范围内，也就是说，这种公共住宅金融不但不会影响住宅市场的正常运作，相反它还会维护和放大住宅市场有效运行的范围。从实际效果看，财政弥补缺口型公共住宅金融，不但不会引起住宅市场的失衡，相反它巩固了住宅市场的平衡。财政弥补缺口型公共住宅金融有利于国民经济的进一步稳定。再次，财政弥补缺口型公共住宅金融有利于维护政府的超然地位。市场经济虽然较好地处理了人与物之间的协调关系，但市场机制的有效运行依然需要有最基本的前提和规则作基础。加上市场机制本身并不是十全十美的，市场机制追求效率的另一面就是产生不公平，也许不公平本身是效率的必然结果，但如果放任不公平突破一定的界限，导致市场机制有效运行的基础遭到破坏，市场机制对效率的追求也就会成为无源之水、无本之木。财政弥补缺口型公共住宅金融将政府对住宅市场的干预减少到最低程度，有利于维护政府的超然地位，有利于维护市场机制有效运作的基础。最后，财政弥补缺口型公共住宅金融有利于住宅市场的资源配置效率最优化。迄今为止，人类社会发展的过程都是市场机制发挥越来越大作用的过程，从这个角度看,市场机制也是迄今为止最有效配置经济资源的社会体制。财政弥补缺口型公共住宅金融,最大限度地减少政府对住宅市场的干预,最大限度地扩展住宅市场有效运行的边界,这有利于在市场的基础上实现住宅经济资源的最佳配置,提高住宅市场的整体效率。

财政弥补缺口型公共住宅金融的缺点也同样是明显的。首先,财政弥补缺口型公共住宅金融需要政府有源源不断的财力提供住房保障。在市场经济存在周期波动、财政赤字频繁的西方社会,要求政府始终有相当可观的财力用于住房保障,显然是不切实际的。其次,财政弥补缺口型公共住宅金融包含着对土地所有者的地租补贴,政府的财政负担实际上更重。政府较轻的财政负担是相对于土地国有化的额外成本而言的,但因为以城市土地的私人所有为前提,政府的住房保障补贴必然包含着对城市土地所有者的地租补贴,从这种意义上讲,财政弥补缺口型公共住宅金融给政府财政带来的负担实际上又更重了。再次,财政弥补缺口型公共住宅金融的社会覆盖率较低。由于政府的财力不稳定,加上单位住房保障的财政负担实际上又很高,财政弥补缺口型公共住宅金融的实施结果必然是较低的社会住房保障覆盖率。最后,财政弥补缺口型公共住宅金融的稳定性较差。财政弥补缺口型公共住宅金融不否定保障性住宅的商品属性,随着保障性住宅市场价格的涨跌,住房保障无论是公平还是效率,都会受到社会的质疑。在这种情况下,财政弥补缺口型公共住宅金融的稳定性往往变得很差,通常它都会滑向住宅增值型公共住宅金融。

三、劳动力价值支撑型公共住宅金融

劳动力价值支撑型公共住宅金融以劳动力价值作为公共住宅金融的经济基础,它是公共住宅金融的科学发展方向,对于土地国有化的国家来说尤其适用。劳动力价值支撑型公共住宅金融的核心内容是,公共住宅金融服务于劳动力更新的需要,以劳动力价值为基本支撑,保障性住宅从根本上摆脱商品化的属性,以劳动力的简单再生产和扩大再生产为依归,从而实现住房保障的供求衔接,实现公共住宅金融的稳健运行。

劳动力价值支撑型公共住宅金融的产生源于住宅使用价值与价值的冲突。对于住宅的保障功能而言,重要的是它的使用价值;对于住宅的投资功能而言,重要的是它的价值。住宅的保障功能追求社会公平,住宅的投资功能追求经济效率,同一个市场主体存在两种功能,冲突在所难免,它势必带来住宅市场运行的不适与震荡。解决这种不适与震荡,最佳的办法是从根本上消除保障性住宅的商品和财富属性，从而避免保障性住宅充当消费者保值增值的工具。放眼世界各国的住房保障体制，凡是保留保障性住宅商品属性的国家，或迟或早都会出现效率与公平的冲突，这不仅使得住房保障不能落到实处，也使已有的住房保障弊端丛生。

劳动力价值支撑型公共住宅金融的优点是显而易见的。第一，有利于政府的预算平衡。劳动力价值支撑型公共住宅金融以劳动力价值为经济基础，避免政府将过多的财力投入到住房保障职能中去，有利于政府从以往的住房保障沉重负担中脱身，有利于政府根据国民经济的整体需要安排财政收支，更好地促进经济稳定和社会稳定。第二，有利于弥补消费者支付能力的不足。住宅价值与劳动力价值是经济学上两个不同的概念，无法支付住宅价格与无法实现劳动力价值更是风马牛不相及。将住房保障成本建立在劳动力价值实现的基础上，有利于实现住房保障成本与消费者支付能力的对接，避免商品化的保障性住宅强加给消费者的额外负担，从而在更坚实的基础上弥补了消费者支付能力的不足。第三，避免了公共住宅金融的系统性风险。与劳动力价值支撑型公共住宅金融不同，住宅增值型公共住宅金融依靠的是不确定的保障性住宅增值。尽管保障性住宅增值有可能弥补消费者支付能力的不足，但保障性住宅增值也有可能不能弥补消费者支付能力的不足。劳动力价值支撑型公共住宅金融的市场风险要小得多，因为劳动力价值不能实现的风险要小得多。从这种意义上讲，劳动力价值支撑型公共住宅金融更能避免公共住宅金融的系统性风险。第四，有利于社会公平与经济效率的统一。在住宅增值型公共住宅金融和财政弥补缺口型公共住宅金融中，保障性住宅的供给一开始遵循的都是社会公平原则，获得的是政府的政策性倾斜，然而随着时间的推移，特别是住宅增值额较大时，当初的政策性倾斜给消费者带来的利益就有可能超出社会公平所允许的限度，这时如果听任这种利益归当初的住房保障权益获得者所有，对其他不能获得这种收益的消费者而言，无疑又是一种不公平。因此，实现社会公平与经济效率的统一，就必须剥夺保障性住宅增值带来的可能受益，从而将公共住宅金融局限在社会保障的层次上，避免影响经济效率。

与劳动力价值支撑型公共住宅金融的优点相对应，劳动力价值支撑型公共住宅金融的缺点主要体现在：第一，它以城市土地的国有化为前提，如果一国的城市土地以私人所有制为基础，公共住宅金融的发展仍以劳动力价值为支撑，则该国的财政负担反而会大大增加，因为土地国有化的成本可能高过消费者的支付缺口，这是西方国家发展公共住宅金融必须注意的；第二，城市地租转让为财政收入的渠道被堵塞，城市地租是城市政府最基本的财政收入来源之一，城市地租一旦不能进入保障性住宅的成本，则城市政府的财政收入必然会因此而减少；第三，住宅金融的规模将大大压缩，以住宅商品化为基础的公共住宅金融尽管存在不可克服的风险，但它对住宅金融市场的壮大功不可没，劳动力价值支撑型公共住宅金融尽管也会具备一定的发展规模，但与以商品化为基础的公共住宅金融相比，规模肯定会大大缩小，相应地，劳动力价值支撑型公共住宅金融对国民经济的影响也会减小。

第三节　中国发展公共住宅金融的基本原则

中国城市土地国有制的基础，加上中国整体较低的生产力发展水平，决定了中国发展公共住宅金融只能以劳动力价值支撑型为目标。为此，中国发展公共住宅金融必须坚持以下三个原则。

一、保障性住宅非商品化的原则

保障性住宅的经济属性取决于保障对象的市场支付能力。一般来说，保障对象的市场支付能力越高，保障性住宅的经济属性可以越明显，保障对象的市场支付能力越低，保障性住宅的经济属性越应该受到抑制。从中国现阶段的经济发展水平看，保障性住宅的非商品化原则应该构成中国发展公共住宅金融的基本原则。

首先，中国人多地少的基本国情决定了中国城市绝对地租的水平不可能太低。表 8－3 显示，1953—2010 年，中国总人口从 58 260 万人上升到 133 972 万人，未来可能更高，而且这是在中国将计划生育作为基本国策的前提下达到的。与庞大的总人口相对应的是，中国的自然资源，特别是与人类生产和生活密切相关的经济资源，并没有相应增加。如中国的人口 2009 年占世界的 19.7%，但陆地面积仅占世界的 7.19%，耕地面积仅占世界的 10.15%（参见表 6－7）。在这种情况下，保护有限的耕地势必成为中国各项经济工作的重中之重。从历史看，城市首先产生于经济发达的农耕地区，其地理范围的扩展也首先是对优质农用地的侵占；从现实看，城市的发展依然与对农用地的侵占同步进行。中国保护耕地的结果，必然在一定程度上等同于对农用地转变为城市用地进行限制，这会在相当程度上推升中国城市绝对地租。

表 8－3　　六次全国人口普查人口基本情况

指标	1953 年	1964 年	1982 年	1990 年	2000 年	2010 年
总人口(万人)	58 260	69 458	100 818	113 368	126 583	133 972
城镇化率(%)	13.26	18.30	20.91	26.44	36.22	49.68
城镇人口(万人)	7 726	12 710	21 082	29 971	45 844	66 557
乡村人口(万人)	50 534	56 748	79 736	83 397	80 739	67 415
平均预期寿命(岁)			67.77	68.55	71.40	
家庭户规模(人/户)	4.33	4.43	4.41	3.96	3.44	3.10

其次，中国城市经济的长期增长趋势会将城市普通住宅市场价格推向一个又一个新的高度。表 8－3 和表 8－4 都显示，一方面，中国的城市化道路还有很长的路要走；另一方面，中国的经济发展的空间还很大。2010 年，中国的城镇化率仅仅 49.68%，这比 2008 年世界城市人口比重的平均水平 49.9%还要低，更低于日本的 66.5%，韩国的 81.5%，墨西哥的 77.2%，美国的81.7%，巴西的 85.6%，澳大利亚的 88.7%，德国的 73.65%(参见表 6－20)，这显示中国要达到先进国家的城市化水平，还要经过相当长的时间。与城市化水平较低相对应的是，中国的经济发展水平也很低，而且城乡差距极大。中国经济发展水平低，意味着通过经济增长推动城市发展的潜力很大；中国城乡差距极大，意味着农村劳动力转移也会使得城市扩展的动力增强。所有这一切体现在城市普通住宅市场上，那就是普通住宅建设的一个又一个高潮，城镇基础设施的一次又一次更新改造，最终将存量普通住宅的市场价格推向一个又一个新的高度。

表 8－4　　中国各地区居民消费水平(2010 年)

地区	绝对数(元)			城乡消费水平对比(农村居民=1)	指数(上年=100)		
	全体居民	其中			全体居民	其中	
		农村居民	城镇居民			农村居民	城镇居民
北京	25 015	12 886	27 071	2.1	109.2	108.6	108.8
山西	8 159	4 500	12 279	2.7	108.8	111.0	105.7
内蒙古	11 080	4 486	16 728	3.7	111.1	108.4	109.9
辽宁	12 934	5 739	17 489	3.0	113.2	111.1	112.3
黑龙江	8 906	4 536	12 402	2.7	112.4	104.2	114.8
上海	32 271	13 609	34 588	2.5	109.9	107.4	109.8

续 表

地区	绝对数(元)			城乡消费水平对比(农村居民=1)	指数(上年=100)		
	全体居民	其中			全体居民	其中	
		农村居民	城镇居民			农村居民	城镇居民
江苏	14 035	8 196	18 243	2.2	111.4	109.3	108.9
湖南	8 922	4 513	14 707	3.3	109.1	105.3	109.7
四川	8 182	4 748	13 457	2.8	113.7	116.5	109.6
广东	17 218	5 880	23 511	4.0	109.0	109.5	107.8
甘肃	6 035	2 975	11 881	4.0	109.3	108.5	103.6
新疆	7 276	3 590	12 486	3.5	115.4	115.4	111.9

再次,中国地方政府的外在软约束会使土地财政异化。中国封建专制统治的时间很长,政府官员的公仆意识和服务意识还很单薄,加上中国直接从半殖民地半封建社会过渡到社会主义社会,没有充分经受资本主义商品经济和商品意识的洗礼,中国当代社会无论是民主形式还是民主内容,都处于有待完善的阶段。在这种情况下,中国政府特别是地方政府很可能缺乏必要的强制力量去履行住房保障的职能。保障性住宅的商品化,不仅过高估计了住房保障的成本,更让地方政府看到了劣质土地财政的潜在收益,这是中国在1998年城镇住房制度改革以后土地出让收入迅速成为地方政府重要收入来源的主要原因,也是中国住房保障问题越来越严重的主要原因。只有从根本上确立保障性住宅的非商品属性,才能将土地财政的异化扼杀在萌芽阶段。

最后,保障性住宅商品化只会进一步助长住宅市场的泡沫。住宅市场的价格泡沫是市场机制发挥作用的必要前提,也是市场机制发挥作用的必然结果,因此任何企图彻底消灭住宅市场价格泡沫的观点都是站不住脚的,也是荒唐的。然而,任何真理都是有边界的,住宅市场价格泡沫有存在的意义同样如此。如果住宅市场价格泡沫过大,导致住宅市场整体和结构失衡,就会严重削弱住宅市场机制的有效运行。因此,允许住宅市场价格泡沫存在,但又将它限制在一定的范围内,就显得非常重要。在住宅市场上,中低收入消费者的支付能力本来就不足,如果将它们的保障性住宅商品化,只会使得它们的支付能力更显得不足。这样,即使整体住宅市场价格水平不变,由于中低收入消费者和保障性住宅的加入,住宅市场的价格泡沫也会进一步放大。

二、劳动力价值支撑公共住宅金融发展的原则

公共住宅金融尽管与商业住宅金融的目的不同,但它们都是一种价值运动,都要遵循最基本的价值规律。因此,公共住宅金融同样要求充足的清偿能力,十足的担保能力,必要的财力储备,否则公共住宅金融的运行一样会产生震荡。对生产力发展水平很低、市场风险防范能力较弱的中国而言,发展劳动力价值支撑型公共住宅金融因此显得尤其重要。

首先,有利于住房保障实现应保尽保。在市场经济条件下,对任何一个政府而言,财力不足都是住房保障的最大障碍。劳动力价值支撑型公共住宅金融将住房保障成本限制在劳动力价值范围内,这意味着住房保障成本是每一个正常的劳动者都能够支付的,政府既没有理由也没有借口推脱住房保障的责任,从而确保在全社会范围内住房保障做到应保尽保。

其次,有利于经济结构的调整和产业转型。与住宅增值型公共住宅金融和财政弥补缺口型公共住宅金融相比,劳动力价值支撑型公共住宅金融对中低收入消费者的经济决策影响最适中。它既不会导致消费者的财务负担过轻,从而引发消费者的过度消费行为,导致经济规模过度膨胀;它也不会导致消费者的财务负担过重,从而引发消费者的过度储蓄行为,导致经济结构扭曲。劳动力价值支撑型公共住宅金融有利于消费者特别是中低收入消费者合理安排自己的储蓄和消费,有利于国民经济结构的合理调整和产业结构的科学转型。

再次,有利于化解住宅金融市场的风险。劳动力价值支撑型公共住宅金融对化解住宅金融市场风险的积极作用不仅体现在它本身降低了住宅金融市场的整体风险,更为商业住宅金融市场风险的化解提供了有力的环境和条件。与商业住宅金融相比,劳动力价值支撑型公共住宅金融的市场风险更小,发展更稳健。当商业住宅金融由于系统性风险爆发而处于动荡之中时,劳动力价值支撑型公共住宅金融的稳健运行可以为商业住宅金融市场风险的化解赢得更多的时间,避免商业住宅金融市场形势的进一步恶化。

最后,有利于遏制政府腐败,提高政府工作效率。劳动力价值是劳动力再生产所需要的生活资料的价值,劳动力再生产是人类社会生产和生活正常进行的基础,因此,建立在劳动力价值基础上的公共住宅金融就必须能够满足劳动力再生产的需要。这不仅是对政府工作态度的考验,更是对政府工作效率的考验。劳动力价值支撑型公共住宅金融有利于政府时刻牢记自己的住房保

障职能，科学确定住房保障的成本，实现保障性住宅供求的合理衔接。

三、城市地租不列入住房保障成本原则

中国当前实行的企业配套发放职工住房公积金的做法非常荒唐。因为企业配套发放的职工住房公积金本质上并不是职工劳动力价值的组成部分，而是城市地租的组成部分。地方政府一方面低价出让土地，向企业输送城市地租，另一方面又通过企业配套发放职工住房公积金的形式从企业那里回收一部分城市地租。从形式上看，职工住房公积金变成政府收取城市地租的工具，因为这些住房公积金最终通过垄断高地价变成了政府的土地财政收入。从效果上看，政府丧失了收入再分配的职能，听任企业攫取本应由土地所有者——国家获取的城市地租，形成社会收入分配的严重不公平。城市地租不列入住房保障成本，在当前的中国至少可以起到以下几个方面的作用。

首先，有利于科学计量住房保障的成本。保障住房成本与商品住房成本最大的差别在于保障性住宅成本不包括城市地租，而商品住宅成本包括城市地租。然而，就城市地租而言，它本身又有三种形式，级差地租、绝对地租和土地投资及其收益。如果说级差地租和绝对地租没有任何劳动付出，因而不应该列入保障性住宅成本还可以理解的话，土地投资及其收益是否应该列入保障性住宅成本，答案就没有那么简单了。因为土地投资及其收益如果是保障性住宅的必须投入，则它与保障性住宅的建安成本一样应该列入保障性住宅的成本。如果土地投资及其收益主要服务于优质住宅，或者主要服务于城市工商业企业，则土地投资及其收益应该根据它们对相关主体的贡献进行比例分配。此外，农业地租是农业用地转换为城市用地的成本，也是城市用地成本的最低界限，它与城市地租不同，如果不能对农业地租进行补偿，任何一块农用土地都不会进入城市土地市场，因此农业地租理所应当进入城市劳动力价值。城市地租不列入保障性住宅成本的原则，有利于人们加深对城市地租的认识，从而更科学地计量住房保障的成本。

其次，有利于城市土地的合理利用。城市土地的合理利用本质是不同性质的土地需求根据不同的原则来配置。经营性土地需求应遵循效率原则，保障性土地需求应遵循公平原则，只有这样才能将土地的合理利用落到实处。城市地租不进入住房保障成本的原则，既有利于保障性住宅土地的迅速划拨，避免吃、拿、卡、要和短斤少两，也有利于遏制生产经营性活动乱占土地，低效利用土地，政府向厂商随意输送城市地租利益的不负责任行为，促进城市土地的合理利用。

再次,有利于规范土地财政。土地财政是政府凭借国家政权针对土地占有及其收益进行税费征收以获取财政收入的一种行为。土地作为一种经济资源,对其占有及其收益进行税费征收,是正常的,也是完全合理的。但土地财政必须有利于经济效率的提高和政府职能的履行,这样土地财政的开展就必须遵循一定的规则。城市地租不列入住房保障成本,是土地财政基本规则的重要组成部分,它有利于厘清中国土地财政的应有职能和现存弊端,从而规范中国的土地财政。

最后,有利于回归住房保障的本来面目。住房保障是基本的民生需求,与社会剩余产品的分配风马牛不相及,城市地租不列入住房保障成本本是一个基本常识。然而由于既得利益阶层的混淆视听,常识也成了需要研究的深奥话题。2010 年,中国城镇居民人均可支配收入仅仅 19 109 元,农村居民人均纯收入仅仅 5 919 元,这种收入水平形成的购买力仅仅相当于 2010 年上海市商品住宅成交均价 21 699 元/平方米的 88.06%和 27.28%[①]。换句话说,中国城镇居民一年的人均可支配收入不足以购买一平方米的上海商品住宅,中国农村居民一年的人均纯收入只能购买上海市商品住宅一平方米的四分之一。在这种情况下,主张降低房价让一般消费者买得起住宅,主张买不起商品房的消费者以租代买,纯粹是一个笑话。城市地租不列入住房保障成本,有利于恢复住房保障的本来面目,推进政府踏踏实实地提供住房保障。

小　　结

保护耕地的基本国策,本来更需要政府重视中低收入城市居民的保障居住需求,由于地方政府缺乏必要的外在约束,反而演变成利用保障居住需求的刚性特征,中低收入城市居民成为中国劣质土地财政的主要对象,中国城市中低收入消费者的居住问题因此明显恶化。土地国有制的基本国情,决定了中国的公共住宅金融发展方向,劳动力价值支撑型远远优越于住宅增值型和财政弥补缺口型。中国发展劳动力价值支撑型公共住宅金融,必须坚持保障性住宅非商品化、劳动力价值构成公共住宅金融发展的经济基础以及城市地租不列入住房保障成本三大原则。

---

① 参见《2010 年沪 12 区域成交均价上涨　杨浦区领涨超六成——上海 2010 年各区县商品住宅成交均价走势分析》,http://newhouse.sh.soufun.com/2011-01-05/4317203.htm。

第九章　中国公共住宅金融发展的政策措施

发展中国公共住宅金融是完善中国住房保障制度的重要内容。中国发展公共住宅金融，需要在坚持公共住宅金融三大基本原则的基础上，采取一系列有别于西方公共住宅金融的政策措施，才能从根本上解决中国的住房保障问题，又不至于引起中国宏观经济基本面的失衡。当然，科学吸收西方公共住宅金融的有益成分，也是建设有中国特色社会主义公共住宅金融的重要内容。

第一节　中国发展公共住宅金融的宏观政策

中国地域辽阔，人口众多，各地不仅自然环境和经济资源差异很大，甚至经济发展和政府管理的水平都参差不齐，由此决定了中国发展公共住宅金融首先要在宏观层面上制定一系列规章制度，为公共住宅金融的健康发展提供最基本的保证。

一、统筹规划国家的人口分布政策和人口流动政策

人口分布是人口过程在空间上的表现形式，它包括静态分布和动态分布两种。中国的人口分布地理上主要以黑龙江漠河与云南腾冲连线为分界线，东南部分多，西北部分少。东南部分国土面积占全国的 43%，人口占全国的 94%左右，西北部分国土面积占全国的 57%，人口占全国的 6%左右，即中国人口分布呈现由东南向西北方向随着海拔高度的增加人口密度呈阶梯递减的趋势。中国人口分布的这一格局既有自然原因，也有社会经济原因。关于自然原因，中国地势西高东低，东部以平原为主，且有漫长的海岸线，西部以山地为主，且多为高原、荒漠，土地垦殖率低，与东部地区相比，西部地区的人口承载能力先天不足。关于社会经济原因，中国自宋朝以来，经济重心就开始逐渐

由西部向东部转移，由黄河流域向长江流域转移，近现代特别是改革开放以来，东部地区借助便利的交通更进一步成为中国经济发展的重心。经济发展带来人口的流动，东部地区的人口密度必然高于西部地区。然而，西部地区尽管人口密度比中东部低很多，但西部地区人口对环境的相对压力却远远大于东部地区。如西部地区的人口生理密度(以每公顷耕地面积计算的人口密度)已经高于中部地区，西部地区的人口经济密度(单位国内生产总值所负担的人口数)甚至比东部高出50%以上。也正是基于这一点，本来人口密度很高的东部地区，其人口密度不但没有降低的趋势，反而有进一步升高的趋势。

因应中国的人口流动趋势，中国必须统筹规划国家的人口分布政策和人口流动政策。首先，逐渐降低西部、北部地区的人口密度应构成中国人口地理分布的基本国策。中国人口向东部、南部流动是未来几十年中国人口流动的基本趋势，在这一过程中，西部、北部的留驻人口也必须实现结构优化，即人口尽量向气候适宜、地形优越、水源和自然资源丰富的局部地区集中，从而最大限度地在整体上降低西部、北部地区人口对资源和环境的压力。其次，东部、南部的人口增长必须与经济增长、社会发展协调起来。无论是人口的自然增长还是外部人口的迁入，都不能以牺牲经济发展和自然环境为代价，西部、北部人口的跨地区迁移必须能够刺激东部、南部地区的经济发展与社会和谐，因此中国地区间的人口迁移必须是有计划、有步骤地进行的。再次，将东部、南部的城市打造成吸收中国农村过剩人口特别是西部、北部迁移人口的主要基地。一方面，中国农业现代化程度还很低，包括东部、南部在内的中国农村过剩人口还没有消化殆尽；另一方面，与现代化的工商业相比，现代化农业吸纳劳动力的能力也比较有限，这意味着不管是东部、南部的农村，还是广大的整个西部、北部地区，其过剩人口的主要流向都只能是东部、南部的城市。最后，制定适应人口流动需要的城市和地区经济与社会发展政策。经济与社会的发展既与自然资源有关，更与人力资源有关。中国人力资源差异不仅存在于城市与农村之间，还存在于东部、中部和西部之间。中国各个城市和地区应该根据人口流动的需要和人口流动的远景，制定适合本地区情况的经济和社会发展政策，从而更主动、更积极地将过剩劳动力转化为经济资源，促进经济和社会的可持续发展。

总体而言，中国的人口分布包括人口流动，必须做到三个“有利于”，即有利于国民经济的发展，有利于提高全体社会公众的物质和文化生活水平，有利于合理开发、保护更新生态资源和生态环境。只有这样，才能为中国公共住宅金融的健康发展提供一个良好的外在环境。

二、建立劳动力再生产基础上的刚性住房保障制度

中国人口的增量调整和存量调整势必带来中国城市化过程的进一步拓展，城市数量越来越多，城市规模越来越大，相应地，由城市化所带来的城市居住问题势必也越来越严重。这是因为：第一，城市经济的聚集效应使城市土地的绝对地租和级差地租远远大于农村土地的绝对地租和级差地租，从而使得城市居住成本远远大于农村居住成本，而且城市规模越大，城市人口越多，城市经济聚集效应越显著，城市居住成本也越高，反之则反是；第二，经济和社会发展水平的提高也大大增加了城市居住的成本，这不仅是因为城市以生活基础设施为代表的土地投资空前增加，社会政治、道德等意识形态因素也使城市居住的最低标准有所提高，从而导致城市居住的成本上升不少；第三，与城市居住成本上升相反，以新迁入居民为代表的城市中低收入阶层的支付能力明显不足，这是因为新城市居民在迁入城市之前大部分是以过剩劳动力的形式存在的，他们的劳动力价值要么不参与社会的平均化决定过程，要么不同程度地没有得到实现，从而加剧了城市居住的困难；第四，住房保障属于公共财政行为，社会公众利益的最大化是公共财政的基本价值导向，对于国家财政色彩浓厚的政府来说，住房保障并不是他们的天职，至少不是最主要的职责，因而缺乏必要的热情去履行或完全履行这一职能。中国财政目前正处于国家财政向公共财政转型的过程中，阶级统治的职能仍在中国财政中不时体现，这决定了实现中国住房保障的任务将极为艰巨，中国必须建立劳动力再生产基础上的刚性住房保障制度。其主要内容包括：

首先，规定住房保障是政府的基本职能和义务。公共财政是市场经济派生出来的，有市场经济必然有公共财政。尽管中华人民共和国政府脱胎于半殖民地半封建社会，中国财政具有很强的国家财政色彩，但只要中国实行社会主义市场经济，中国财政走向公共财政就是大势所趋，不可逆转。这意味着，住房保障终究构成中国政府（从中央到地方）的基本职能和义务，中国各级政府特别是地方政府没有任何理由逃避这一职能。

其次，规定住房保障的最终目标是劳动力的顺利再生产。住房保障既然是政府的基本职能和义务，则住房保障就不是政府的恩赐，住房保障更不是简单的收入再分配。住房保障的最终目标是劳动力的顺利再生产，任何服务于这一最终目标的措施和政策都不过是住房保障的工具和手段，这样就可以从

根本上遏制当前中国遍布各地的住房保障工作“虎头蛇尾”现象。中国各级政府结合国情和区情，可以采取一切必要的政策和措施保障中低收入消费者的居住需求，既能赋予地方政府充分的自主权，又能保证住房保障最终目标的实现。

再次，明确劳动力价值是住房保障成本的计算依据。住房保障是一种公共财政行为，自然要支付公共成本。将劳动力价值作为住房保障成本的计算依据，有利于消费者消费结构的优化，有利于政府合理调节国民收入再分配，更有利于遏制地方政府的劣质土地财政冲动。中国实行城镇土地国有制，地方政府拥有城镇土地的地方独占权，地方政府产生据此获取最大地租收益的冲动是难免的，也是自然的，以劳动力价值计量住房保障的成本，是预防地方政府劣质土地财政冲动最可靠的制度安排。

最后，对政府业绩考核实行住房保障一票否决制度。在劳动力顺利再生产的基础上，一方面，住房保障是政府特别是地方政府最基本的职能和义务；另一方面，消费者正常情况下都能够实现劳动力价值，从而也都能够支付住房保障成本。因此政府特别是地方政府履行住房保障职能，不仅是必须的，而且是完全有条件的。任何逃避或不履行住房保障义务的行为，都是一种失职行为，任何不履行住房保障职能的政府都应该被问责，具体表现为中央政府问责地方政府，全国人民代表大会问责中央政府。当然，条件成熟时，制定住房保障法，将住房保障上升到法律层面，拒绝履行住房保障义务的相关法人和自然人必须承担民事甚至刑事责任，是更有力的一种选择。

劳动力再生产基础上的刚性住房保障制度，是政府住房保障宏观政策的核心内容，也是公共住房金融健康发展的制度保证。自 1998 年中国城镇住房制度改革以来，住房保障不是没有被提及，住房保障工作也不是没有去做，然而毋庸讳言的是，中国住房保障成绩几乎不值得一提，根本原因就在于住房保障制度的刚性不足。在住房保障问题已经很严重、中央政府开始最严厉住宅市场宏观调控的 2010 年以来，地方政府以广东佛山和安徽芜湖①为代表，对中央政府以住房保障为核心内容的方针和政策进行了激烈的抵制，中央政府除了对地方政府软硬兼施外，对本轮住宅市场宏观调控的效果和远景并不敢乐观，对住宅市场发展过去十年积累的失误更是有意回避，很大程度上也与过去

① 钱平广、胥会云：《芜湖楼市新政三天叫停 地方救市被亮红灯》，载《第一财经日报》2012 年 2 月 13 日。

住房保障制度安排刚性不足有关。

三、完善中央对地方住房保障的税费征收和转移支付制度

以劳动力价值计量住房保障成本，并不意味着政府提供住房保障时不需要额外支付财政成本。事实上，政府提供住房保障，除了巨大的机会成本外，显性成本也是不可忽视的。

首先，城市地租对任何一届中国地方政府而言都是一笔巨额的机会成本。城市地租是城市土地所有者凭借城市土地所有权将工业生产的剩余价值转化为自身收入的一种分配形式。城市地租也分绝对地租和级差地租，并且经济越发展，生产力水平越高，城市级差地租的规模越大，绝对地租的数量虽然变化不定，但由土地投资及其收益转变而来的绝对地租同样有越来越高的趋势。中国实行城镇土地国有制，在市场经济条件下，如果撇开公共财政职能，中国各级地方政府和中央政府确实可以据此获得巨额的财富，中国过去十年登峰造极的劣质土地财政已经为此作出了明证。当中国各级政府履行住房保障职能时，城市地租（不含土地投资）将不得不被剔除在住房保障成本之外，从而构成中国各级政府履行住房保障职能的机会成本。

其次，市场机制并不能确保每一个消费者都能足额地实现其劳动力价值。市场机制有利于劳动力价值的实现，只是一个趋势，一个平均数。对于任何一个具体的消费者而言，可能由于先天不足，缺乏一个正常劳动力所需要的体力和脑力条件，也可能纯粹由于运气不佳或者后天努力不够，其劳动力价值的实现没有达到平均水平。在这种情况下，消费者的支付能力就不足以弥补政府住房保障的供给成本，从而产生政府住房保障的收支缺口，对于这种收支缺口，政府有弥补的义务。

再次，中国各地劳动力价值差异很大，与各地相对稳定的住房保障供给成本也不完全一致。劳动力价值得到实现与否，通常基于一种主导的生产方式和生产力水平，在当代中国则基于城市现代化的大工业。然而由于历史的原因，中国不仅城市之间生产力发展水平差异较大，城市与农村之间生产力发展水平差异更大。参差不齐的生产力发展水平意味着数量明显不等的劳动力价值，考虑到市场经济条件下，商品的流动性远高于劳动力的流动性，尽管中国各地的住房保障供给成本大体一致，但中国各地的劳动力价值量很不一致。中国各地劳动力价值量的差异必然带来中国各地地方政府住房保障收支缺口的差异。对于这种住房保障收支缺口，政府也有弥补的义务。

最后，新城市居民在市场经济条件下实现劳动力价值在其生命周期中并不是完整的。实现劳动力价值依赖于市场经济提供的环境和条件，然而中国各地参差不齐的生产力发展水平使得中国地区间迁移人口的劳动力价值实现数量也会产生差异，这种劳动力价值实现数量的差异最终体现为消费者收入水平和支付能力的差异。一般而言，新城市居民不仅劳动力价值得到实现的时间短，而且储蓄累积额也低于城市居民的正常水平。因此，即使不考虑新城市居民劳动力素质的差异，新城市居民的支付能力也不一定与政府住房保障的供给成本能够实现衔接。对于新城市居民的这种住房保障收支缺口，政府同样有弥补的义务。

中国各地消费者住房保障需求价格的差异客观上要求中央政府介入地方的住房保障，对地方政府的住房保障财政收支进行调节，从而在局部促进地方政府更好地履行住房保障职能的同时，实现全社会的保障居住福利最大化。这主要包括：

第一，对经济聚集效应显著的城市和地区，中央政府与地方政府适当分享住宅消费税和财产税。收入再分配是优质住宅市场的一项基本职能。通常情况下，城市和地区的经济聚集效应越显著，优质住宅市场的绝对价格和相对价格越高，优质住宅市场的收入再分配功能越显著，反之则反是。优质住宅市场通过收入再分配集中的财力，是地方政府履行住房保障职能的重要财源。不过对于一些辐射全国，甚至全世界的大城市和特大城市而言，中央政府也有参与收入再分配的权利。中央政府可以与地方政府适当共享优质住宅的消费税和财产税，从而更好地实现住房保障在全国范围内的普及化和均衡化。

第二，中央政府对地方政府的转移支付与地方政府的住房保障外部性负担挂钩。理论上，城市中低收入消费者有能力支付自己的住房保障成本。因此，地方政府履行住房保障职能所需的实际额外支出并不多。地方政府履行住房保障职能最主要的额外支出来自于新城市移民的住房保障。这些新城市移民由于在过去的工作环境中没能完全实现自身的劳动力价值，进入城市以后住房保障的成本又进一步提高，这使他们的住房储蓄更加显得入不敷出。对这部分新城市移民，政府提供住房保障需要较多的额外支出，当地方政府财力不堪重负时，中央政府必须给予适当的财政援助。

第三，中央政府对地方政府土地使用权出让收入的统筹强度与地方政府的住房保障强度挂钩。一般情况下，地方政府的住房保障强度与地方政府土地使用权的出让收入规模成反比。地方政府土地使用权的出让收入规模越大,地方政府的住房保障程度越低,反之则反是。这主要是因为出让土地的主要来源是非住宅用地,特别是农用地,它们通常用于普通住宅建设。当普通住宅因为地价上升而房价不断上升时,无力通过市场渠道满足居住需求的消费者必然也随之增多,整个社会的住房保障状况就会恶化。中央政府参与地方政府土地使用权出让收入的统筹,有利于遏制地方政府的卖地冲动和劣质土地财政冲动,更好地履行自身的住房保障职能。

第四,中央政府对地方政府的财政援助与地方政府保障性住宅建设的开放度挂钩。尽管将城市地租剔除在住房保障成本之外,有利于从根本上解决住房保障成本过高的问题,但这丝毫也不意味着保障性住宅建设中建安成本、农业地租和土地投资的科学核定就无关紧要。事实上,由于中国特殊的政治和经济体制,如果缺乏必要的人为引入的竞争,中国保障性住宅的建安成本、农业地租和土地投资会远远偏离市场的均衡水平,从而大大增加地方政府履行住房保障职能的实际财政支出负担。因此,督促地方政府在保障性住宅建设中引入市场竞争机制,减少浪费,减少寻租,既是地方政府利益之所在,也是中央政府利益之所在。

第二节　中国发展公共住宅金融的地区和产业政策

地区和产业政策是中国公共住宅金融健康发展的核心内容,既决定着中国住房保障是否能落到实处,也决定着中国公共住宅金融与国民经济的协调发展。

一、根据国情、区情科学制定城市或地区的经济和人口发展规划

经济是金融的基础,公共住宅金融的健康发展,首先要求国民经济健康发展。只有国民经济健康发展了,住宅保障的供给和需求才能得到保证,公共住宅金融的健康发展才具备最基本的前提条件。因此,各城市、各地区根据自然环境和经济资源的不同,科学制定经济和人口发展规划,就显得非常重要。这不仅有利于稳定发展当下的公共住宅金融,更有利于人们对未来的公共住宅金融作出规划和预测。

首先,在维护和改善生态环境的基础上制定经济和人口发展规划。自然生态环境是城市、地区经济和人口发展规划制定的基础。没有最基本的自然

生态环境，人类社会不仅不能从事经济活动，甚至人的生存本身都成为问题。中国各个地区和城市应根据自身的自然生态环境，合理确定自身的人口存量规模和增量规模，即使不能实现人口发展与生态环境的良性循环，也应该在经济发展的过程中尽可能减慢生态环境恶化的过程。总体而言，中国西部、北部地区的生态环境较为脆弱，现有的人口规模已经达到甚至超过西部、北部地区人口容纳的极限，除非西部、北部地区的自然生态环境由于外在原因大为改善（这种改善可以是相对改善，也可以是绝对改善），否则西部、北部地区应该以人口大致稳定甚至减少为原则制定经济和人口发展规划。

其次，在客观评估经济资源及其利用能力的基础上制定经济和人口发展规划。经济资源的数量与种类直接决定一个城市或地区容纳人口的最终规模，但决定一个城市或地区最佳人口规模的因素则是对经济资源的现有利用能力。一般来说，经济资源的现有利用能力越强，城市和地区的人口容纳能力越大，反之则反是。城市或地区应该根据自身对经济资源的现有利用能力及其变动趋势合理确定自身的人口规模，使人口规模及其变动随着经济和社会的发展而不断得到最佳调整。中国东部和南部地区及城市总体上经济资源较为丰富，扩大人口规模的潜力较大，但囿于现阶段中国生产力发展水平还不是很高，经济资源的利用能力还不是太强，这些地区和城市的人口数量扩张只能有计划按比例地稳步推进，盲目吸收过多的新移民只会破坏人与自然的和谐，加剧经济资源的分配矛盾。

再次，在顾及政治和社会需要的基础上制定经济和人口发展规划。人口总量及其增量总体上取决于一个城市或地区的自然环境和经济环境，但在特殊情况下，政治和社会需要也会对一个城市或地区的人口总量与增量产生巨大影响。中国西部、北部的自然生态环境总体上较为脆弱，经济资源的短板效应明显，这使得中国西部、北部地区并不适宜发展人口密集的大型和特大型城市，特别是城市群。然而考虑到中国是一个多民族的统一国家，适应民族发展的需要和政治稳定的需要，中国依然需要在西部、北部地区，特别是少数民族地区适当发展一些大型、特大型城市。这些大型或特大型城市可以利用政治和社会资源在一定程度上克服比较恶劣的自然环境，克服经济资源的某些短板效应。如北京是中国的政治中心，尽管受制于自然环境和资源环境，不适宜发展为特大型城市，但它利用自身的政治和社会需要，通过南水北调工程很大程度上解决了水源的匮乏问题，通过发达的运输网络很大程度上解决了自身的经济资源匮乏问题，现在已经发展成为中国仅次于上海的第二大城市，2009

年底人口达到 1 972 万[①]。

最后,在全国一盘棋思想的指导下制定经济和人口发展规划。自然环境、资源环境以及政治和社会需要,是一个城市或地区制定经济和人口发展规划的基本考虑因素,一个城市或地区的经济和人口发展情况基本上也取决于这些因素,不过地区外的因素也会对一个城市或地区的经济和人口发展规划产生影响。外部因素对城市或地区的经济和人口发展规划影响可以是正面的,也可以是负面的。在全国一盘棋思想的指导下,为了追求整体利益的最大化,任何一个城市或地区在制定经济和人口发展规划时都应该将外部因素考虑和吸收在内。

二、科学测定城市或地区的最佳住房保障规模与住房保障供给成本

面对既定的经济环境和人口数量,一个城市或地区必须科学测定最佳的住房保障规模和住房保障供给成本,从而既实现全社会住房保障福利的最大化,又实现住房保障财政支出的最小化。因为在住房保障单位成本既定的前提下,住房保障规模越大,住房保障总成本越高,反之则反是。在住房保障规模既定的前提下,住房保障单位成本越高,住房保障总成本越高,反之则反是。住房保障规模和住房保障供给成本的确定,在很大程度上决定地方政府住房保障职能履行的成功或失败。

首先,详细了解城市或地区的经济发展水平和国民收入分配状况。城市或地区的经济发展水平与国民收入分配状况,是城市或地区公共住宅金融政策拟定的基础。一般来说,经济发展水平越高,国民收入分配越合理,居住问题越少,政府住房保障的负担越轻,公共住宅金融的发展越处于无足轻重的地位,反之则反是。改革开放三十多年来,中国生产力发展水平有了很大的提高,但地区经济发展很不平衡,个人之间的收入差距更大[②]。较高的经济发展水平与较大的收入差距并存,决定了中国城市或地区居民的消费行为和消费选择有很大差异,城市或地区的居住问题很多,政府将要承担很重的住房保障任务,公共住房金融的发展在中国需要受到特别的重视。

---

① 张静、杨明:《北京到底有多少人口》,载《瞭望东方周刊》2010 年 8 月 16 日。

② 宋树仁、钟茂初:《中国居民收入分配格局的测度及其演进趋势分析》,载《上海经济研究》2010 年第 2 期。

其次,科学测算城市或地区居民的居住需求弹性。城市或地区居民的居住需求弹性受到很多因素的影响,除了国民经济发展水平和国民收入分配状况外,还包括个人偏好、社会价值取向、城市产业结构等诸多因素,因此不同城市或地区居民的居住需求弹性很可能是不一样的。城市或地区居民的居住需求弹性与城市或地区住房保障最佳规模的确定直接相关。因为政府将住宅消费限制在城市或地区居民居住需求弹性过大的区域,不仅不利于土地资源特别是耕地的节约利用,也不利于政府房地产税收规模的最大化。此外,住房保障需求是刚性的,也是政府应该加以保护和满足的,但相对刚性的住房需求,特别是普通住宅需求,并不意味着也要受到政府政策的鼓励。所以,科学测算城市或地区居民的居住需求弹性,对于合理确定住房保障的最佳规模,具有非常重要的意义。

再次,合理汇总城市或地区住房保障的供给成本。住房保障供给成本虽然剔除了城市地租,但在具体统计时仍然内容庞杂而且需要技巧。最简单的住宅建安成本及其附属设施建设,就涉及大量的原材料投入、管理成本和平均利润。至于必要的土地投资,不仅涉及土地投资的分类,还涉及这些投资由保障性住宅分摊的比例。农业地租的确定理论上简单,操作上也很复杂,特别是涉及集体产权与国有产权的博弈,结果更具有主观性。所有这些都意味着住房保障供给成本的确定有一个巨大的弹性空间。汇总城市或地区住房保障供给成本的合理与否,直接决定地方政府住房保障负担的轻重。

最后,综合确定城市或地区的最佳住房保障规模。城市或地区的最佳住房保障规模固然与居民的居住需求弹性有关,但住房保障的供给成本也在相当程度上制约着住房保障规模。这是因为商品化住宅与保障性住宅是此消彼长的关系,住宅保障的供给成本越低,商品化住宅的相对优势越弱,住房保障规模越大,即使不考虑其他因素,政府的城市地租收入损失也会越大,反之则反是。如果考虑到政府往往只能再分配城市地租的一部分,政府的管理成本较高,政府仍需要弥补部分消费者支付能力与保障性住宅供给成本之间的缺口,政府住房保障的总体财政支出和收入损失会更大。因此,一个城市或地区的住房保障规模,应该综合考虑所有因素后再确定。

三、科学测定城市或地区劳动力价值及其演变趋势

从需求角度看,消费者劳动力价值与住房保障供给成本两者是相辅相成的关系,消费者劳动力价值的大小决定政府的住房保障供给成本必须与其相

适应，在特定情况下，政府住房保障供给的成本变化也会影响到消费者劳动力价值的实现程度。科学测定一个城市或地区的劳动力价值及其演变趋势，不仅关系到住房保障供给成本确定的得当与否，更影响到消费者经济行为的理性选择，甚至是国民经济的稳健、健康发展。

首先，全面评估城市或地区劳动力价值实现的经济、政治和社会环境。城市或地区的经济、政治和社会环境是实现劳动力价值的基本决定因素。一般来说，经济的市场化取向越明显，政治的自由度越充分，社会环境越宽松，劳动力价值的实现越有保证，反之则反是。中国改革开放已经三十多年，提出建立有中国特色的社会主义市场经济已经有二十多年，无论是生产力发展水平，还是经济的市场化程度、政治的民主化程度以及社会自由的宽松度，中国现在都达到了前所未有的水平。然而与国际水平相比较，与国人的理想状态相比较，中国各方面不仅仍有待更多的进步，而且需要进一步缩小地区间的差距。在这种情况下考察劳动力价值，既要考虑中国现有的经济、政治和社会环境，也要考虑中国未来的政治、经济和社会环境的变化对劳动力价值实现的巨大影响。

其次，科学测定城市或地区劳动力价值实现的程度和数量。劳动力价值是劳动力再生产所需要的消费资料的价值。劳动力价值的决定固然取决于经济、政治和社会环境，但劳动力的生理界限以及历史和道德因素的影响也不可忽视。这要求我们在测定劳动力价值时，不仅要考虑消费者显性的收入，也要考虑消费者隐性的收入；要考虑消费者现实的收入，也要考虑消费者潜在的收入；要考虑消费者现在的收入，也要考虑消费者将来的收入，从而更好地把握城市或地区劳动力价值的真正水平。中国当前在测定劳动力价值时容易忽视经济、政治和社会环境的差异对劳动力价值实现的负面影响，认为地区间的劳动力价值差异很大。实际上，地区间的劳动力价值差异并不大，是地区间的经济、政治和社会环境的差异导致地区间劳动力价值的实现程度产生差异。

再次，理性预期城市或地区劳动力价值的变动趋势。劳动力价值量的大小决定劳动力再生产所需生活资料种类、质量和数量的多少，当劳动力价值量随着生产力发展水平提高时，劳动力价值的实现量必须也随着提高，否则劳动力的顺利再生产就会受到影响。中国无论是较低的生产力发展总体水平，还是地区间较大的劳动力价值实现环境的差异，均意味着未来数十年中国劳动力价值量将有一个巨大的提升，这种提升势必要求中国劳动力再生产所需要的包括居住在内的消费资料的投入也要有一个显著的增加。理性预期城市或地区劳动力价值的变动趋势同样是健康发展公共住宅金融的重要组成部分。

最后，以劳动力价值为基础核定住房保障的需求价格。剔除城市地租的住房保障成本是从供给角度确定的，以劳动力价值为基础确定的住房保障价格是从需求角度分析的，公共住宅金融健康发展依赖于两者的有机统一。从理论上看，两者应该也必须一致，从实践上看，两者差异可能很大。此时，必须借助双向调整使两者的差距尽可能缩小。考虑到买方市场是市场经济的基本特征，需求在决定市场运行的过程中发挥着主导作用，以劳动力价值为基础确定的住房保障需求价格更能反映住房保障的实质，更能促使住房保障贴近劳动力再生产的需要。

四、以劳动力价值为基础以市场化融资满足住房保障的资金需求

公共住宅金融与商业住宅金融均属于价值运动范畴，它们的区别在于目的不同，即公共住宅金融发展的目的是住房保障，商业住宅金融发展的目的是促进住宅的商品化。但公共住宅金融与商业住宅金融的运行机制是一样的，即它们都遵循价值运动规律。因此，不管是公共住宅金融还是商业住宅金融，其健康运行都必须以充足的偿还能力为基础。在中国，以劳动力价值为基础，以市场化融资满足住房保障的资金需求，具有特殊的意义。

首先，中国的劣质土地财政使住房保障的供给成本内含了大量的城市地租。将城市地租从住房保障成本里面剔除是政府履行住房保障职能的基本要求，因为城市地租不属于劳动力价值的任何组成部分。将城市地租强行纳入住房保障成本，不是将一部分中低收入者赶出住房保障制度安排之外，就是扭曲中低收入消费者的经济行为，从而为国民经济的健康发展埋下更大的隐患。中国的劣质土地财政顽症使得政府的住房保障供给成本内含大量的城市地租，住房保障供给价格甚至超过市场价格。这种无效的政府住房保障供给也使得中国的保障性住宅建设缺乏市场资金的介入，许多地方政府的住房保障建设工程流于形式，只有开工，没有竣工，以拖待变①。

其次，只有以劳动力价值为基础的住房保障需求价格，才能真正反映中低收入消费者用于保障居住的基本支付能力。市场经济是收入分配两极分化的经济，个人之间的收入差距很大，但对大多数消费者而言，他们的收入有一个

① 顾书桂：《保障性住房融资问题仍在土地财政》，载《哈尔滨师范大学社会科学学报》2011 年第 4 期。

基本的保障，这就是劳动力价值转化而来的工资收入。中低收入消费者的工资收入才是衡量他们支付能力真正有效的指标，相应地，他们用于居住保障的支付能力也必须建立在工资收入或劳动力价值的基础上。脱离中低收入消费者支付能力的住房保障供给，是不会产生任何有效需求的。从中国的现状看，中国住房保障的需求价格与供给价格之间存在严重的脱节，在中国中低收入消费者劳动力价值不可能有多大改变的前提下，中国住房保障供给价格的下调是必然的。

再次，以劳动力价值为基础确定的住房保障需求价格有利于实现政府住房保障支出的刚性。中国财政的阶级专政属性或国家属性决定了中国政府履行住房保障职能不具有压倒一切的重要性，因此确保住房保障供给与住房保障需求两者均衡是很难实现的，住房保障需求通常程度不等地大于住房保障供给，其中住房保障供给成本过高是一个重要原因。降低住房保障的供给成本，需要政府增加住房保障财政支出，更需要确定政府增加住房保障财政支出的规模。以劳动力价值为基础确定的住房保障需求价格，有利于反映中低收入消费者真实的住房保障支付能力，有利于倒逼住房保障供给成本的合理化，实现政府住房保障成本支出的刚性。

最后，市场化融资有利于公共住宅金融的风险从源头上得到化解。公共住宅金融的发展不仅仅需要政府的财政担保，它需要的是政府的这种财政担保能够最终转化为真金白银，弥补中低收入消费者的支付缺口。中低收入消费者的支付缺口有多大，财政担保最终转变为现实购买力的规模就必须要有多大，否则公共住宅金融的顺利运行就会遇到阻碍，严重的还会爆发公共住宅金融危机，如2007年的美国次贷危机。市场化融资有利于从根本上对政府的财政担保进行硬约束，也许它不能杜绝政府扰乱市场，但它能以危机的形式惩罚政府。从这种意义上讲，中国保障性住宅建设缺乏市场资金的介入，只能说明中国地方政府的保障性住宅建设没有提供最基本的财务环境让市场资金进入，同时也说明这种保障性住宅建设强制推进的结果只能是经济失衡，严重的还会产生金融或经济危机。

第三节　中国发展公共住宅金融的微观政策

中国发展公共住宅金融的微观政策包括消费者政策和厂商政策。完善的消费者政策和厂商政策是中国公共住宅金融健康发展不可缺少的环节。

一、中国发展公共住宅金融的消费者政策

中国发展公共住宅金融的消费者政策指围绕消费者参与住房保障、促进公共住宅金融健康发展所作的一系列中国政府政策层面的制度安排。结合中国的具体国情和区情，中国发展公共住宅金融的消费者政策主要应该包含以下几个方面的内容：

第一，科学评估消费者的收入水平，确保消费者有足够的支付能力进入住房保障制度安排。在发达的市场经济条件下，消费者的收入过程是透明的，收入水平是显性的，因此消费者的支付能力并不难测算。中国当前仍处于社会主义初级阶段，生产力水平不是很高，而且地区差异极大。在这种情况下，中国中低收入消费者的收入过程不透明，许多消费者存在许多隐性收入，也有消费者没有任何隐性收入。科学评估消费者的收入水平，是科学测定中低收入消费者劳动力价值的基本内容。只有消费者的基本收入水平弄清了，消费者的支付能力才能弄清，消费者进入住房保障制度安排的门槛才能确定，政府对非正常实现劳动力价值的中低收入消费者的财政补贴规模也才能确定。当所有加入住房保障制度安排的中低收入消费者都有足够的支付能力支付住房保障的供给价格时，公共住宅金融的健康发展自然就有了最基本的保证。

第二，协调消费者参与住房保障后所有的消费行为和储蓄行为。住房保障是劳动力简单再生产和扩大再生产的基本需要，它与居住的发展需要有所区别，与居住的享受需要差别更大。中低收入消费者参与住房保障，不仅意味着消费者的居住行为局限于满足劳动力再生产的需要，消费者的其他消费行为和储蓄行为也应该具有劳动力再生产的基本特征。因此，无论是住房本身，还是住房的附属设施，也不管是住房保障进入的制度安排，均应服从和服务于劳动力的再生产。中国许多保障性住宅小区，奢侈性消费行为和奢侈性消费品比比皆是，恐怕与保障性住宅及其附属设施缺乏劳动力再生产的基本特征不无关系，与进入住房保障制度安排的政策法规残缺不全、不能发挥应有职能不无关系。

第三，增加住房保障的开放度，完善住房保障的进入机制和退出机制。住房保障是劳动力再生产的基本需要，因此，住房保障的需求具有刚性，住房保障的供给也应该具有充分性。只要有需求，政府就应该提供供给。限制不符合规定的消费者进入住房保障制度安排，依靠的主要不是政府的行政障碍，而是保障性住宅本身对消费者居住的发展限制和享受限制，还包括消费者因为

进入住宅保障体系给关系人带来的经济损失，如与甲共同居住的乙进入住房保障体系后，甲因为超过法律规定的居住条件不得不开始额外支付税费。以经济手段调节中国的住房保障规模将是今后几年甚至几十年中国住房保障制度完善的方向。

第四，始终以劳动力价值为基础，以公共住宅金融为工具，实现消费者住房保障需求价格与供给价格的衔接。生产力是不断发展的，劳动力价值是不断变化的，以消费资料表现的工资收入不断提高是完全可以预期的。在这种情况下，根据变化的劳动力价值和工资收入调整住房保障标准，更好地促进劳动力的再生产，根据新的劳动力价值确定公共住房金融规模，实现消费者住房保障需求价格与供给价格的衔接，就成为一种经常性的需要。中国公共住房金融的发展应该切实减轻财政负担固然需要，但为劳动力顺利再生产服务才是中国公共住宅金融发展的宗旨。

二、中国发展公共住宅金融的厂商政策

中国发展公共住宅金融的厂商政策是指为促进公共住宅金融健康发展、围绕厂商的职能及角色所作的一系列政策层面的制度安排。与发展商业住宅金融的厂商政策不同，由于目的不一样，中国发展公共住宅金融的厂商政策中关于厂商的功能与角色的界定发生了明显的变化，而这种变化恰恰是中国公共住宅金融健康发展的关键。

首先，政府履行住房保障职能时主要依靠建筑商而不是房地产开发商。房地产开发商是商品化住宅的生产厂商，建筑商是住宅制成品的生产厂商，两者的基本区别在于是否赋予住宅商品化属性。由于政府的保障性住宅剔除了城市地租，因而不具有商品属性，也不执行商品职能，这意味着政府的保障性住宅只能由建筑商提供。另外，也只有建筑商提供的保障性住宅才可能使中低收入消费者具备足够的支付能力，当消费者有足够的支付能力购买房地产开发商提供的住宅时，他是没有必要也没有资格进入住房保障制度安排获取政府的住房保障的。

其次，在制度完善时房地产开发商可以在特定时期代理政府的住房保障职能。由于政府运行的低效率，通常情况下，政府的运行规模都被限制在最小范围内。当制度完善时，市场主体通常可以在一定条件下代理政府的某些职能，住宅市场同样如此。在核定成本和收益的前提下，政府可以成立专业机构企业化运作，履行住房保障职能，也可以直接将住房保障职能委托给专业的市

场主体，特别是房地产开发商代理，从而既发挥政府的公益性作用，又能提高政府的工作效率，避免政府的运行弊端。

再次，政府的住房保障成本负担不可能向任何市场主体包括房地产开发商转移。市场经济是自主选择、自负盈亏的经济，获取平均利润是市场主体可持续运营的基本要求。当市场主体的营业利润低于平均利润时，市场主体往往会选择退出原先的经营领域。因此，政府在履行住房保障职能时，不可能将本应由自身负担的住房保障成本转嫁给任何一个自主独立的市场主体。中国目前某些地方政府试图通过限制商品房价格的方式解决一部分保障性住房需求，其实质就是将住房保障成本部分转嫁，这种做法也许能见效于一时，但长此以往的结果只能是房地产业发展的萎缩。因为房地产业发展一旦实现完全竞争，企业的生产过程已经决定了企业只能获取平均利润，政府对商品房的出售规定最高限价，意味着房地产业的基本盈利要求得不到满足，厂商退出房地产业是理所当然的。

最后，对房地产开发商的任何放权让利不足以替代从住房保障供给成本中剥离城市地租。对房地产开发商提供各种财政金融优惠是西方国家住房保障的重要内容，也是西方公共住宅金融发展的基本内容。然而我们撇开商品化住宅的资产效应不论，仅仅从量的方面来看，这种放权让利也不足以让房地产开发商真正承担起住房保障职能。原因之一是这种放权让利力度不够大；原因之二是放权让利的数量与城市地租的数量不等，容易产生住房保障的不公平和不可持续性。更重要的是，对房地产开发商的放权让利通常是一种主观性很强的行政行为，缺少法律的强制约束，建立在对房地产开发商放权让利基础上的公共住宅金融具有极大的内在不稳定性。

小　　结

中国发展公共住宅金融，需要宏观政策、区域和产业政策以及微观政策并举。宏观政策是统筹规划国家的人口分布和人口流动，在劳动力顺利再生产的基础上建立刚性的住房保障制度，并根据外部效应的大小完善中央政府对地方政府的住房保障税费征收和转移支付制度；地区和产业政策主要是根据国情、区情科学制定经济发展规划以及与之相适应的人口发展规划，科学测定城市或地区的最佳住房保障规模与住房保障供给成本，科学测定城市或地区的劳动力价值及其演变趋势，并以本地区的劳动力价值为基础采用市场化融资的渠道满足本地区住房保障的资金需求。微观政策包括消费者政策和厂商政策两种，消费者政策主要是在科学评估消费者收入水平的基础上，协调消费者的经济行为，增加住房保障的开放性；厂商政策主要是指政府履行住房保障职能需要切实付出必要的机会成本——城市地租，这种成本不能转嫁给房地产开发商，更不能依靠零零碎碎的财政金融优惠，建筑商才是政府履行住房保障职能的主要依靠对象。

第十章　上海公共住宅金融的发展思路

上海是中国第一大经济中心城市，是中国房地产业发展的代表。深入剖析上海公共住宅金融发展的现状及其成因，对解决上海的住房保障问题具有极其重要的意义，对全国公共住宅金融的健康发展更能起到某种启迪作用。

第一节　上海的自然、经济和社会概况

上海公共住宅金融的发展固然受制于中国的大环境，具有中国公共住宅金融的基本特征。但上海自身的自然、经济和社会环境对上海公共住宅金融的发展也发挥着重大影响。

一、上海的自然环境和自然资源

根据《上海年鉴 2010》①，上海市，简称沪，别名申，地处东经 120°51′—122°12′，北纬 30°40′—31°53′，位于太平洋西岸，亚洲大陆东沿，中国南北海岸中心点，长江和钱塘江入海汇合处，北界长江，东濒东海，南邻杭州湾，西接江苏和浙江两省，是长江三角洲冲积平原的一部分，平均高度为海拔 4 米左右，陆地地势总趋势是由东向西略微倾斜。上海以西部淀山湖一带的淀泖洼地为最低，海拔仅仅 2—3 米；在泗泾、亭林、金卫一线以东的黄浦江两岸地区，为碟缘高地，海拔 4 米左右；浦东钦公塘以东地区为滨海平原，海拔 4—5 米；西部有天马山、薛山、凤凰山等残丘，天马山为上海陆上最高点，海拔 98.2 米；海域上有大金山、小金山、浮山、佘山等岩岛，大金山海拔 103.4 米，为上海境内最高点。上海全市总面积 6 340.5 平方公里，东西最大距离约 100 公里，南北最大距离约 120 公里；陆海岸线长约 172 公里，在北面的长江入海处，有崇明岛、长兴

① 参见 http://www.shanghai.gov.cn/shanghai/node2314/node24651/node26195/index.html。

岛、横沙岛等岛屿,崇明岛为中国第三大岛,由长江挟带下来的泥沙冲积而成,面积约 1 267.05 平方公里,海拔 3.5—4.5 米。

上海市属于典型的亚热带季风性气候。2009 年,上海全市年平均气温为 17.2℃,在地区分布上,中心城区气温最高,年平均气温 17.8℃,郊区 16.7℃—17.6℃。全市极端最低气温在－8.5℃(奉贤)—－5.9℃(中心城区)之间,极端最高气温在 38.3℃(金山)—40.0℃(中心城区、浦东)之间。2009 年,上海全市年降水量 1 456 毫米(徐家汇站),全年降水日数 129 天,其中日降水量≥25 毫米的大雨以上日数有 14 天,日降水量≥50 毫米的暴雨日数有 4 天,全市年日照时数 1 779 小时。上海境内河道(湖泊)面积约 500 多平方公里,河面积率为 9%—10%,全市河道长度约 2 万公里,河网密度平均每平方公里 3—4 公里。境内江、河、湖、塘相间,水网交织,主要水域和河道有长江口、黄浦江及其支流吴淞江(苏州河)、蕰藻浜、川杨河、淀浦河、大治河、斜塘、圆泄泾、大泖港、太浦河、拦路港以及金汇港、油墩港等。其中,黄浦江干流全长 80 余公里,河宽大都在 300—700 米之间,上游在松江区米市渡处承接太湖、阳澄湖淀泖地区和杭嘉湖平原来水,贯穿上海至吴淞口汇入长江口;吴淞江发源于太湖瓜泾口,在市区外白渡桥附近汇入黄浦江,全长约 125 公里,其中上海境内约 54 公里,俗称苏州河,为黄浦江主要支流;上海的湖泊则主要集中于苏浙交界的西部洼地,最大湖泊为淀山湖,面积约 60 余平方公里。上海市内主要河流的水质污染以有机污染为主,水质的有机污染指标大部分在Ⅱ类—劣Ⅴ类之间。

二、上海的国民经济和社会发展概况

上海建制历史悠久,2010 年,上海市下辖 16 个区和 1 个县,分别是浦东新区、徐汇区、长宁区、普陀区、闸北区、虹口区、杨浦区、黄浦区、静安区、宝山区、闵行区、嘉定区、金山区、松江区、青浦区、奉贤区和崇明县。从上海市以及全国国民经济和社会发展总体状况来看,上海是中国名副其实的地区经济甚至全国经济的发展龙头①。

第一,上海市的生产力发展已经达到国内较高的水平。表 10－1 显示,2010 年,上海市无论是人均生产总值还是产业结构,均遥遥领先于全国平均水平。2010 年,全国人均国内生产总值 29 992 元,上海人均生产总值为 76 074

① 中华人民共和国国家统计局编:《中国统计年鉴 2011》,中国统计出版社、北京数通电子出版社 2012 年版。

元，约为全国平均水平的 2.54 倍；全国第一产业比重约为 10.1%，上海仅为 0.7%；全国第三产业比重仅为 43.1%，上海已经上升到 57.3%。至于第三产业里面，上海的产业优势更为明显。2010 年，上海的金融业比重已经达到第三产业全部比重的 19.84%，远高于全国平均水平的 12.1%，批发和零售业全国平均比重为20.7%，上海也已经达到 26.38%，这两项反映产业结构高度化的重要指标充分说明，上海已经在生产力发展的基础上同步实现了产业结构的高度化。

表 10 - 1　　全国与上海的人均 GDP 和产业结构比较

2010 年指标	全国	上海
人均生产总值(元)	29 992	76 074
一、二、三产业比例	10.1：46.8(40.1,6.7)：43.1	0.7：42.1(38.08,3.97)：57.3
第三产业增加值构成		
交通运输、仓储、邮政业	11.0	8.49
批发和零售业	20.7	26.38
住宿、餐饮业	4.7	2.71
金融业	12.1	19.84
房地产业	12.9	10.19
其他	38.7	32.39

第二，上海的经济增长极效应明显。在全国特别是在长三角地区，上海发挥着经济增长极的作用，聚集经济效应显著，大中型企业效益良好。从表 10 - 2 可以看出，上海大中型工业企业的主要经济效益指标明显好于全国和江苏、浙江地区。此外，上海不仅是一些基础原材料和高科技产品的生产中心，同时也是全国的客、货运中心以及贸易中心。表 10 - 3 显示，上海生产的并在全国占据重要地位的工业品主要有乙烯(15.95%)、轿车(16.68%)、微型计算机设备(38.19%)、集成电路(17.39%)，它们比江苏或者浙江的主要工业品(如纱，江苏占 16%；布，浙江占 26%；机制纸及纸板，江浙合计占 25.3%；烧碱，江苏占 12.22%；纯碱，江苏占 13.14%；化学农药原料，江苏占 27.09%；化学纤维，江浙合计占 77.46%；金属切削机床，浙江占 21.78%；中大型拖拉机，江苏占 20.73%；家用电冰箱，江浙合计占 21.42%；家用洗衣机，江浙合计占 48.35%；微型计算机设备，江苏占 38.09%)技术含量总体上要高得多。表 10 - 4 与表 10 - 5显示，就运输线长而言，上海运输线的运行里程是有限的，无论是铁路、内河航道还是公路，上海均远远落后于江苏和浙江，更落后于全国。例如，上

海的铁路营运里程仅有江苏的 21.99%，浙江的 23.8%；上海的公路里程更只有江苏的 7.97%，浙江的 10.87%。然而考虑到客运量和货运量后，这种差距立即出现大幅度缩小的趋势。如 2010 年，上海铁路客运量 6 095 万人，与江苏 9 711 万人和浙江的 8 083 万人差距并不大；2010 年，上海的货物周转量累计 18 918.2 亿吨公里，分别是江苏（5 589.5 亿吨公里）的 3 倍和浙江（7 117.1 亿吨公里）的 2 倍多。表 10－6 则显示，上海按经营所在地区分的进出口贸易小于按境内目的地和货源地区分的进出口贸易，因而具有部分贸易中心的功能。

表 10－2　　2010 年上海与全国、江苏、浙江大中型工业企业的主要经济效益指标比较

2010 年大中型工业企业的主要经济效益指标	全国	上海	江苏	浙江
总资产贡献率（%）	14.91	15.12	14.28	13.73
资产负债率（%）	58.45	52.38	57.88	59.06
流动资产周转次数（次/年）	2.24	2.22	2.32	1.95
成本费用利润率（%）	8.73	8.00	7.79	7.65
产品销售率（%）	98.16	99.01	98.91	97.95

表 10－3　　2010 年全国、上海、江苏和浙江工业品产量

	全国	上海	江苏	浙江
原油（万吨）	20 301.4	8.3	186	
天然气（亿立方米）	948.48	3.30	0.6	
原盐（万吨）	7 037.76		522.44	12.91
成品糖（万吨）	1 117.59		0.14	0.17
啤酒（万千升）	4 490.16	65.36	258.59	283.41
卷烟（亿支）	23 752.6	882.60	959.50	851
纱（万吨）	2 717	4.66	434.58	214.87
布（亿米）	800	1.78	124.13	207.96
机制纸及纸板（万吨）	9 832.63	86.94	1 088.22	1 399.64
焦炭（万吨）	38 864.03	630.75	1 393.58	282.25
硫酸（万吨）	7 090.47	28.66	441.42	108.83
烧碱（万吨）	2 228.39	72.63	272.2	107.72
纯碱（万吨）	2 034.82		267.28	12.66
乙烯（万吨）	1 421.34	226.72	121.47	52.59
农用氮磷钾肥（万吨）	6 337.86	2.54	259.99	34.46

续 表

	全国	上海	江苏	浙江
化学农药原料(万吨)	223.52	5.28	60.56	24.48
初级形态的塑料(万吨)	4 432.59	361.23	562.43	460.17
化学纤维(万吨)	3 090	49.00	1 027.16	1 366.43
水泥(万吨)	188 191.17	670.80	15 829.74	11 317.16
平板玻璃(万重量箱)	66 330.8	1.51	5 731.5	4 136.72
生铁(万吨)	59 733.34	1 901.39	5 214.64	915.6
粗钢(万吨)	63 722.99	2 214.27	6 243.38	1 228.53
钢材(万吨)	80 276.58	2 475.94	9 135.95	2 839.75
金属切削机床(万台)	69.73	1.34	7	15.19
中大型拖拉机(万台)	38.35	0.97	7.95	3.69
汽车(万辆)	1 826.53	169.89	74.4	31.91
其中轿车	957.59	159.77	31.38	27.37
家用电冰箱(万台)	7 295.72	218.55	782.84	779.67
房间空气调节器(万台)	10 887.47	400.41	537.9	314.2
家用洗衣机(万台)	6 247.73	216.60	1 216.6	1 804.45
移动通信手持机(万台)	99 827.36	129.38	1 949.54	2 406.09
微型计算机设备(万台)	24 584.46	9 388.44	9 364.56	157.32
集成电路(亿块)	652.5	113.46	223.21	30.4
彩色电视机(万台)	11 830.03	254.03	1 660.88	477.03
发电量(亿千瓦时)	42 071.6	876.19	3 359.18	2 568.36
其中水电	7 221.72		2.98	230.85

表 10-4　2010 年全国、上海、江苏、浙江的运输线指标　单位：公里

	全国	上海	江苏	浙江
铁路营业里程	91 178.5	422.4	1 921.2	1 774.6
内河航道里程	124 242	2 226	24 228	9 703
公路里程	4 008 229	11 974	150 307	110 177
等级公路	3 304 709	11 974	141 706	105 851
高速	74 113	775	4 059	3 383
一级	64 430	335	9 514	4 293
二级	308 743	3 065	21 328	9 101
等外公路	703 520		8 601	4 326

表 10-5　2010 年全国、上海、江苏、浙江的客运量与货运量指标

	全国	上海	江苏	浙江
客运量合计(万人)	3 269 508	10 233	226 073	226 946
铁路	167 609	6 095	9 711	8 083
公路	3 052 738	3 634	215 850	215 708
水运	22 392	504	512	3 155
旅客周转量合计(亿人公里)	27 894. 3	181. 0	1 549. 5	1 250. 7
铁路	8 762. 2	60. 2	351. 6	362. 7
公路	15 020. 8	115. 4	1 196. 6	882
水运	72. 3	5. 4	1. 4	6
货运量合计(万吨)	3 241 807	87 256	179 014	171 038
铁路	364 271	959	6 812	4 386
公路	2 448 052	40 890	123 500	103 394
水运	378 949	45 407	48 702	63 258
货物周转量累计(亿吨公里)	141 837. 4	18 918. 2	5 589. 5	7 117. 1
铁路	27 644. 1	25. 8	344. 7	342. 2
公路	43 389. 7	265. 9	1 149. 1	1 298. 7
水运	68 427. 5	18 626. 4	4 095. 7	5 476. 2

表 10-6　2010 年全国、上海、江苏、浙江的进出口指标　单位：万美元

	全国	上海	江苏	浙江
按经营所在地分				
进出口	297 399 832	36 895 065	46 579 896	25 353 466
出口	157 775 432	18 071 398	27 053 869	18 046 478
进口	139 624 401	18 823 667	19 526 027	7 306 987
按境内目的地和货源地分				
进出口	297 399 832	36 544 330	49 878 258	28 725 008
出口	157 775 432	17 325 476	28 144 865	20 094 364
进口	139 624 401	19 218 854	21 733 393	8 630 644

第三，由于产业结构的多样化，上海市居民的收入差别较大。目前，上海的产业结构仍处于高度化的进程中，由此造成上海市民之间较大的收入差距。这种差距可以源于就业单位性质的不同，如表 10-7 显示，上海国有单位 2010 年就业人员平均工资为 71 885 元，而城镇集体单位仅仅有 41 106 元。上海市民的收入差距也可以源于行业差别，如表 10-8 显示，上海 2010 年城镇单位

就业人员平均工资为 66 115 元，但农林牧渔业仅仅有 39 575 元，电力、燃气及水的生产和供应业高达 93 049 元，信息传输计算机服务和软件业以及金融业更分别高达 115 524 元和 155 763 元。上海居民的收入差距不是少数消费者与多数消费者的差距，而是一部分消费者与另一部分消费者的差距。2010 年，全国经济活动人口 78 388 万人，就业人员合计 76 105 万人，其中第一产业 27 931 万人(36.7%)，第二产业 21 842 万人(28.7%)，第三产业 26 332 万人(34.6%)，城镇就业人员 34 687 万人，乡村就业人员 41 418 万人。与全国平均水平相比，上海的就业结构虽然发生很大变化，但每个行业的就业绝对量仍不可小觑。2010 年，上海就业人员 924.7 万，分布在第一、二、三产业分别占 3.9%、37.6% 和 58.5%，江苏对应的指标则为 4 731.7 万人和 18.7%、45.3%、36.1%，浙江对应的指标则为 3 989.2 万人和 15.9%、48.0%、36.1%。表 10－9 显示，上海相对低收入的制造业消费者高达 141.3 万人，相对高收入的电力、燃气及水的生产和供应业、信息传输计算机服务和软件业、金融业、科学研究技术服务和地质勘查业也达到 58.9 万人，这显然不是一种良性的橄榄形收入分配结构。

表 10－7　2010 年城镇单位就业人员平均工资　单位：元/年

不同性质单位工资	平均工资	在岗职工	国有单位	城镇集体单位	其他单位
全国	36 539	37 147	38 359	24 010	35 801
上海	66 115	71 874	71 885	41 106	63 544
江苏	39 772	40 505	49 553	30 263	34 273
浙江	40 640	41 505	62 367	35 665	33 476

表 10－8　2010 年按行业分城镇单位就业人员平均工资　单位：元

	全国	上海	江苏	浙江
平均工资	36 539	66 115	39 772	40 640
农林牧渔业	16 717	39 575	20 736	34 088
采矿业	44 196	62 356	41 573	28 330
制造业	30 916	52 163	32 209	29 671
电力燃气及水的生产和供应业	47 309	93 049	66 131	77 180
建筑业	27 529	69 051	29 679	28 595
交通运输仓储邮政业	40 466	58 405	38 584	48 359
信息传输计算机服务和软件业	64 436	115 524	58 902	77 125

续　表

	全国	上海	江苏	浙江
批发和零售业	33 635	61 509	31 451	39 901
住宿和餐饮业	23 382	32 815	24 029	24 679
金融业	70 146	155 763	71 115	98 135
房地产业	35 870	48 306	43 305	42 290
租赁和商业服务业	39 566	60 905	29 776	32 450
科学研究技术服务和地质勘查业	56 376	83 338	60 437	56 621
水利和环境公共设施管理业	25 544	44 376	30 940	32 462
居民服务和其他服务业	28 206	35 226	34 349	35 127
教育	38 968	69 738	49 340	63 693
卫生社会保障和社会福利业	40 232	73 470	46 337	62 508
文化体育和娱乐业	41 428	68 533	48 360	56 313
公共管理和社会组织	38 242	73 073	58 861	64 667

表 10－9　　2010 年全国、上海、江苏、浙江按行业分城镇单位就业人数

单位：万人

	全国	上海	江苏	浙江
合计城镇就业人数	13 051.5	392.9	763.8	883.6
农、林、牧渔业	375.7	1.5	9.9	1.4
采矿业	562.0	0.1	12.6	1.7
制造业	3 637.2	141.3	335.5	351.7
电力、燃气及水的生产和供应业	310.5	5.4	12.9	12.6
建筑业	1 267.5	11.3	52.3	180.2
交通运输、仓储和邮政业	631.1	36.3	31.2	25.2
信息传输、计算机服务和软件业	185.8	6.7	8.7	11.2
批发和零售业	535.1	26.4	29.0	31.0
住宿和餐饮业	209.2	11.7	10.6	15.6
金融业	470.1	23.6	26.9	29.4
房地产业	211.6	11.2	7.3	13.6
租赁和商业服务业	310.1	18.6	12.0	26.0
科学研究、技术服务和地质勘查业	292.3	23.2	10.9	14.0
水利、环境和公共设施管理业	218.9	5.9	12.3	10.9
居民服务和其他服务业	60.2	3.3	1.0	1.6
教育	1 581.8	26.1	85.5	61.1
卫生、社会保障和社会福利业	632.5	16.7	36.3	32.4
文化体育和娱乐业	131.4	4.7	5.7	6.2
公共管理和社会组织	1 428.5	18.7	63.1	57.5

第四，上海人口众多，文化素质相对较高，但老年化问题较为严重。2010

年，全国人口 134 091 万人，城镇人口 66 978 万人，占全部人口的 49.95%，人口自然增长率 4.79‰。上海总人口 2010 年则为 2 303 万人，自然增长率 1.98‰，低于江苏的 2.85‰和 4.73‰。2000 年，全国预期寿命 71.4 岁，上海则为 78.14 岁。2010 年 11 月 1 日第六次全国人口普查显示，全国总人口 133 972 万人，0—14 岁占 16.6%，15—64 岁占 74.35%，65 岁及以上 8.87%，上海的这四个指标分别为 2 302 万人和 8.63%、81.25%、10.12%，江苏则分别为 7 866 万人和 13.01%、76.10%、10.89%，浙江则分别为 5 443 万人和 13.21%、77.45%、9.34%。与全国和江苏省以及浙江省相比，上海人口自然增长率低，人口老年化问题严重。另一方面数据显示，全国每 10 万人拥有的受教育程度，2010 年小学有 26 779 人，初中有 38 788 人，高中和中专有 14 032 人，大专及以上有 8 930 人，上海的这一系列指标分别为 13 535 人、36 461 人、20 966 人以及 21 952 人，江苏的指标相应为 24 176 人、38 670 人、16 143 人和 10 815 人，浙江的指标相应为 28 819 人、36 681 人、13 562 人和 9 330 人。与全国、江苏和浙江比，上海消费者的受教育程度明显高于全国和江浙两省。

第五，上海城市化已经达到很高的水平。2008 年底，上海耕地面积 244 千公顷，仅占全国的 0.2%，低于江苏省的 4 763.8 千公顷和 3.91%，浙江省的 1 920.9 千公顷和 1.58%。表 10 - 10 显示，2008 年上海市的土地利用程度远远超出江苏和浙江两省的水平，也超过全国的平均水平。2010 年，全国城市人口密度为 2 209 人/平方公里，上海则为 3 630 人/平方公里，江苏为 2 027 人/平方公里，浙江为 1 773 人/平方公里。2010 年，全国城区面积 178 691.7 平方公里，建成区面积 40 058 平方公里，上海的城区面积和建成区面积分别为 6 340.5 和998.8 平方公里。

表 10 - 10　2008 年全国、上海、江苏、浙江的土地利用情况　单位：万公顷

	全国	上海	江苏	浙江
土地调查面积	95 069.3	82.4	1 067.4	1 054.0
农用地	65 687.6	36.7	671.6	867.2
园地	1 179.1	2.1	31.6	66.1
牧草地	26 183.5		0.1	
建设用地	3 305.8	25.4	193.4	104.9
居民点及工矿用地	2 691.6	23.0	161.0	81.7
交通运输用地	249.6	2.1	13.1	9.5
水利设施用地	364.5	0.2	19.3	13.8

三、上海房地产业发展的基本特点

2010年，上海建筑业房屋施工面积22 996.8万平方米，竣工面积6 217.1万平方米，建筑业总产值43 001 906万元(其中建筑工程产值35 190 165万元，安装工程产值6 224 425万元，其他1 587 317万元)，建筑业增加值5 831 049万元，建筑业企业利税总额2 981 970万元，建筑业企业利润总额1 597 878万元，建筑业劳动生产率46 744元/人，登记注册建筑业企业合计2 983家，其中内资企业2 837家，国有企业136家，集体企业99家，港、澳、台商投资企业79家，港、澳、台商独资企业24家，外商投资企业67家，外商独资企业29家。比较而言，上海房地产业发展有如下几个基本特点。

第一，在全国住宅投资热潮中，上海更偏重于城镇房地产投资。表10-11显示，上海城镇房地产投资比例为99.74%，高于江苏的86.18%和浙江的73.89%，也高于全国平均水平的74.07%。

表10-11　2010年各地全社会住宅投资　单位：亿元

	住宅投资合计	城镇住宅投资	其中：房地产投资	农村住宅投资
全国	45 936.1	39 473.7	34 026.2	6 462.5
上海	1 233.0	1 230.8	1 229.8	2.1
江苏	3 665.2	3 380.7	3 158.5	284.6
浙江	2 785.5	2 271.8	2 058.2	513.7

第二，上海竣工房屋价值不仅在全国遥遥领先，也领先于邻近的江苏和浙江。表10-12显示，上海竣工房屋价值每平方米平均达到3 593.4元，住宅达到每平方米3 811元，商品住宅更达到每平方米3 844元，分别高于同期全国的1 338元/平方米、1 197元/平方米和2 132元/平方米，也高于浙江的1 397元/平方米、1 362元/平方米和2 543元/平方米，高于江苏的1 714元/平方米、2 036元/平方米和2 591元/平方米。表10-13显示，以城镇为基础来衡量，上海的竣工房屋价值也是最高的，同期上海竣工房屋价值平均3 833元/平方米，住宅平均为3 844元/平方米，同样高于全国的1 803元/平方米和1 873元/平方米，浙江的2 024元/平方米和2 382元/平方米，江苏的2 007元/平方米和2 491元/平方米。表10-14显示，上海市的房屋售价也普遍高于全国包括江苏和浙江两省的水平。2010年，上海商品房的平均售价14 464元/平方

米，高于全国的 5 032 元/平方米、江苏的 5 841 元/平方米和浙江的 9 258 元/平方米；上海住宅平均售价 14 290 元/平方米，高于全国的 4 725 元/平方米、江苏的 5 592 元/平方米和浙江的 9 332 元/平方米；上海别墅、高档公寓平均售价 24 952 元/平方米，高于全国的 10 934 元/平方米、江苏的 10 191 元/平方米和浙江的 12 507 元/平方米；针对经济适用房，上海采用共有产权形式，即售价总体上遵循市场原则，个人按产权比例支付，这比全国的 2 495 元/平方米、江苏的 2 449 元/平方米和浙江的 3 379 元/平方米更要高得多；上海办公楼平均售价 18 888 元/平方米，高于全国的 11 406 元/平方米、江苏的 7 962 元/平方米和浙江的 11 033 元/平方米；上海的商业营业用房平均售价 15 779 元/平方米，高于全国的 7 747 元/平方米、江苏的 7 892 元/平方米和浙江的 10 627 元/平方米；上海其他房屋平均售价 7 200 元/平方米，也高于全国的 4 099 元/平方米、江苏的 3 239 元/平方米和浙江的 3 710 元/平方米。

表 10－12　2010 年各地区全社会施工、竣工房屋面积和价值

	全国	上海	浙江	江苏
施工房屋建筑面积(万平方米)	885 173.4	15 015.9	61 194.5	72 050.7
住宅	492 763.6	7 343.3	25 960.2	31 278.7
商品住宅	314 760.1	7 313.8	16 138.4	26 347.1
竣工房屋建筑面积(万平方米)	304 306.1	2 776.2	19 681.5	28 291.2
住宅	183 172.3	1 414.6	9 177.1	10 087.4
商品住宅	63 443.1	1 396.1	2 798.4	6 553.5
竣工房屋价值(亿元)	40 704.9	997.6	2 750.0	4 848.5
住宅	21 929.5	539.1	1 249.5	2 053.9
商品住宅	13 527.5	536.7	711.5	1 698.0

表 10－13　2010 年各地区城镇施工、竣工房屋建筑面积和价值

	全国	上海	浙江	江苏
施工房屋建筑面积(万平方米)	706 379.2	13 688.6	41 954.3	57 837.1
住宅	376 588.5	7 325.0	18 768.6	28 004.9
竣工房屋建筑面积(万平方米)	175 429.6	2 402.4	8 522.1	18 825.0
住宅	86 879.8	1 397.2	3 266.5	7 264.3
竣工房屋价值(亿元)	31 627.0	920.9	1 725.1	3 779.0
住宅	16 270.8	537.1	778.2	1 809.9

表 10－14　2010 年按照用途分的商品房销售面积、平均销售价格

	全国	上海	江苏	浙江
商品房销售面积(万平方米)	104 764.65	2 060.96	9 485.47	4 816.53
商品房平均售价(元/平方米)	5 032	14 464	5 841	9 258
住宅销售面积(万平方米)	93 376.0	1 690.82	8 112.37	3 833.74
住宅平均售价(元/平方米)	4 725	14 290	5 592	9 332
别墅、高档公寓销售面积(万平方米)	4 219.1	341.71	523.75	272.64
别墅、高档公寓平均售价(元/平方米)	10 934	24 952	10 191	12 507
经济适用房销售面积(万平方米)	2 748.87	/	315.20	86.36
经济适用房平均售价(元/平方米)	2 495	/	2 449	3 379
办公楼销售面积(万平方米)	1 889.97	162.89	209.88	272.11
办公楼平均售价(元/平方米)	11 406	18 888	7 962	11 033
商业营业用房销售面积(万平方米)	6 994.84	125.74	988.23	459.29
商业营业用房平均售价(元/平方米)	7 747	15 779	7 892	10 627
其他销售面积(万平方米)	2 503.24	81.51	174.99	251.38
其他平均售价(元/平方米)	4 099	7 200	3 239	3 710

第三，上海在偏重建设别墅、高档公寓的同时，房屋造价总体偏高。表 10－15显示，2010 年住宅占房地产开发企业新开工房屋面积的比例，上海为 69.66%，低于全国平均水平(79.05%)，但与江苏(77.02%)和浙江(66.62%)有不同程度的相似；别墅、高档公寓占住宅的比例，上海为 18.47%，全国为 3.93%，江苏为 6.51%，浙江为 7.25%，上海是全国的 4.7 倍，江苏的 2.84 倍，浙江的 2.55 倍；经适房占住宅的比例，上海为 10.86%，全国为 3.8%，江苏为 4.26%，浙江为 2.11%，上海明显高于全国和江浙地区。表 10－16 显示，上海房屋造价高达 4 018 元/平方米，既高于全国平均水平的 2 228 元/平方米，也高于江苏的 2 653 元/平方米和 2 596 元/平方米。

表 10－15　2010 年按照用途分的房地产开发企业新开工房屋面积　单位：万平方米

	全国	上海	江苏	浙江
新开工房屋面积	163 646.87	3 030.59	13 745.42	7 841.27
住宅	129 359.31	2 111.11	10 586.39	5 223.94
别墅、高档公寓	5 080.05	389.84	688.65	378.79
经济适用房	4 909.54	229.23	451.50	110.46

续 表

	全国	上海	江苏	浙江
办公楼	3 668.07	147.39	361.57	475.54
商业营业用房	17 472.58	298.10	1 742.22	856.95
其他	13 146.91	473.99	1 055.23	1 284.85

表 10－16　2010 年房地产开发企业建设房屋建筑面积和造价

	全国	上海	江苏	浙江
施工房屋面积(万平方米)	405 356.4	11 295	35 106.9	23 781.9
竣工房屋面积(万平方米)	78 743.9	1 941.2	8 696.3	4 115.8
房屋建筑面积竣工率(%)	19.4	17.2	24.8	17.3
竣工房屋价值亿元	17 542.73	779.93	2 307.27	1 068.33
竣工房屋造价元/平方米	2 228	4 018	2 653	2 596

针对上海房地产发展的三个基本特点，比较合理的解释是，上海充分利用土地资源紧缺的优势，以地生财，获得了巨大的经济效益。上海房屋的高造价源于高昂的土地成本投入。房屋的生产性投入中只有地价是非竞争性的，是无法平均化的，其他的税费征收虽然也带有政府垄断性质，但全国各地受同一部法规的约束应该大同小异，因此上海房屋造价与其他地区房屋造价的差异只能归咎于土地成本差异。上海高昂的土地价格是否都源于住宅地基的优异特质？从优质住宅地基的供给来源和供给属性看，上海高昂的土地价格只能归咎于住宅地基的垄断供给。考虑到上海住宅市场高度统一，除了商品化色彩浓厚的别墅、高档公寓外，就是普通商品房和经济适用房，一旦普通商品房因为土地成本过高导致市场价格过高，一般消费者承受不起就只能转向经济适用房，则上海经济适用房较高的比例就见怪不怪了，而且这种较高比例的经适房并不意味着社会公众的基本居住需求能够得到满足。人们需要关注的是，具有保障房性质的经济适用房，供给数量与供给价格是否与被商品化住宅市场驱赶出来的消费者的基本需求和支付能力相一致。不过，总体而言，上海高价商品房与经适房比重都较高，与上海市国民收入分配两极分化的经济基本面是相吻合的。

第二节 上海公共住宅金融现状与问题

2010 年，中国城市人均住宅建筑面积 31.6 平方米，农村人均住房面积则达到 34.1 平方米。与全国整体水平相比，上海的住宅产业发展成绩要出色得多。在“十一五”期间(2006—2010)，上海城镇居民人均住房居住面积逐年上升，2006 年为 16 平方米，2007 年为 16.5 平方米，2008 年为 16.9 平方米，2009 年为 17.2 平方米，2010 年达到 17.5 平方米，相当于人均住房建筑面积 34.6 平方米，居民住宅成套率达到了 95.8%。也就是说，上海的城镇居民人均住宅建筑面积不仅超过了全国城市人均住宅建筑面积平均水平，也超过了土地供应明显充裕的中国农村人均住房面积。然而，隐藏在总量成绩背后的是上海住宅拥有结构的缺陷，相当一批中低收入者在高房价下勉力支撑，他们不是买不起房就是买下房后为偿还房贷节衣缩食，成为标准的房奴。

一、上海住房公积金运行现状

上海住房公积金运行状况大致包括三个方面的内容，即住房公积金的归集和使用、超额储备存款运作及增值收益以及主要事件，其中住房公积金的归集和使用是其中最核心的组成部分。1999 年以来，上海市住房公积金缴存比例一直没有变化，即职工单位和职工个人均为 7%，补充公积金由于具有自愿性质，职工单位和职工个人的缴存比例限定在 1%—8%。从总量(表 10－17)看，上海市住房公积金无论是归集额，还是贷款额，都在不断增长，成效也是显著的。然而，从结构看，上海市住房公积金所能发挥的作用又确实是令人怀疑的。由于数据资料的缺乏，这里主要以 2007—2010 年为样本时间段，对上海住房公积金运行进行重点分析[①]。

表 10－17　　2001—2010 年上海住房公积金归集额和贷款发放额　　单位：亿元

年份	2001	2002	2003	2004	2005	2006	2007	2008	2009	2010
归集额	92.97	109.42	141.07	159.29	199.29	204.51	231.89	282.48	337.84	390.36
贷款额	104.57	119.55	114.29	104.78	89.73	186.25	287.94	198.79	566.04	302.93

① 数据来自 http://www.shanghai.gov.cn/shanghai/node2314/node2319/index.html 的上海市住房公积金制度执行情况年度公报和上海市住房公积金运行分析年度报告。

1. 上海住房公积金的归集和使用

表 10-18　　2007—2010 年上海市住房公积金归集和使用

年份		2007	2008	2009	2010
住房公积金归集	住房公积金和补充住房公积金当年归集(亿元)	231.89	282.48	337.84	390.36
	截至年底累计归集(亿元)	1 513.78	1 796.26	2 134.1	2 524.46
	缴存住房公积金职工人数(万人)	335.15	360.77	371.13	407.48
	缴存补充住房公积金人数(万人)	58.86	68.21	73.89	81.41
住房公积金提取	当年住房公积金提取(亿元)	113.70	128.11	147.88	176.63
	当年补充住房公积金提取(亿元)	33.68	35.31	40.90	49.5
	当年住房公积金合计提取(亿元)	147.38	163.42	188.78	226.13
	当年购房提取公积金金额(亿元)	16.38	12.75	15.89	14.34
	当年购房提取公积金职工人数(万人)	7.21	5.02	5.46	3.57
	当年归还房贷、房租提取住房公积金金额(亿元)	95.98	114.09	130.57	163.48
	当年归还房贷、房租提取住房公积金人数(万人)	80	81	86	946
	截至年底住房公积金累计提取金额(亿元)	838.92	1 002.34	1 191.12	1 417.25
	截至年底住房公积金净归集资金(亿元)	674.86	793.92	942.98	1 107.21
住房公积金个人购房贷款	当年个人购房贷款金额(亿元)	287.94	198.79	566.04	302.93
	当年个人购房贷款家庭数量(万户)	14.36	9.1	18.74	9.96
	当年个人购房贷款支持购房建筑面积(万平方米)	1 513.41	928.97	1 900	812.98
	截至年底累计发放个人购房贷款金额(亿元)	1 265.42	1 464.21	2 030.32	2 333.24
	截至年底个人购房贷款累计家庭数量(万户)	111.23	120.33	139.07	149.02
	截至年底累计支持购房建筑面积(万平方米)	10 036.88	10 965.85	12 900	13 700
	截至年底发放个人购房贷款余额(亿元)	582.38	652.08	1 026.86	1 127.45

续 表

年份		2007	2008	2009	2010
个人购房贷款回笼	当年回笼资金金额(亿元)	121.61	129.08	191.27	202.33
	截至年底累计回笼金额(亿元)	683.04	812.13	1 003.46	1 205.79
	截至年底三期以上户数逾期率(‰)		1.338	1.263	1.24
	截至年底三期以上金额逾期率(‰)	0.107	0.116	0.084	0.085
	截至年底三期以上逾期金额(万元)	623.89			

2. 上海住房公积金运行增值收益及其分配

表 10-19 上海市住房公积金增值收益 单位：亿元

年份	2007	2008	2009	2010
存款利息收入	3.79	5.91	5.3	3.73
个贷利息收入	22.24	32.13	30.96	42.06
国债利息收入	1.05	2.77	1.38	
其他收入	1.00	0.21	1.62	0.1
业务收入合计	28.08	41.02	39.25	45.86
支付缴交人利息	18.46	18.03	15.05	20.64
归集手续费支出	0.85	0.92	0.88	0.94
贷款手续费支出	1.01	0.91	0.95	0.94
其他支出			0.29	0.13
业务支出合计	20.32	19.86	17.17	22.65
增值收益	7.76	21.16	22.08	23.24
增值收益分配				23.24
提取贷款风险准备金				11.27
提取管理费用				0.6
提取城市廉租住房建设补充资金				11.37

3. 主要事件

2007 年 9 月 1 日起，上海市调整住房公积金贷款额度上限，第一次购买自住住房的住房公积金贷款借款人，从以户为单位计算贷款额度、每户家庭最高不超过 20 万元，改为以户为基础、配偶(或参贷人)参与计算贷款额度、每户家庭最高不超过 40 万元。补充住房公积金贷款额度上限政策不变，仍为 10 万元。同年，住房公积金个人购房贷款利率经过先后五次调整后，5 年（含 5 年）以下的贷款利率由 2006 年的 4.14%调整到 4.77%，5 年以上的贷款利率由 4.59%调整到 5.22%；住房公积金存款利率经过六次调整后，结转一年以上的住房公积金存款利率由 2006 年的 1.8%调整到 3.33%，当年归集的住房公积金存款利率仍为 0.72%。另外，经市住房公积金管委会同意，市政府批准，市公积金管理中心动用 20 亿元住房公积金增值收益廉租住房建设补充资金，收储约 50 万平方米的市属重大工程配套商品房，用于全市廉租房房源储备。至 2007 年底，已签约收储 4 288 套、28.28 万平方米廉租房源。

2008 年 8 月，补充住房公积金贷款限额从 10 万元提高到 20 万元；10 月，职工家庭第一次购买自住住房的贷款限额由 40 万元提高到 60 万元，有补充住房公积金的最高贷款限额为 80 万元；12 月，实施新的购买第二套住房的贷款政策：规定自 2009 年 1 月 1 日起，对为改善居住条件再次贷款购买第二套经认定的普通住房的职工家庭，可按首次购房的贷款政策执行，即每户家庭住房公积金最高贷额限额为 60 万元（有补充住房公积金的为 80 万元），对其他购买第二套普通住房的，每户家庭住房公积金最高贷额限额为 40 万元（有补充住房公积金的为 60 万元）。同年，住房公积金个人购房贷款利率经过五次调整后，5 年（含 5 年）以下的贷款利率由 2007 年底的 4.77%调整到 3.33%，5 年以上的贷款利率由 5.22%调整到 3.87%。住房公积金存款利率经过四次调整后，结转一年以上的住房公积金存款利率由 2007 年的 3.33%调整到 1.71%，当年归集的住房公积金存款利率由 0.72%调整为 0.36%。另外，市公积金管理中心按计划支付 10.6 亿元廉租房建设补充资金收储廉租房源 28.28 万平方米。

2009 年 1 月 1 日起，上海市对首次购房及为改善居住条件再次贷款购买第二套经认定的普通住房的职工家庭，将每户家庭基本住房公积金最高贷款限额提高到 60 万元（有补充住房公积金的为 80 万元），还将购买普通住房的最低首付比例调整至 20%。10 月，包括廉租住房对象、经济适用住房承租户和通过市场租赁且房屋租赁费用超出家庭收入一定比例的家庭等三类对象，可以申请提取住房公积金账户储存余额，用于支付房屋租金。另外，市公积金管理中心全面完成廉租房源收储，共计收储廉租房源 4 288 套，28.28 万平方米，协议金额 10.83 亿元。收储廉租房源位于江桥、浦江、康桥和周浦四个配套商品房基地，分布在 11 个小区。其中，2 021 套房源已基本完成装修并即将投入使用，另外 2 267 套因房源适配等原因，经市政府批准调剂用于本市旧区改造居民安置。

2010 年，经市住房公积金管理委员会批准，两次调整住房公积金个贷政策。一是停止发放装修贷款；二是在继续支持、鼓励以自住和改善为目的的住房消费需求的同时，暂停发放第二套非改善型住房贷款，停止发放第三套及以上住房公积金贷款。年末，根据中国人民银行、住房和城乡建设部的通知，两次调整了住房公积金存贷款利率。6 月，出台《上海市住房公积金个人购买经济适用住房贷款实施细则（试行）》，并自 8 月起在徐汇、闵行两区试点。《实施细则（试行）》中首次提出了“共同借款人”和“补充还款人”的概念，增强了借款人的支付能力和还款能力，受到了经济适用房公积金借款人的欢迎。

二、上海住房公积金运行反映的问题

细细分析上海市住房公积金运行的现状，我们不难发现其中存在的问题。

首先，住房公积金在上海市民购房资金来源中的重要性日益下降。2007—2010 年，尽管每年提取住房公积金的金额规模都在增大，上海市购房提取住房公积金的职工人数和提取金额却每年都在显著下降。前者从 7.21 万人下降到 3.57 万人，后者从 16.38 亿元下降到 14.34 亿元。原因不外是，第一，公积金与房价越来越不成比例，公积金提取对购买住房决策的影响越来越小；第二，越来越多的人买不起房，干脆放弃购买住房。这两种原因在为归还房贷、房租提取住房公积金中都得到验证。2007—2010 年，上海市民因归还房贷、支付房租提取的住房公积金规模远远大于购房提取的住房公积金规模，即从 95.98 亿元上升到 163.48 亿元；上海市民因归还房贷、支付房租提取住房公积金的职工规模也远远大于因购房提取住房公积金的职工规模，即从 80 万人上升到 946 万人。换句话说，上海的住房公积金功能已经从原来的买房蜕变为归还房贷和支付房租了。也难怪 2004 年住房公积金还是上海市“普通市民家庭贷款买房的首选和贷后还款的资金来源之一”[①]，2007 年就已经变成“广大职工家庭购买住房和偿还住房贷款的重要资金来源之一”[②]了，2010 年的上海市住房公积金制度执行情况年度公报则根本不提住房公积金对买房的重要性。

---

① 参见《2004 年度上海市住房公积金制度执行情况公报》。
② 参见《2007 年度上海市住房公积金制度执行情况公报》。

其次，在疯狂上涨的房价面前，住房公积金的沉淀规模越来越大。2007—2010 年，上海市住房公积金归集规模增长率分别为 13.39%、21.82%、19.6% 和 15.55%，同期上海市住房公积金净归集资金规模也分别达到 674.86 亿元、793.92 亿元、942.98 亿元和 1 107.21 亿元。规模越来越庞大的资金沉淀，意味着无力购买住房的上海市民数量也越来越多，意味着这部分上海市民在被提取住房公积金的同时不得不以市场价格满足刚性居住需求，即这些上海市民承受着住宅市场和地方政府的双重挤压。因为地方政府按照支付能力提取住房公积金，却不解决居民的刚性居住需求，而且将这些住房公积金以明显低于市场的价格取走借用；另一方面，这些急需住房保障的上海市民还必须另外支付市场价格解决自己的刚性居住需求，从而承受住宅市场的第二重挤压。

再次，住房公积金成为上海市劣质土地财政的有力推手。2007—2010 年，上海住房公积金个人购房贷款每个家庭获得的个人购房贷款金额是 20.05 万、21.85 万、30.2 万和 30.41 万，而同年每一万元住房公积金个人购房贷款支持购房的建筑面积分别是 5.26 平方米、4.67 平方米、3.36 平方米和 2.68 平方米。家庭购房贷款金额与贷款支持的建筑面积相背离意味着，一方面是越来越多的人因为房价过高，买不起房，只能让自己的住房公积金白白闲置；另一方面，少部分高收入者将多数中低收入者的住房公积金集中起来竞购商品房，进行住宅投资和投机。这也就很容易理解上海市住房公积金贷款实际上向高收入者倾斜，导致上海市住房公积金成为少数高收入者炒房牟利工具的原因所在，也很容易理解上海市住房公积金缴存者缺乏积极性，以及上海市住房公积金归集越多意味着住房保障欠债越严重的道理所在。

最后，丧失了住房保障功能的住房公积金管理中心实际上已经商业化，从而风险暴露严重。住房公积金管理中心本来是住房保障的工具，但在房价节节上升已经远远超出中低收入消费者支付能力的前提下，以消费者工资为基础提取的住房公积金显然不敷中低收入消费者的购房需要，于是住房公积金管理中心的住房保障功能迅速蜕化，取而代之以商业经营的模式。一方面住房公积金管理中心的资金来源具有法律强制色彩，另一方面住房公积金管理中心又不承担任何社会职能，由此导致住房公积金管理中心弊端丛生，住房公积金屡屡被挪用，住房公积金低效被使用，住房公积金成为唐僧肉，人人想成为其受益者。更多的情况下，住房公积金管理中心经营日益商业化，因为当应该履行的社会职能不能履行时，商业化经营及商业化业绩考核就成为必然的选择，这是 2010 年上海市住房公积金增值收益不得不提取贷款风险准备金

11.27 亿元的根本原因，也是其提取城市廉租住房建设补充资金 11.37 亿元的主要原因。

三、上海市住房公积金运行问题的实质

上海市住房公积金运行问题的实质是，劣质土地财政架空了上海市住房公积金健康运行的经济基础。

住房保障虽然是一种政治决策和政治行为，但它依然要遵循最基本的经济学原理，公共住宅金融的运行也一样。公共住宅金融的健康运行需要将公共住宅成本限制在消费者支付能力范围内，需要将公共住宅融资建立在消费者支付能力的基础上，一切脱离消费者支付能力的决策和行为都会走向失败。从上海市住房公积金的资金归集看，不管是住房公积金缴纳的比例，还是住房公积金缴纳的绝对额，它确实是也不可能不是建立在消费者支付能力的基础上。因为一方面住房是刚性需求，消费者不管愿意不愿意，都得将这一部分资金积累起来，住房公积金不过是资金积累存储的一种形式而已；另一方面住房储蓄不能影响到消费者的正常生活，这既是消费者自身的住房储蓄底线，也是政府强制住房储蓄的底线。所以，中国以住房公积金为主体的公共住宅金融从资金筹集的角度看，是符合中国实际的，也是真实反映消费者支付能力的。

然而从公共住宅金融的供给角度看，上海市的公共住宅供给成本明显脱离了上海市公共住宅的需求价格。由于上海特殊的自然环境、社会环境和经济地位，上海土地供应相对极为稀缺，寸土寸金，土地商业化能够给土地所有者带来极大的收益，土地非商业化会给土地所有者带来极大的机会成本。在经济利益的驱动下，不管是完全市场化的商品房还是有保障色彩的经济适用房，土地市场价值在其房价中的体现只有量的差别，没有质的不同。1999 年中国城镇住房体制改革以来，上海的住房价格就一路上涨。根据上海房地产学会提供的数据，2011 年上海外环外的普通住宅价格达到每平方米 2.5 万元，内环内的优质住宅价格普遍在每平方米 10 万元以上，与 1999 年相比，商品住宅的价格涨幅基本保持在 1 000%—4 000%范围内。与过高的商品住宅价格形成鲜明对照的是，上海普通市民的收入水平并没有同步提高。根据上海统计年鉴 2010 数据，2000 年上海职工平均工资 15 420 元，2009 年仅仅上升到 42 789 元，其中国有经济单位职工平均工资是从 15 737 元上升到 62 390 元，集体经济单位职工平均工资是从 8 041 元上升到 25 390 元。10 年时间职工平均工资的涨幅不过分别是 2.77 倍、3.96 倍和 3.16 倍。房价的涨幅远远高出

职工平均工资的涨幅意味着，即使上海市住房公积金制度制定之初，上海市民的住房公积金提取水平能够满足购买商品房的需要，10 年后的今天也可能根本买不到了，而且随着时间的推移，上海市民用住房公积金购买住房的可能性变得越来越小。考虑到经济适用房带有住房保障色彩，价格应该比普通商品房的市场价格低，但上海市实行的共有产权经济适用房制度，将经济适用房价格的优惠部分以政府产权的形式保留起来，从而打破了经济适用房价格降低的幻想。

目前，上海外环外的普通住宅，以 2010 年均价每平方米 2.5 万元计，假定三口之家的标准居住面积为 60 平方米，按照西方流行的标准，如果要使消费者具备基本的支付能力，房价只能是家庭年收入的 5 倍左右，则上海双职工家庭的年收入必须达到 30 万元，剔除小孩，即夫妇二人每人的年收入必须达到 15 万元。这一收入水准，已经不是上海普通市民的收入水准，而是上海中高收入居民的收入水准。以上海中高收入居民的收入水准购买上海最普通的商品住宅，这显然与上海商品住宅市场的层次化相悖。强行将过低的收入与过高的房价连接，不是消费者永远白白储蓄不能得到住房保障，就是公共住宅金融的经济基础受到伤害，公共住宅金融早晚会发生危机。因此，无论从哪个角度看，上海目前的商品住宅价格都是过高的，上海的住宅价格水平必须降下来。否则公共住宅金融的健康发展必然是一句空话。

事实上，西方的标准也不是无懈可击的。20 世纪 50 年代以来，无论是发展中国家还是发达国家，一次又一次的房地产金融危机一直在告诫我们，西方的住宅金融理论不管是商业住宅金融还是公共住宅金融，都存在重大缺陷。西方公共住宅金融理论可以学习，可以借鉴，但绝对不能照抄，不能生吞活剥地照本宣科。结合中国和上海的实际情况，上海市公共住宅金融的发展不能延续西方现有的以住宅商品化为前提的资产积累型公共住宅金融和缺口弥补型公共住宅金融模式，而应该以马克思主义经济理论为指导，选择劳动力价值支撑型公共住宅金融发展模式，实现上海市公共住宅金融的良性健康发展。

第三节　上海公共住宅金融发展思路

上海发展公共住宅金融，首先在于理顺因为劣质土地财政而扭曲的住宅市场供求关系，然后才是在消费者支付能力的基础上发展劳动力价值支撑型公共住宅金融，促进劳动力的顺利再生产。

一、利用上海经济地利优势发展一批世界性顶级豪宅

上海既是中国最大的经济中心，也是世界进入中国的跳板。在世界经济重心转向亚太、世界目光转向中国之际，上海对世界的吸引力，特别是上海对世界经济的吸引力，怎么估计都不过分。上海打造的顶级豪宅不能满足于国内一流，而应该是世界水平的。从 2010 年世界十大顶级豪宅看，法国利奥波德别墅价值 6.7 亿美元，名列第一名；西班牙谢洛日博内尔别墅价值 7 400 万美元，名列第十名；第二到第九名的别墅价值大致在 1 亿美元左右。与世界十大豪宅相比，上海的豪宅在国内不算顶尖，在世界范围内更是名不副实。以在上海房地产市场颇负盛名的汤臣一品为例，汤臣一品位于浦东新区花园石桥路 28 弄，陆家嘴滨江大道旁，2012 年 2 月 28 日起步价每平方米 170 000 元，主力户型 434—597 平方米。依此推算，汤臣一品所谓豪宅的市场价格大致在 7 378 万—10 149 万元人民币，以 2012 年 2 月 29 日 1 元人民币兑换 0.158 9 美元折算，大致为 1 172 万—1 613 万美元，还不到世界顶级豪宅的一个零头。由此可见，上海豪宅市场发展的潜力是相当大的。

目前限制上海豪宅市场发展的主要障碍还是劣质土地财政。劣质土地财政与经济发展，特别是与经济的内涵式发展关系很小，只要垄断土地的供给，土地出让收入就会滚滚而来。在十多年的时间里，上海的普通住宅市场价格比优质住宅市场价格增长速度更快[①]，说明上海的土地财政是建立在刚性居住需求基础之上的，经济发展特别是经济内涵式发展对上海房价的支持推升作用很小。而这一事实与优质住宅特别是豪宅的价格上升原理是相冲突的，因为优质住宅的价格上升是建立在经济发展、人们收入水平提高、少数富有者具有更大购买力基础上的，脱离经济的发展和少数富有者的超额支付能力，优质住宅的高价格是不可能持久的。铲除中国劣质土地财政的根源，不仅有利于中国住宅市场关系的理顺，促进中国经济的内涵式增长，而且有利于中国豪宅市场的发育和成长，实现中国经济发展与优质住宅市场的良性统一。

结合上海的实际情况，上海发展豪宅市场应该求少而精，而不是多而次，应集中在自然环境良好的黄浦江两侧和郊区有山有水的地方，或者在富有历史意义、文化价值的传统居住区兴建。上海豪宅是否符合优质的标准，有一个简单的检验办法，那就是是否时间越长，住宅升值越有潜力，如果答案为是，这

---

① 顾书桂：《中国住宅市场的问题与对策》，载《科学·经济·社会》2011 年第 2 期。

种住宅就是典型的优质住宅或豪宅。用这个标准检验，上海除了少数几个具有历史和文化意义的古典式建筑外，当代社会建立的豪宅几乎没有。当然这不是说号称豪宅的就没有了，恰恰相反，上海豪宅遍地都是，甚至价值几百万的住宅在上海都可以称为豪宅。当前住宅市场限购及其后房产税的推出，暗示着中国包括上海在内住宅市场的供求数量大体已经趋于均衡，中国住宅市场的发展将由重视量转为重视质，豪宅市场将在中国得到稳步的发展。

上海豪宅市场的建立，不仅是完善上海住宅市场的需要，更是上海住宅市场实现收入再分配的重要途径。

二、根据上海的人口和土地规划制定商品化住宅的消费鼓励与限制标准

与星星点点分布的豪宅相比，上海需要在中环附近及中环以内的大片地区大力建设与上海人口规划相适应的商品化住宅。这些商品化住宅，从需求方面来说能满足上海近期人口居住的需要，从供给方面来说也没有超出上海土地规划的土地供应能力。这意味着，上海的居住标准是弹性的，上海的人口越多，居住标准越低；上海的人口越少，居住标准越高。那种简单地将上海市民的绝对居住标准与国内其他地区比，与国际其他城市比，与其说是不具有可比性，不如说是滑稽可笑的。

上海目前有户籍人口 1 400 万人，非户籍人口 900 万人，利用土地(包括园地、牧草地、建设用地、居民点及工矿用地、交通运输用地、水利设施用地)共 45.7 万公顷，尚有农用地 36.7 万公顷可用于继续开发。上海首先需要对现有的土地利用效率进行评估，在评估的基础上，根据中远期上海的人口发展规划，根据上海农用地继续开发的潜力，确定上海市人均居住鼓励标准和限制标准，确保中远期内按照这些标准上海市民均能实现住有所居。2011 年，包括上海在内，全国各地都兴起了大建保障房的高潮，然而一个滑稽的声音始终存在，这就是建设保障房没有土地了。理论上讲，有没有土地建保障房都是相对的，当将所有土地都垄断在手中待价而沽时，当然不可能有剩余的土地来建设保障房。但如果将建保障房的土地来源指向地方政府囤积的土地时，则保障房建设的土地来源将会有大幅度的增加，如果考虑提高现有土地的利用效率，则保障房建设的土地供应永远不会稀缺。

上海建设商品房市场，需要注意以下几个问题：(1) 上海的普通商品房不是投资的对象，因此那些购而不用的住宅投资行为必须坚决取缔，当然由于宏

观政策失误，取缔住宅投资将有一个相当长的时间和过程，然而对上海来说，上海是住宅投资的重灾区，不从根本上解决上海的住宅投资问题，上海实现住有所居将是一项遥不可及的任务；(2)上海必须拉大普通商品住宅与豪宅之间的距离，因为豪宅对土地的使用量非常大，因此豪宅的供应量不能大，上海豪宅市场建设必须走精品路线，从而将宝贵的土地用于建设规模适当的普通商品住宅；(3)普通商品住宅是针对上海中高收入者的，因此既具有集约利用土地的功能，也具有收入分配的功能，当前上海的普通商品住宅使用非常浪费，在人均居住建筑面积达到 34.6 平方米的同时，上海对人均超过 60 平方米的住房建筑面积才开始征税，而且是增量征税①，可见上海目前住房问题不在总量供应，而在结构分配；(4)缩小普通商品住宅之间的建筑面积差异，增大普通商品住宅消费税率的累进程度，从而尽可能在不过多增加土地使用的前提下，实现中高等收入消费者的居住需求与居住供给的大体均衡。

需要强调的是，上海市普通商品房的市场价格具有很强的政府垄断色彩，因而是可以有较大自由调节度的。城市住宅地租理论上分绝对地租和级差地租，其中级差地租相对稳定且容易测算，绝对地租的实现取决于土地市场的供求形势，当土地供不应求时，绝对地租较容易实现且实现金额较大，当土地供过于求时，绝对地租实现难度加大且金额较小。在上海这一弹丸之地，所有的土地都掌握在强势的上海市政府手里，土地供不应求时，政府可以增加土地供应，土地供过于求时，政府可以减少土地供应，甚至回收土地，一切以土地出让收入最大化为目标。这意味着，上海市土地的绝对地租一般都能做到实现的最大化，上海市土地价格具有很强的政府垄断色彩，上海市政府可以根据经济形势的变化和消费者支付能力的变动调节普通商品住宅的市场价格，从而最大限度地在实现商品住宅市场供求平衡的同时，实现上海市国民收入的再分配。

三、在消费者支付能力的基础上确定公共住宅的供给成本

被豪宅市场和普通商品住宅市场排挤出来的消费者当然是上海市住房保障的对象。从上海市目前住房保障的方式看，无论是提供经济适用房还是提供公租房，均需要解决保障性住房的供给成本与消费者支付能力的衔接问题。

① 参见 2011 年 1 月 28 日上海市政府发布的《上海市开展对部分个人住房征收房产税试点的暂行办法》。

城市地租无论是级差地租还是绝对地租，均应该从保障性住宅供给成本中剔除，这是保障性住宅供给成本与消费者支付能力实现衔接的理论保证。目前，上海市住房保障供给成本的确定迫切需要突破三个难点：一是保障性住宅及其附属设施建安成本，二是土地投资成本的分摊，三是农业地租的确定。

从上海市 2008 年各类商品房屋的造价[①]看，上海保障性住宅及其附属设施的建安成本是比较容易确定的。2008 年，上海市各类竣工房屋造价平均 2 522元/平方米，住宅平均造价 2 302 元/平方米，其中 90 平方米以下的住宅平均造价 2 247 元/平方米，140 平方米以上的住宅平均造价 2 796 元/平方米，别墅平均造价 2 832 元/平方米，高档公寓平均造价 2 840 元/平方米，其他住宅平均造价 2 220 元/平方米，办公楼平均造价 3 702 元/平方米，商业营业用房平均造价 3 137 元/平方米，其他用房平均造价 2 553 元/平方米。各类房屋平均造价不仅具体，而且相互间存在一定的关联，其演变规律和趋势较易被人们把握和预测。保障性住宅供给成本中，建安成本大体上可以参照 90 平方米以下住宅的平均造价确定。土地投资成本的确定在理论上首先取决于土地投资的受益者，然后才是根据受益程度和大小确定受益者各自承担的投资成本。实践上看，上海是一个经济聚集效应极为显著的城市，土地投资的外部效应极强。在这种情况下，土地投资成本在多大程度上可以分摊进入保障性住宅成本，其实有很大的弹性。如果遵循谁受益谁负担的原则，因为工商业经济主体不仅受益，而且受益量很大，理应承担土地投资成本的最主要组成部分。保障性住宅分摊的土地投资成本，可以结合消费者的承受能力和政府对保障性住宅的补贴程度确定。2008 年，上海城市基础设施投资结构如下：交通运输 48.4%、市政工程管理 28.5%、电力建设 7.5%、公用事业 6.5%、邮电通信 6.3%、园林绿化 1.7%和环境卫生 1.1%。从投资地区看，2008 年上海市全社会固定资产投资主要集中于中环甚至外环以外，其中浦东达到 872.68 亿元，宝山达到 393.24 亿元，南汇达到 350.15 亿元，闵行达到 265.27 亿元，松江达到 209.42 亿元，嘉定达到 192.42 亿元，市中心的卢湾仅 48.68 亿元，静安 50.63 亿元，闸北 78 亿元，黄浦 94.28 亿元，均比上海唯一的郊县崇明县 110.72 亿元低得多。由此可见，上海市的土地投资很大程度上是开发投资，而不简简单单地属于生活设施投资，成本理应主要由工商业建设用地而不是住宅建设

① 参见上海市发展和改革委员会、上海市城乡建设和交通委员会、上海市统计局编《上海投资建设统计年鉴 2009》(内部交流资料)第 118 页。

用地承担。关于农业地租,它是上海市农业用地转换为城市用地的最低成本,理论上直接将农业地租资本化即可,实践上要解决上海市农业用地不仅绝对地租可观,级差地租同样可观的问题。失地农民进入上海城镇居民体系,既要解决他们以往劳动力价值没有得到完全实现以及实现价值较低的问题,也要帮助他们跳出因为市民化成本被政府人为抬高而不得不索取更高土地补偿的恶性循环。目前比较适宜的方法是以实物补偿,即村民让出土地,政府提供住房,另外再提供必要的差价,尽管这一差价与房价相比不值一提。待劣质土地财政得到有效治理,农民进入城市的成本大幅度降低以后,再考虑对失地农民提供一元化的货币补偿方案。

上海市保障性住宅供给成本的确定,问题不在技术层面而在指导思想层面,即上海市政府必须放弃劣质土地财政的严重依赖思想。1998 年以来,上海凭借得天独厚的优势,大发土地财政财,保障性住房建设很多时候都是画饼充饥,导致上海住宅市场价格严重泡沫化的同时,住房保障问题也日益严重。今后上海市如果不改弦更张,劣质土地财政饭也许还可以再吃几年,但房地产泡沫恶化产生的金融危机以及房地产泡沫形成过程中对上海市经济和社会健康发展的危害,可能让上海市面临更大的损失。因此,上海市应该抛弃侥幸心理,以长远和战略眼光,降低对劣质土地财政的依赖,将主要精力投入到内涵式的经济增长道路上来,从而为住宅市场秩序的理顺,为保障性住宅供给成本的科学界定提供良好的外在环境。

四、以劳动力再生产为依归发展劳动力价值支撑型公共住宅金融

发展劳动力价值支撑型公共住宅金融,是上海健康发展公共住宅金融的基本选择。上海是全国乃至全世界的人才荟萃之地,劳动力素质高,劳动力价值量大,发展劳动力价值支撑型公共住宅金融,经济条件更好。上海发展劳动力价值支撑型公共住宅金融,必须把握以下几个方面:

第一,劳动力价值支撑型公共住宅金融以保障性住宅供给成本的科学界定为前提。任何一种类型的公共住宅金融模式,都包括供给和需求两个方面,劳动力价值支撑型公共住宅金融也不例外。在供给方面,劳动力价值支撑型公共住宅金融要求公共住宅的供给成本与劳动力价值一致,否则需求方面公共住宅的需求价格与劳动力价值一致就成了无源之水、无本之木。当前上海公租房建设面临严重的资金瓶颈问题,说穿了不过是公租房的供

给成本远远超出了劳动力价值，公租房供给由于是无效供给使得社会资金避而远之罢了①。只有将保障性住房的供给成本实实在在降下来，使其与劳动力价值一致，需求方面的劳动力价值支撑型公共住宅金融才会有开展的基础。

第二，劳动力价值支撑型公共住宅金融是确保公共住宅金融稳健运行的唯一选择。公共住宅金融也好，商业住宅金融也好，它们都是一种价值运动，都必须遵循最基本的价值运动规律。劳动力价值支撑型公共住宅金融作为公共住宅金融的一种特殊形式，其相对于西方公共住宅金融而言，最大的优点就是从源头上保证了公共住宅金融现金流的平衡，它不存在政府担保和政府担保的变现问题，从而为劳动力价值支撑型公共住宅金融的稳健运行打下了最坚实的基础。当然，作为一种新型的公共住宅金融模式，劳动力价值支撑型公共住宅金融不可避免会存在某些缺陷，但这些缺陷与西方公共住宅金融的缺陷相比，明显具有枝节性和局部性。

第三，劳动力价值支撑型公共住宅金融仍然离不开政府的政策扶持。劳动力价值支撑型公共住宅金融不是一种市场现象和市场结果，而是一种特定政策制度安排下的产物，因而具有明显的政府色彩，政策的内容、实施时间、实施方式以及实施的完整性，对劳动力价值支撑型公共住宅金融的最终运行结果都有重大影响。另一方面，劳动力价值本身就具有历史性和道德性，确定具体的劳动力价值量更离不开政策的规定，所以劳动力价值支撑型公共住宅金融虽然具有内在的稳定性，但它与劳动力价值支撑型公共住宅金融需要政策扶持本身是不矛盾的。上海公共住宅金融制度的建立，仍需要在细节上做足文章。

第四，劳动力价值支撑型公共住宅金融是完善住房保障制度的基本保证。住房保障是市场经济的必然产物，是市场经济正常运行的需要，因此完善住房保障制度本身就是在完善市场机制，最大限度地发挥市场机制的作用。劳动力价值支撑型公共住宅金融是住房保障最可靠、最科学的选择，直接针对劳动力再生产，有利于国民经济的协调、稳定和可持续发展。上海虽然对住房保障模式有自己的选择，钟情于经济适用房而不是公共租赁房，但任何一种住房保障模式，都必须建立在劳动力价值支撑的基础上，只有这样才能最大限度地减少负面效应，切实有效地履行政府的住房保障职能。

---

① 顾书桂：《保障房融资问题仍在土地财政》，载《哈尔滨师范大学社会科学学报》2011年第4期。

小　　结

上海市具有独特的地理优势,是中国最大的经济中心。在 1998 年中国城镇住房体制改革以来,上海获得了巨额的劣质土地财政收益,也形成了中国最大的房地产泡沫市场。上海沿袭西方公共住宅金融模式发展的住房公积金制度,不但没能发挥住房保障的功能,反而成为劣质土地财政的附庸,借助于收入再分配助长了上海住宅市场的投机行为。上海劳动力素质较高,劳动力价值量较大,发展公共住宅金融的经济基础较好。但上海依然需要在消费者支付能力的基础上发展劳动力价值支撑型公共住宅金融,放弃劣质土地财政的机会受益,消除普通住宅市场的价格泡沫。

参考文献

[1] [英]阿弗里德·马歇尔：《经济学原理》，廉运杰译，华夏出版社 2005 年版。

[2] [美]阿瑟·奥沙利文：《城市经济学(第 6 版)》，周京奎译，北京大学出版社 2008 年版。

[3] [美]本·S. 伯南克：《大萧条》，宋芳秀、寇文红等译，东北财经大学出版社 2007 年版。

[4] 曹振良等：《房地产经济学通论》，北京大学出版社 2003 年版。

[5] [美]查尔斯·H. 温茨巴奇：《现代不动产》，任淮秀等译，中国人民大学出版社 2001 年版。

[6] [英]查尔斯·古德哈特、[德]鲍里斯·霍夫曼：《房价与宏观经济：对银行业和物价稳定的影响》，林泽会译，东北财经大学出版社 2010 年版。

[7] [美]查理斯·P. 金德尔伯格：《经济过热、经济恐慌及经济崩溃——金融危机史(第 3 版)》，朱隽、叶翔译，北京大学出版社 2000 年版。

[8] 陈良文、杨开忠：《聚集经济的六类模型：一个研究综述》，载《经济科学》2006 年第 6 期。

[9] 陈征：《论社会主义城市绝对地租》，载《中国社会科学》1993 年第 1 期。

[10] 陈征：《社会主义城市级差地租》，载《中国社会科学》1995 年第 1 期。

[11] [英]大卫·李嘉图：《政治经济学及赋税原理》，周洁译，华夏出版社 2005 年版。

[12] [美]戴维·西罗塔：《房地产金融纲要(第 10 版)》，龙胜平、梁超群、张锷译，上海人民出版社 2005 年版。

[13] [美]丹尼尔·格罗斯：《大泡沫：为什么金融、房地产、互联网、能源泡沫对经济有益?》，魏平、吴海荣、孙海涛译，中信出版社 2008 年版。

[14] [美]丹尼斯·J·麦肯泽、理查德·M. 贝茨：《不动产经济学(第 5 版)》，孟繁瑜译，中国人民大学出版社 2009 年版。

[15] 顾书桂：《保障性住房融资问题仍在土地财政》，载《哈尔滨师范大学社会科学学报》2011 年第 4 期。

[16] 顾书桂：《城市住房群租的政治经济学分析》，载《云南社会科学》2012 年第 5 期。

[17] 顾书桂:《赤字转嫁是美国次贷危机的主因》,载《同济大学学报(社会科学版)》2011年5期。

[18] 顾书桂:《从城市地租的产生看公共住宅金融的经济基础》,载《天津社会科学》2013年第4期。

[19] 顾书桂:《从城镇住房问题看政府败德行为》,载《科学·经济·社会》2014年第2期。

[20] 顾书桂:《从历史看西方公共住宅金融的附属性》,载《哈尔滨师范大学社会科学学报》2012年第3期。

[21] 顾书桂:《从住宅市场调控失灵看我国住房保障的出路》,载《西部学刊》2013年第11期。

[22] 顾书桂:《从住宅市场宏观调控看政府失灵——兼论中国深化改革的动力》,载《学术研究》2013年第5期。

[23] 顾书桂:《地租推进型通货膨胀的通货紧缩效应研究》,经济科学出版社2011年版。

[24] 顾书桂:《关于地王和房价的辩证关系》,载《哈尔滨师范大学社会科学学报》2011年第3期。

[25] 顾书桂:《关于公共住宅金融的理论探讨》,载《海南大学学报(社会科学版)》2013年第1期。

[26] 顾书桂:《关于公共住宅金融与商业住宅金融的比较》,载《哈尔滨师范大学社会科学学报》2012年第2期;《中国房地产业》2012年第5期。

[27] 顾书桂:《经适房共有产权的冷思考》,载《青海社会科学》2013年第1期。

[28] 顾书桂:《劳动力价值仍是公租房租金确定的基础——兼论公租房的退出机制》,载《经济问题》2012年第8期。

[29] 顾书桂:《劣质土地财政是中国农地征收冲突的根源》,载《现代经济探讨》2014年第3期。

[30] 顾书桂:《论"以租代买"的经济性质——兼驳"买不如租"观》,载《哈尔滨师范大学学报》2011年第2期。

[31] 顾书桂:《论公共住宅金融的经济基础》,载《湖北经济学院学报》2012年第6期。

[32] 顾书桂:《论公租房的功能与住房保障对象——以上海公租房为例》,载《湖北经济学院学报》2013年第5期。

[33] 顾书桂:《论上海住房保障体系的局限性与土地财政转型》,载《学术研究》2014年第3期。

[34] 顾书桂:《论西方公共住宅金融的内在缺陷》,载《北京社会科学》2013年第1期。

[35] 顾书桂:《论养老地产的经济性质——兼论以房养老的局限性》,载《江海学刊》2012年第5期。

[36] 顾书桂:《论中国城镇住房自有率与住房保障的关系》,载《湖北经济学院学报》2014年第1期。

[37] 顾书桂:《论中国城镇住宅产权的边界》,载《现代经济探讨》2015 年第 4 期。
[38] 顾书桂:《论中国城镇住宅价格泡沫破灭的原则与政策》,载《宁夏社会科学》2015 年第 2 期。
[39] 顾书桂:《论中国次贷危机的可能性与防治》,载《中央财经大学学报》2012 年第 12 期。
[40] 顾书桂:《论中国降低商品房价的两难困境》,载《现代经济探讨》2013 年第 7 期。
[41] 顾书桂:《论中国住宅限购的局限性》,载《科学・经济・社会》2013 年第 2 期。
[42] 顾书桂:《中国城镇土地出让金与住宅税的比较研究》,载《复旦学报(社会科学版)》2015 年第 4 期。
[43] 顾书桂:《中国城镇住宅价格泡沫破灭机制研究》,载《湖北经济学院学报》2015 年第 1 期。
[44] 顾书桂:《中国房租货币补贴的悖论》,载《贵州社会科学》2012 年第 8 期。
[45] 顾书桂:《中国公共住宅金融的模式选择》,载《城市问题》2013 年第 9 期。
[46] 顾书桂:《中国限制住宅投资的原因分析——兼论中国住宅投资的发展空间》,载《天津社会科学》2012 年第 4 期。
[47] 顾书桂:《中国住房公积金制度的问题及其改革方向》,载《湖北经济学院学报》2013 年第 2 期。
[48] 顾书桂:《中国住宅市场的问题与对策》,载《科学・经济・社会》2011 年第 2 期。
[49] 顾书桂:《中国住宅税的经济性质》,载《深圳大学学报(社会科学版)》2013 年第 1 期。
[50] 顾书桂:《住房保障与农民市民化——兼论上海农民工的住房保障》,载《西部学刊》2015 年第 3 期。
[51] 顾书桂:《住房商品化、住房问题与土地财政转型》,载《人文杂志》2013 年第 1 期。
[52] 顾书桂:《住房信息联网:数据基础作用更大》,载《解放日报》2014 年 4 月 9 日第 5 版。
[53] 顾书桂:《住有所居是中国住宅市场调控的基本目标——兼评限购的阶段性功能》,载《现代经济探讨》2012 年第 4 期。
[54] 顾书桂:《住宅经济中的市场机制与政府干预》,载《哈尔滨师范大学社会科学学报》2011 年第 5 期。
[55] 顾书桂:《住宅市场与政府管制》,经济科学出版社 2010 年版。
[56] 顾书桂:《住宅市场运行与政府有效干预》,载《社会科学研究》2013 年第 3 期。
[57] 顾书桂等:《房产税征收的实际意义到底何在?》,载《凤凰周刊・城市》2014 年第 11 期。
[58] [荷]汉斯・范登・德尔、本・范・韦尔瑟芬:《民主与福利经济学》,陈刚、沈华珊、吴志明、黄文红译,中国社会科学出版社 1999 年版。
[59] 何伟:《新经济地理学研究文献综述》,载《经济学动态》2004 年第 7 期。

[60] 胡寄窗:《西方经济学说史》,立信会计出版社 1991 年版。
[61] [英]K. J. 巴顿:《城市经济学: 理论和政策》,上海社会科学院部门经济研究所城市经济研究室译,商务印书馆 1986 年版。
[62] [日]吉川元忠:《金融战败: 发自经济大国受挫后的诤言》,孙晓燕、袁英华译,中国青年出版社 2000 年版。
[63] [瑞典]吉姆·凯梅尼:《从公共住宅到社会市场: 租赁住房政策的比较研究》,王韬译,中国建筑工业出版社 2010 年版。
[64] 贾生华、温海珍:《房地产特征价格模型的理论发展及其应用》,载《外国经济与管理》2004 年第 5 期。
[65] 林建设、郭宏宇:《住宅金融市场发展的两难处境——从美国住宅金融市场改革看住房保障与财政风险的两难抉择》,载《经济社会体制比较研究》2011 年第 4 期。
[66] 刘因:《去年上海房价 2.16 万元/平方米》,《解放牛网》2011 年 1 月 3 日。
[67] 卢洪友等:《土地财政根源:"竞争冲动"还是"无奈之举"》,载《经济社会体制比较》2011 年第 1 期。
[68] 马红霞:《当代美国住宅金融制度初探》,载《国际金融研究》1991 年第 12 期。
[69] 马克思:《资本论》,中共中央马克思恩格斯列宁斯大林著作编译局译,人民出版社 1975 年版。
[70] 尼古拉斯·巴尔、大卫·怀恩斯:《福利经济学前沿问题》,贺晓波、王艺译,中国税务出版社、北京腾图电子出版社 2000 年版。
[71] [英]P. 霍尔著:《城市和区域规划》,邹德慈、金经元译,中国建筑工业出版社 1985 年版。
[72] 潘世炳:《西方地价理论体系简介》,载《价格理论与实践》1995 年第 3 期。
[73] 钱平广、胥会云:《芜湖楼市新政三天叫停　地方救市被亮红灯》,载《第一财经日报》2012 年 2 月 13 日。
[74] [法]让·梯若尔:《金融危机、流动性与国际货币体制》,陈志俊、闻俊译,中国人民大学出版社 2003 年版。
[75] 上海市住房保障和房屋管理局:《2004—2010 年上海市住房公积金制度执行情况年度公报》,http://www. shfg. gov. cn/。
[76] 石楠:《西方新古典主义城市地租理论浅述》,载《城市规划》1990 年第 5 期。
[77] 宋树仁、钟茂初:《中国居民收入分配格局的测度及其演进趋势分析》,载《上海经济研究》2010 年第 2 期。
[78] 苏星:《我国城市住宅问题》,中国社会科学出版社 1987 年版。
[79] [美]特瑞斯·M. 克劳瑞特等:《房地产金融: 原理和实践(第三版)》,龙奋杰、李文诞等译,经济科学出版社 2004 年版。
[80] 汪利娜:《美国住宅金融体制给人们的启示》,载《财贸经济》1992 年第 6 期。

[81] 王爱国：《现代都市土地新论》，上海三联书店 2003 年版。
[82] 王传纶、高培勇：《当代西方财政经济理论(上、下)》，商务印书馆 1995 年版。
[83] 王宏利：《美国土地财政收入演进规律及启示》，载《地方财政研究》2011 年第 5 期。
[84] [美]威廉·阿朗索：《区位和土地利用：地租的一般理论》，梁进社、李平、王大伟译，商务印书馆 2007 年版。
[85] [美]威廉姆·B. 布鲁格曼等：《房地产金融与投资(第十版)》，李秉祥、孙鸿飞、钱勇译，东北财经大学出版社 2000 年版。
[86] [美]沃纳·赫希：《城市经济学》，刘世庆、李泽民、廖果译，中国社会科学出版社 1990 年版。
[87] 肖文、王平：《外部规模经济、拥挤效应与城市发展：一个新经济地理学城市模型》，载《浙江大学学报·人文社会科学版》2011 年第 2 期。
[88] 谢经荣等：《地产泡沫与金融危机》，经济管理出版社 2002 年版。
[89] 徐绍史：《加强和改善土地宏观调控　构建科学发展新机制》，载《求是》2010 年第 3 期。
[90] [英]亚当·斯密：《国民财富的性质和原因的研究》，郭大力、王亚南译，商务印书馆 1994 年版。
[91] [比]亚历山大·兰姆弗赖斯：《新兴市场国家的金融危机》，周凯、钟锦译，西南财经大学出版社 2002 年版。
[92] 闫坤：《日本的住宅金融制度及其启示》，载《国际金融研究》1996 年第 8 期。
[93] [日]野口纪雄：《土地经济学》，汪斌译，商务印书馆 1997 年版。
[94] [美]伊利·莫尔豪斯：《土地经济学原理》，滕维藻译，商务印书馆 1982 年版。
[95] 尹虹潘：《市民收入不均与城市住宅价格空间分布》，载《财经研究》2011 年第 6 期。
[96] [德]约翰·冯·杜能：《孤立国同农业和国民经济的关系》，吴衡康译，商务印书馆 1997 年版。
[97] 张静、杨明：《北京到底有多少人口》，载《瞭望东方周刊》2010 年 8 月 16 日。
[98] 张俊：《城市土地增值收益分配问题研究》，地质出版社 2007 年版。
[99] 中华人民共和国国家统计局编：《国际统计年鉴 2010》，中国统计出版社 2011 年版。
[100] 中华人民共和国国家统计局编：《中国统计年鉴 2011》，中国统计出版社、北京数通电子出版社 2012 年版。
[101] 周彬、杜两省：《土地财政与房地产价格上涨：理论分析与实证研究》，载《财贸经济》2010 年第 8 期。
[102] [日]竹内宏：《日本金融败战》，彭晋璋译，中国发展出版社 1999 年版。
[103] 住宅和城乡建设部编：《国外住宅金融研究汇编》，中国城市出版社 2009 年版。
[104] Dokko, Y., R. H. Edelstein, A. J. Lacayo and D. C. Lee, Real Estate Income and Value Cycles: A Model of Market Dynamics, Journal of Real Estate Research, Vol.

18,1999.

[105] Herring, Wachter, Real Estate Booms and Banking Busts: An International Perspective, Working Paper,1999.

[106] Jaffee, Dwight M. , The Swedish Real Estate Crisis, SNS Report,1994.

[107] Jones, Oliver, The Development of an effective Secondary Mortgage Market, *Journal of Financa*, May 1962.

[108] Pozdena, Randall Johnston, *The Modern Economics of Housing: A Guide to Theory and Policy for Finance and Real Estate Professionals*, New York: Quorum Books, 1998.

[109] Malpezzi, Stephen and Gwendolyn Ball, Rent Control in Developing Countries, World Bank Discussion Papers 74.

[110] Malpezzi, Stephen, A. Graham Tipple and Kenneth G. Willis, Costs and Benefits of Rent Control—A Case Study in Kumasi, Ghana, World Bank Discussion Papers 129.

[111] Karjiu, Wong, Housing Market Bubbles and Currency Crisis: The Case of Thailand, International Conference Paper,2002.

附录1 《住房公积金管理条例》（2002年版）

（1999年4月3日中华人民共和国国务院令第262号发布　根据2002年3月24日《国务院关于修改〈住房公积金管理条例〉的决定》修订）

第一章　总则

第一条　为了加强对住房公积金的管理，维护住房公积金所有者的合法权益，促进城镇住房建设，提高城镇居民的居住水平，制定本条例。

第二条　本条例适用于中华人民共和国境内住房公积金的缴存、提取、使用、管理和监督。

本条例所称住房公积金，是指国家机关、国有企业、城镇集体企业、外商投资企业、城镇私营企业及其他城镇企业、事业单位、民办非企业单位、社会团体（以下统称单位）及其在职职工缴存的长期住房储金。

第三条　职工个人缴存的住房公积金和职工所在单位为职工缴存的住房公积金，属于职工个人所有。

第四条　住房公积金的管理实行住房公积金管理委员会决策、住房公积金管理中心运作、银行专户存储、财政监督的原则。

第五条　住房公积金应当用于职工购买、建造、翻建、大修自住住房，任何单位和个人不得挪作他用。

第六条　住房公积金的存、贷利率由中国人民银行提出，经征求国务院建设行政主管部门的意见后，报国务院批准。

第七条　国务院建设行政主管部门会同国务院财政部门、中国人民银行拟定住房公积金政策，并监督执行。

省、自治区人民政府建设行政主管部门会同同级财政部门以及中国人民银行分支机构，负责本行政区域内住房公积金管理法规、政策执行情况的监督。

第二章 机构及其职责

第八条 直辖市和省、自治区人民政府所在地的市以及其他设区的市(地、州、盟),应当设立住房公积金管理委员会,作为住房公积金管理的决策机构。住房公积金管理委员会的成员中,人民政府负责人和建设、财政、人民银行等有关部门负责人以及有关专家占1/3,工会代表和职工代表占1/3,单位代表占1/3。

住房公积金管理委员会主任应当由具有社会公信力的人士担任。

第九条 住房公积金管理委员会在住房公积金管理方面履行下列职责：

（一）依据有关法律、法规和政策,制定和调整住房公积金的具体管理措施,并监督实施；

（二）根据本条例第十八条的规定,拟订住房公积金的具体缴存比例；

（三）确定住房公积金的最高贷款额度；

（四）审批住房公积金归集、使用计划；

（五）审议住房公积金增值收益分配方案；

（六）审批住房公积金归集、使用计划执行情况的报告。

第十条 直辖市和省、自治区人民政府所在地的市以及其他设区的市(地、州、盟)应当按照精简、效能的原则,设立一个住房公积金管理中心,负责住房公积金的管理运作。县(市)不设立住房公积金管理中心。

前款规定的住房公积金管理中心可以在有条件的县(市)设立分支机构。住房公积金管理中心与其分支机构应当实行统一的规章制度,进行统一核算。

住房公积金管理中心是直属城市人民政府的不以营利为目的的独立的事业单位。

第十一条 住房公积金管理中心履行下列职责：

（一）编制、执行住房公积金的归集、使用计划；

（二）负责记载职工住房公积金的缴存、提取、使用等情况；

（三）负责住房公积金的核算；

（四）审批住房公积金的提取、使用；

（五）负责住房公积金的保值和归还；

（六）编制住房公积金归集、使用计划执行情况的报告；

（七）承办住房公积金管理委员会决定的其他事项。

第十二条　住房公积金管理委员会应当按照中国人民银行的有关规定，指定受委托办理住房公积金金融业务的商业银行（以下简称受委托银行）；住房公积金管理中心应当委托受委托银行办理住房公积金贷款、结算等金融业务和住房公积金账户的设立、缴存、归还等手续。

住房公积金管理中心应当与受委托银行签订委托合同。

第三章　缴存

第十三条　住房公积金管理中心应当在受委托银行设立住房公积金专户。

单位应当到住房公积金管理中心办理住房公积金缴存登记，经住房公积金管理中心审核后，到受委托银行为本单位职工办理住房公积金账户设立手续。每个职工只能有一个住房公积金账户。

住房公积金管理中心应当建立职工住房公积金明细账，记载职工个人住房公积金的缴存、提取等情况。

第十四条　新设立的单位应当自设立之日起30日内到住房公积金管理中心办理住房公积金缴存登记，并自登记之日起20日内持住房公积金管理中心的审核文件，到受委托银行为本单位职工办理住房公积金账户设立手续。

单位合并、分立、撤销、解散或者破产的，应当自发生上述情况之日起30日内由原单位或者清算组织到住房公积金管理中心办理变更登记或者注销登记，并自办妥变更登记或者注销登记之日起20日内持住房公积金管理中心的审核文件，到受委托银行为本单位职工办理住房公积金账户转移或者封存手续。

第十五条　单位录用职工的，应当自录用之日起30日内到住房公积金管理中心办理缴存登记，并持住房公积金管理中心的审核文件，到受委托银行办理职工住房公积金账户的设立或者转移手续。

单位与职工终止劳动关系的，单位应当自劳动关系终止之日起30日内到住房公积金管理中心办理变更登记，并持住房公积金管理中心的审核文件，到受委托银行办理职工住房公积金账户转移或者封存手续。

第十六条　职工住房公积金的月缴存额为职工本人上一年度月平均工资乘以职工住房公积金缴存比例。

单位为职工缴存的住房公积金的月缴存额为职工本人上一年度月平均工资乘以单位住房公积金缴存比例。

第十七条　新参加工作的职工从参加工作的第二个月开始缴存住房公积金,月缴存额为职工本人当月工资乘以职工住房公积金缴存比例。

单位新调入的职工从调入单位发放工资之日起缴存住房公积金,月缴存额为职工本人当月工资乘以职工住房公积金缴存比例。

第十八条　职工和单位住房公积金的缴存比例均不得低于职工上一年度月平均工资的5%;有条件的城市,可以适当提高缴存比例。具体缴存比例由住房公积金管理委员会拟订,经本级人民政府审核后,报省、自治区、直辖市人民政府批准。

第十九条　职工个人缴存的住房公积金,由所在单位每月从其工资中代扣代缴。

单位应当于每月发放职工工资之日起5日内将单位缴存的和为职工代缴的住房公积金汇缴到住房公积金专户内,由受委托银行计入职工住房公积金账户。

第二十条　单位应当按时、足额缴存住房公积金,不得逾期缴存或者少缴。

对缴存住房公积金确有困难的单位,经本单位职工代表大会或者工会讨论通过,并经住房公积金管理中心审核,报住房公积金管理委员会批准后,可以降低缴存比例或者缓缴;待单位经济效益好转后,再提高缴存比例或者补缴缓缴。

第二十一条　住房公积金自存入职工住房公积金账户之日起按照国家规定的利率计息。

第二十二条　住房公积金管理中心应当为缴存住房公积金的职工发放缴存住房公积金的有效凭证。

第二十三条　单位为职工缴存的住房公积金,按照下列规定列支:

(一) 机关在预算中列支;

(二) 事业单位由财政部门核定收支后,在预算或者费用中列支;

(三) 企业在成本中列支。

第四章　提取和使用

第二十四条　职工有下列情形之一的,可以提取职工住房公积金账户内的存储余额:

(一) 购买、建造、翻建、大修自住住房的;

（二）离休、退休的；

（三）完全丧失劳动能力，并与单位终止劳动关系的；

（四）出境定居的；

（五）偿还购房贷款本息的；

（六）房租超出家庭工资收入的规定比例的。

依照前款第（二）、（三）、（四）项规定，提取职工住房公积金的，应当同时注销职工住房公积金账户。

职工死亡或者被宣告死亡的，职工的继承人、受遗赠人可以提取职工住房公积金账户内的存储余额；无继承人也无受遗赠人的，职工住房公积金账户内的存储余额纳入住房公积金的增值收益。

第二十五条　职工提取住房公积金账户内的存储余额的，所在单位应当予以核实，并出具提取证明。

职工应当持提取证明向住房公积金管理中心申请提取住房公积金。住房公积金管理中心应当自受理申请之日起 3 日内作出准予提取或者不准提取的决定，并通知申请人；准予提取的，由受委托银行办理支付手续。

第二十六条　缴存住房公积金的职工，在购买、建造、翻建、大修自住住房时，可以向住房公积金管理中心申请住房公积金贷款。

住房公积金管理中心应当自受理申请之日起 15 日内作出准予贷款或者不准贷款的决定，并通知申请人；准予贷款的，由受委托银行办理贷款手续。

住房公积金贷款的风险，由住房公积金管理中心承担。

第二十七条　申请人申请住房公积金贷款的，应当提供担保。

第二十八条　住房公积金管理中心在保证住房公积金提取和贷款的前提下，经住房公积金管理委员会批准，可以将住房公积金用于购买国债。

住房公积金管理中心不得向他人提供担保。

第二十九条　住房公积金的增值收益应当存入住房公积金管理中心在受委托银行开立的住房公积金增值收益专户，用于建立住房公积金贷款风险准备金、住房公积金管理中心的管理费用和建设城市廉租住房的补充资金。

第三十条　住房公积金管理中心的管理费用，由住房公积金管理中心按照规定的标准编制全年预算支出总额，报本级人民政府财政部门批准后，从住房公积金增值收益中上交本级财政，由本级财政拨付。

住房公积金管理中心的管理费用标准，由省、自治区、直辖市人民政府建设行政主管部门会同同级财政部门按照略高于国家规定的事业单位费用标准制定。

第五章 监督

第三十一条 地方有关人民政府财政部门应当加强对本行政区域内住房公积金归集、提取和使用情况的监督，并向本级人民政府的住房公积金管理委员会通报。

住房公积金管理中心在编制住房公积金归集、使用计划时，应当征求财政部门的意见。

住房公积金管理委员会在审批住房公积金归集、使用计划和计划执行情况的报告时，必须有财政部门参加。

第三十二条 住房公积金管理中心编制的住房公积金年度预算、决算，应当经财政部门审核后，提交住房公积金管理委员会审议。

住房公积金管理中心应当每年定期向财政部门和住房公积金管理委员会报送财务报告，并将财务报告向社会公布。

第三十三条 住房公积金管理中心应当依法接受审计部门的审计监督。

第三十四条 住房公积金管理中心和职工有权督促单位按时履行下列义务：

（一）住房公积金的缴存登记或者变更、注销登记；

（二）住房公积金账户的设立、转移或者封存；

（三）足额缴存住房公积金。

第三十五条 住房公积金管理中心应当督促受委托银行及时办理委托合同约定的业务。

受委托银行应当按照委托合同的约定，定期向住房公积金管理中心提供有关的业务资料。

第三十六条 职工、单位有权查询本人、本单位住房公积金的缴存、提取情况，住房公积金管理中心、受委托银行不得拒绝。

职工、单位对住房公积金账户内的存储余额有异议的，可以申请受委托银行复核；对复核结果有异议的，可以申请住房公积金管理中心重新复核。受委托银行、住房公积金管理中心应当自收到申请之日起 5 日内给予书面答复。

职工有权揭发、检举、控告挪用住房公积金的行为。

第六章　罚则

第三十七条　违反本条例的规定，单位不办理住房公积金缴存登记或者不为本单位职工办理住房公积金账户设立手续的，由住房公积金管理中心责令限期办理；逾期不办理的，处1万元以上5万元以下的罚款。

第三十八条　违反本条例的规定，单位逾期不缴或者少缴住房公积金的，由住房公积金管理中心责令限期缴存；逾期仍不缴存的，可以申请人民法院强制执行。

第三十九条　住房公积金管理委员会违反本条例规定审批住房公积金使用计划的，由国务院建设行政主管部门会同国务院财政部门或者由省、自治区人民政府建设行政主管部门会同同级财政部门，依据管理职权责令限期改正。

第四十条　住房公积金管理中心违反本条例规定，有下列行为之一的，由国务院建设行政主管部门或者省、自治区人民政府建设行政主管部门依据管理职权，责令限期改正；对负有责任的主管人员和其他直接责任人员，依法给予行政处分：

（一）未按照规定设立住房公积金专户的；

（二）未按照规定审批职工提取、使用住房公积金的；

（三）未按照规定使用住房公积金增值收益的；

（四）委托住房公积金管理委员会指定的银行以外的机构办理住房公积金金融业务的；

（五）未建立职工住房公积金明细账的；

（六）未为缴存住房公积金的职工发放缴存住房公积金的有效凭证的；

（七）未按照规定用住房公积金购买国债的。

第四十一条　违反本条例规定，挪用住房公积金的，由国务院建设行政主管部门或者省、自治区人民政府建设行政主管部门依据管理职权，追回挪用的住房公积金，没收违法所得；对挪用或者批准挪用住房公积金的人民政府负责人和政府有关部门负责人以及住房公积金管理中心负有责任的主管人员和其他直接责任人员，依照刑法关于挪用公款罪或者其他罪的规定，依法追究刑事责任；尚不够刑事处罚的，给予降级或者撤职的行政处分。

第四十二条　住房公积金管理中心违反财政法规的，由财政部门依法给予行政处罚。

第四十三条　违反本条例规定，住房公积金管理中心向他人提供担保的，对直接负责的主管人员和其他直接责任人员依法给予行政处分。

第四十四条　国家机关工作人员在住房公积金监督管理工作中滥用职权、玩忽职守、徇私舞弊,构成犯罪的,依法追究刑事责任;尚不构成犯罪的,依法给予行政处分。

第七章　附则

第四十五条　住房公积金财务管理和会计核算的办法,由国务院财政部门商国务院建设行政主管部门制定。

第四十六条　本条例施行前尚未办理住房公积金缴存登记和职工住房公积金账户设立手续的单位,应当自本条例施行之日起 60 日内到住房公积金管理中心办理缴存登记,并到受委托银行办理职工住房公积金账户设立手续。

第四十七条　本条例自发布之日起施行。(完)

附录 2 《上海市住房公积金条例》（1996 年通过、1997 年修正）

（1996 年 4 月 12 日上海市第十届人民代表大会常务委员会第二十七次会议通过　根据 1997 年 5 月 27 日上海市第十届人民代表大会常务委员会第三十六次会议《关于修改〈上海市住房公积金条例〉的决定》修正）

第一章　总则

第一条　为了加强住房公积金管理，维护住房公积金缴存者的合法权益，促进职工住房建设，保障职工对住房的基本需求，根据国家有关法律、法规，结合本市实际情况，制定本条例。

第二条　本条例所称住房公积金，是指在本市工作并且具有本市城镇常住户口的职工及其所在的机关、企业、事业单位和社会团体（以下统称单位）按照本条例规定缴存的一种长期住房储金。

职工缴存的住房公积金和职工所在单位为职工缴存的住房公积金，属于职工个人所有。

第三条　本条例适用于本市行政区域内住房公积金的缴存、提取、使用及其管理活动。

第四条　住房公积金用于职工住房的基本需求和职工住房建设资金的融通，任何单位和个人不得挪作他用。

第五条　住房公积金实行统一管理、专户存储、专项使用、安全运作、社会监督的原则。

第六条　职工有缴存住房公积金的义务；单位有为职工缴存住房公积金的义务。

职工有要求所在单位为其缴存住房公积金的权利，有按照规定查询、提取住房公积金和申请住房公积金贷款的权利，有监督住房公积金管理的权利；职工所在单位有按照规定查询、融通住房公积金的权利。

第二章 管理组织

第七条 本市推行住房公积金制度的领导机构是上海市人民政府(以下简称市人民政府)领导下的上海市住房委员会(以下简称市住房委员会),其主要职责是:

(一) 制定推行住房公积金制度的政策和措施;

(二) 审议确定住房公积金归集、使用的规划和计划;

(三) 审议确定住房公积金的预算、决算;

(四) 监督住房公积金制度的实施;

(五) 市人民政府赋予的其他职责。

第八条 上海市公积金管理中心(以下简称市公积金管理中心)是市住房委员会领导下负责住房公积金管理工作的事业组织,其主要职责是:

(一) 负责住房公积金的归集和归还;

(二) 编制住房公积金归集、使用的规划和计划;

(三) 编制住房公积金的预算、决算;

(四) 审批住房公积金提取、贷款的申请;

(五) 监督住房公积金的缴存、借贷和结算;

(六) 负责住房公积金的保值、增值;

(七) 会同有关部门拟订住房公积金的缴存比例和存款、贷款利率;

(八) 负责住房公积金的核算工作;

(九) 对违反本条例规定的行为实施处罚;

(十) 执行市住房委员会决定的其他事项。

第九条 市住房委员会设立住房公积金监督委员会,监督住房公积金管理工作。

第十条 住房公积金的账户设立、缴存、借贷、结算、归还等业务,由受市公积金管理中心委托的银行(以下简称受托银行)承办。

市公积金管理中心委托银行承办前款业务,应当与受托银行签订委托合同。

第三章 住房公积金的缴存

第十一条 凡本条例第二条第一款所列对象,均应当按照本条例的规定,缴存住房公积金。

第十二条　单位应当向市公积金管理中心办理住房公积金缴存登记，并且向受托银行办理职工住房公积金账户的设立。

新建立的单位应当自建立之日起三十日内，向市公积金管理中心办理住房公积金缴存登记，并且在办妥缴存登记之日起二十日内，向受托银行办理职工住房公积金账户的设立。

单位录用职工，应当自录用之日起三十日内，向受托银行办理职工住房公积金账户的设立或者转移。

第十三条　发生合并、分立、解散等情形或者被依法宣告破产的单位，应当自发生上述情况之日起三十日内，由原单位或者清算组织向市公积金管理中心办理住房公积金的变更或者注销缴存登记，并且在办妥手续之日起二十日内，向受托银行办理职工住房公积金账户转移或者封存。

单位与职工终止劳动关系，应当自终止之日起三十日内，向受托银行办理职工住房公积金账户转移或者封存。

第十四条　住房公积金的缴存额等于职工本人上一年度的月平均工资乘以职工、单位的住房公积金缴存比例之和。

职工、单位的住房公积金缴存比例和缴存额的上下限，每年由市公积金管理中心会同有关部门提出，经市住房委员会审核同意，并且报市人民政府批准后公布执行。

第十五条　职工缴存的住房公积金，由单位在其每月工资收入中代为扣除。

单位为职工缴存和代扣的住房公积金，由单位自发放月工资之日起五日内，存入市公积金管理中心在受托银行设立的住房公积金专户，并且计入职工住房公积金账户，不得逾期缴存或者漏缴、少缴。

第十六条　住房公积金自存入受托银行之日起计息。

住房公积金的存款、贷款利率，每年由市公积金管理中心会同有关部门拟订，经市住房委员会审核同意，并且按照国家金融管理的有关规定报经批准后公布执行。

第四章　住房公积金的提取和使用

第十七条　制定住房公积金的提取、使用计划，应当优先保证职工提取住房公积金账户中的储存余额。

第十八条 职工有下列情形之一的,可以提取本人住房公积金账户中的储存余额:

(一) 购买、建造自住住房或者翻建、大修具有所有权的自住住房;

(二) 离休、退休;

(三) 完全丧失劳动能力,并且与所在单位终止劳动关系;

(四) 户口迁出本市或者出境定居。

职工死亡或者被宣告死亡的,职工的继承人或者受遗赠人可以提取该职工的住房公积金账户中的储存余额。

按照本条第一款第(二)、(三)、(四)项和第二款规定提取职工住房公积金账户中的储存余额的,该职工的住房公积金账户应当同时注销。

第十九条 职工购买、建造自住住房或者翻建、大修具有所有权的自住住房,在提取本人住房公积金账户中储存余额不足时,可以提取其配偶、同户成员或者非同户的直系血亲的住房公积金账户中的储存余额,但需征得被提取人的书面同意。

第二十条 按照本条例第十八条、第十九条规定提取住房公积金账户中的储存余额的,职工所在单位应当予以核实,并且为提取人出具提取证明。

职工或者职工的继承人、受遗赠人不得采取欺骗手段提取住房公积金账户中的储存余额。

第二十一条 履行住房公积金缴存义务的职工,在购买、建造自住住房或者翻建、大修具有所有权的自住住房时,可以申请住房公积金贷款,但应当提供担保。

履行住房公积金缴存义务的单位,在建造或者购买职工住房时,可以申请住房公积金贷款,但应当提供担保。

住房公积金贷款的实施办法,由市人民政府另行制定。

第二十二条 职工或者单位按照本条例第十八条、第十九条、第二十一条的规定申请提取住房公积金或者贷款的,市公积金管理中心应当自受理申请之日起三日内作出准予或者不准予的决定。

第二十三条 住房公积金可以用于统一建设职工住房。该职工住房应当以成本价向履行住房公积金缴存义务的单位或者居住困难的职工出售。

单位按照前款规定购买的职工住房应当用于解决本单位职工住房困难,不得营利。

使用住房公积金统一建造和出售职工住房的实施办法,由市人民政府另行制定。

第二十四条　市公积金管理中心在保证住房公积金正常支付的前提下，可以购买国债或者委托金融机构进行保值、增值运营，增值收益纳入住房公积金，可以用于建立风险储备金。

住房公积金用于保值、增值运营的比例，由市住房委员会决定。

第二十五条　企业被依法宣告破产的，其欠缴的住房公积金本息，作为职工工资列入破产财产的第一清偿顺序。

第五章　住房公积金的监督管理

第二十六条　受托银行对住房公积金账户中的储存余额应当每年六月三十日结算，并且向职工送交结算清单，告知职工缴存、提取住房公积金等情况。

第二十七条　职工向受托银行查询本人住房公积金账户和单位向受托银行查询本单位职工的住房公积金账户时，受托银行应当无偿受理。

职工及其所在单位发现住房公积金账户中的储存余额与实际情况不符的，可以要求受托银行或者市公积金管理中心复核，受托银行和市公积金管理中心应当无偿受理，并且自受理之日起三日内给予书面答复。

第二十八条　市公积金管理中心应当按照委托合同对受托银行进行检查、核实，并且督促受托银行及时办理委托合同约定的有关业务。

受托银行应当按期向市公积金管理中心提供委托合同约定的业务资料。

第二十九条　市公积金管理中心应当督促单位按时履行下列义务：

（一）住房公积金的缴存登记或者变更、注销缴存登记；

（二）住房公积金的缴存；

（三）住房公积金账户的设立、转移或者封存。

职工有权督促单位按时缴存住房公积金和及时办理住房公积金账户的设立、转移或者封存。

第三十条　市公积金管理中心应当对单位使用住房公积金贷款建造或者购买职工住房的情况实施监督。

职工发现单位有挪用住房公积金贷款行为的，可以向市公积金管理中心举报。

第三十一条　市公积金管理中心应当每年编制住房公积金的预算、决算，并且向市住房委员会报告。

市公积金管理中心应当定期对住房公积金进行核算，并且向市住房委员会报告。

第三十二条　住房公积金的归集和使用，应当接受财政、税务、审计和金融主管部门的监督。

第三十三条　市公积金管理中心应当于每年九月，将经市住房委员会审核同意的上一结算年度住房公积金的归集和使用情况登报公布。

第六章　法律责任

第三十四条　单位有下列行为之一的，由市公积金管理中心进行处理：

（一）未按照本条例规定办理住房公积金缴存登记或者变更、注销缴存登记的，责令限期补办；逾期不补办的，处以五百元以上五千元以下的罚款；

（二）未按照本条例规定办理住房公积金账户的设立、转移或者封存的，责令限期补办；逾期不补办的，处以五百元以上五千元以下的罚款；

（三）未按照本条例规定缴存住房公积金的，责令限期补缴本息，并且自应缴存之日起按日处以未缴存额千分之三的滞纳金；逾期仍不缴存的，可以依法申请人民法院强制执行；

（四）将职工缴存的住房公积金或者住房公积金贷款挪作他用的，责令限期返还本息，并且处以挪用金额百分之十至百分之二十的罚款；

（五）隐瞒事实，出具住房公积金虚假提取证明的，处以违法提取金额二至三倍的罚款。

有前款第(四)、(五)项所列行为之一，构成犯罪的，依法追究主管人员和直接责任人的刑事责任。

第三十五条　违反本条例第二十三条第一款或者第二款规定的，由市公积金管理中心没收其非法所得，并且处以非法所得一至三倍的罚款。

第三十六条　违反本条例规定提取本人住房公积金账户中储存余额的，市公积金管理中心应当追回所提金额，并且处以所提金额百分之十至百分之二十的罚款。

违反本条例规定提取他人住房公积金账户中储存余额的，市公积金管理中心应当追回所提金额，并且处以所提金额一倍的罚款；构成犯罪的，依法追究刑事责任。

第三十七条　受托银行违反委托合同的约定或者有其他过错行为的，市公积金管理中心应当依照委托合同的约定，追究其违约责任。

因受托银行的过错造成提取人或者借款人经济损失的，受托银行应当依法承担相应的民事责任。

受托银行在承办委托合同约定的业务时，违反有关金融管理法律、法规的，金融主管部门应当依法予以处罚。

第三十八条　市公积金管理中心未履行本条例规定职责的，由市住房委员会责令其纠正，并且追究责任人的行政责任。

住房公积金的管理人员玩忽职守、滥用职权、徇私舞弊的，由其所在单位或者上级主管部门给予行政处分；构成犯罪的，依法追究刑事责任。

第三十九条　市公积金管理中心作出行政处罚，应当出具行政处罚决定书。

罚没款收入按照规定上缴国库。

第四十条　当事人对市公积金管理中心的具体行政行为不服的，可以依照《行政复议条例》或者《中华人民共和国行政诉讼法》的规定，申请行政复议或者提起行政诉讼。

当事人在法定期限内不申请复议，不提起诉讼，又不履行行政处罚决定的，市公积金管理中心可以依照《中华人民共和国行政诉讼法》的规定，申请人民法院强制执行。

第七章　附则

第四十一条　本市住房公积金的结算年度，自每年的七月一日起至下一年的六月三十日止。

第四十二条　职工缴存的住房公积金，不计入个人所得税的纳税基数。

按照本条例第十八条第一款第(二)、(三)、(四)项和第二款规定提取住房公积金的，免缴个人所得税。

第四十三条　城镇个体工商户及其帮工的住房公积金管理办法，由市人民政府另行制定。

第四十四条　本条例自 1996 年 7 月 1 日起施行。

附录3 《上海市住房公积金管理若干规定》(2005年)

(2005年9月23日经上海市第十二届人民代表大会常务委员会第二十二次会议通过)

第一条　为了加强本市住房公积金的管理,维护住房公积金所有者的合法权益,促进城镇住房建设,提高城镇居民的居住水平,根据国务院《住房公积金管理条例》,结合本市实际情况,制定本规定。

第二条　上海市住房公积金管理委员会(以下简称市公积金管委会)是本市住房公积金管理的决策机构。

上海市公积金管理中心(以下简称市公积金管理中心)负责本市住房公积金的管理运作,监督检查本市单位和职工缴存、提取和使用住房公积金的情况,依法履行行政处罚职能。

本市住房公积金的管理和使用依法接受建设、财政、人民银行等行政管理部门的监督,并依法接受审计部门的审计监督。

劳动保障、民政、人事、工商、房地资源、统计等行政管理部门按照各自职责,协同实施本规定。

第三条　住房公积金由国家机关、国有企业、城镇集体企业、外商投资企业、城镇私营企业及其他城镇企业、事业单位、民办非企业单位、社会团体(以下统称单位)及其在职职工缴存。

第四条　住房公积金的缴存比例,可以在国家规定的最低缴存比例基础上浮动确定。每年住房公积金的缴存比例和月缴存最高限额,由市公积金管委会拟订,报市人民政府批准后执行,并向社会公布。

第五条　市公积金管理中心应当全面、准确掌握单位及其职工的相关信息,督促单位依法及时办理住房公积金缴存登记和住房公积金账户的设立、转移、注销等手续。

工商、劳动保障和统计等有关行政管理部门应当向市公积金管理中心提供单位及其职工的相关信息。

第六条 职工与原单位终止劳动关系后即被新单位录用的，原单位应当自劳动关系终止之日起三十日内，将职工住房公积金账户转移到新单位。

职工与原单位终止劳动关系后尚未被新单位录用的，原单位应当自劳动关系终止之日起三十日内，将职工住房公积金账户转入市公积金管理中心封存管理；职工被新单位录用后，新单位应当自录用之日起三十日内，为职工办理住房公积金账户启封和转移手续。

单位不为职工办理住房公积金账户转移、封存、启封等手续，职工可以凭有效证明材料向市公积金管理中心申请督促办理，经督促单位在十日内仍不办理的，市公积金管理中心应当在二十日内予以办理。

第七条 职工有下列情形之一的，可以向市公积金管理中心申请提取本人住房公积金账户内的存储余额：

（一）购买、建造、翻建、大修自住住房的；

（二）离休、退休的；

（三）大部分或者完全丧失劳动能力，并与单位终止劳动关系的；

（四）出境定居的；

（五）偿还购房贷款本息的；

（六）房租超出家庭工资收入的规定比例的。

职工享受城市居民最低生活保障，或者连续失业两年以上且家庭生活严重困难，或者因本人、配偶及其直系亲属因重病、大病造成家庭生活严重困难的，也可以向市公积金管理中心申请提取本人住房公积金账户内的存储余额，用于支付房租、物业专项维修资金、物业服务费等费用。

职工提取住房公积金账户内存储余额后，其依法享受社会保障的权利不受影响。

第八条 申请提取住房公积金账户内存储余额的职工，应当向市公积金管理中心提交所在单位出具的提取证明和其他相关证明材料。

市公积金管理中心应当自受理提取住房公积金申请之日起三个工作日内，作出准予提取或者不准提取的决定，并书面通知申请人。准予提取的，由受委托办理住房公积金金融业务的银行（以下简称受托银行）办理支付手续；不准提取的，市公积金管理中心应当说明理由。

第九条 缴存住房公积金的职工购买、建造、翻建、大修自住住房时，可以向市公积金管理中心申请住房公积金贷款。

职工购买、建造自住住房申请住房公积金贷款的，应当同时符合下列条件：

（一）申请贷款前缴存住房公积金达到规定期限；

（二）自有资金支付购房款不低于规定比例；

（三）具有稳定的经济收入和贷款偿还能力；

（四）无尚未还清并可能影响贷款偿还能力的债务。

前款第(一)项中的规定期限、第(二)项中的规定比例，由市公积金管理中心拟订，经市公积金管委会批准后执行，并向社会公布。

职工翻建、大修自住住房申请住房公积金贷款的条件，参照本条第二款规定执行。

第十条　申请住房公积金贷款的职工，应当向市公积金管理中心提交贷款申请书和相关证明材料。

市公积金管理中心应当自受理住房公积金贷款申请之日起十五日内作出准予贷款或者不准贷款的决定，并书面通知申请人。准予贷款的，由受托银行办理贷款手续；不准贷款的，市公积金管理中心应当说明理由。

第十一条　单位被撤销、解散或者依法宣告破产时，其欠缴的住房公积金应当依法予以清偿。

单位分立、合并或者改制时，应当在明确其欠缴住房公积金的补缴责任主体后，方可办理有关手续。

计算单位欠缴住房公积金的数额时，职工工资基数按照单位或者职工提供的相关证明材料确定；单位和职工均无法提供职工工资基数证明材料的，可以按照本市统计部门公布的上年度职工平均工资计算。

第十二条　市公积金管委会在拟订住房公积金的缴存比例、确定住房公积金的最高贷款额度等重大事项前，应当采取座谈会、听证会等形式或者通过媒体广泛听取单位和职工的意见。

第十三条　市公积金管理中心和受托银行应当于每年八月向单位和职工发放住房公积金的缴存凭证。

市公积金管理中心和受托银行应当建立住房公积金信息化管理运作系统，为单位和职工查询本单位和本人的住房公积金账户信息提供便利服务。

市公积金管理中心、受托银行、单位和相关工作人员对职工的住房公积金账户信息负有保密责任。

第十四条　市公积金管理中心应当在每年三月底前，向社会公布经市公积金管委会审议的上年度住房公积金年报，包括住房公积金归集和使用的情况、财务报告和其他需要说明的情况。

第十五条　受托银行和担保机构应当严格履行与市公积金管理中心签订的委托合同，按照操作规范，为单位和职工办理住房公积金业务提供便利服务。

前款所称担保机构，是指依法设立的、对住房公积金个人购房贷款实施专业担保的机构。

第十六条　对违反住房公积金管理规定的行为，任何单位和个人都可以向市公积金管理中心投诉、举报。市公积金管理中心应当在接到投诉、举报后三十日内提出处理意见，并书面告知投诉、举报人。

第十七条　单位不依法办理住房公积金缴存登记，或者不为本单位职工办理住房公积金账户设立手续，逾期不依法缴存住房公积金，或者少缴住房公积金的，由市公积金管理中心依照国务院《住房公积金管理条例》的规定予以处理。

第十八条　以欺骗手段违法提取本人住房公积金账户内的存储余额的，市公积金管理中心应当责令限期退回违法所提款额，并可处违法所提款额百分之十以上百分之五十以下的罚款。

以欺骗手段违法提取他人住房公积金账户内的存储余额的，市公积金管理中心应当责令限期退回违法所提款额，并可处违法所提款额一倍以上五倍以下的罚款；构成犯罪的，依法追究刑事责任。

第十九条　以欺骗手段违法获得住房公积金贷款的，市公积金管理中心应当责令借款人限期退回违法所贷款额，并可以取消其一年至五年的住房公积金贷款资格，或者处违法所贷款额百分之十以上百分之五十以下的罚款；构成犯罪的，依法追究刑事责任。

第二十条　当事人对市公积金管理中心的具体行政行为不服的，可以依照《中华人民共和国行政复议法》或者《中华人民共和国行政诉讼法》的规定，申请行政复议或者提起行政诉讼。

当事人对具体行政行为逾期不申请行政复议，不提起行政诉讼，又不履行的，作出具体行政行为的市公积金管理中心可以申请人民法院强制执行。

第二十一条　履行住房公积金缴存义务的企业、自收自支的事业单位和社会团体、民办非企业单位及其在职职工，可以缴存补充住房公积金。

补充住房公积金的缴存、提取和使用办法，由市公积金管委会拟订，报市人民政府批准。

第二十二条　城镇个体工商户及其雇用人员、自由职业者缴存、提取和使用住房公积金的办法，参照本规定执行。

第二十三条　本规定自2006年1月1日起施行。1996年4月12日上海市第十届人民代表大会常务委员会第二十七次会议通过的《上海市住房公积金条例》同时废止。

后　　记

21世纪的前十年，中国以城镇普通住宅为主要对象的劣质土地财政急速膨胀，严重威胁国民经济的健康发展和社会生活的安定和谐，迫使2003年至今的中央政府对城镇住宅市场调控屡调屡败却又不得不屡败屡调。理论上，城镇住宅供给分优质住宅供给和普通住宅供给，优质住宅因为供给弹性小具有投资属性，普通住宅因为供给弹性大而具有民生属性，土地财政的对象因此只能是优质住宅而不能是普通住宅，这本来是城镇住宅经济学最基本的常识。然而，针对城镇普通住宅市场价格一马当先地飙涨，中国理论研究界一些人先是热烈欢呼，为高房价辩护的奇谈怪论层出不穷；当城镇住房问题引发社会严重不安时，房地产开发商、温州炒房团、山西煤老板甚至丈母娘都能成为替罪羊；但最终劣质土地财政原形毕露，不得不为城镇普通住宅的价格狂飙承担责任，仍有学者希冀房改前就已经实施多年的分税制能够承担原罪。很多“儿童读物的观点”被当作“唯一正确的观点”（马克思《资本论》（第一卷），第782页），说明中国的一些理论研究已经庸俗化了。不过，正如中国社会科学院副院长李扬先生所说：“哪个国家地方政府不是土地财政？”（《中国网》2012年5月24日）既然承认劣质土地财政是中国城镇住房问题恶化的根源，则矫正劣质土地财政使其转型并与中国城镇住宅产业良性循环就显得较有现实意义了。

本书是在城镇住宅市场规范模型的基础上探讨城镇公共住宅金融的运行机制，从而在批判分析西方公共住宅金融运行模式的同时为中国公共住宅金融的健康发展指明方向。从这种意义上讲，本书其实是作者此前两本专著《地租推进型通货膨胀的通货紧缩效应研究》、《住宅市场与政府管制》的自然延伸，但与中国城镇住宅市场当下的实践甚为遥远。2011—2012年，中国城镇地方政府前赴后继跳到前台直接抵制中央政府以限购和保障房建设为核心内容的城镇住宅市场宏观调控政策，不仅昭示着中国城镇住宅市场问题恶化的根子在地方政府以城镇普通住宅为主要对象的劣质土地财政，还说明了中国过去十年城镇住宅市场宏观调控的失败与其说是因为没有对症下药，还不如说是因为中央政府的整体利益在一定程度上屈服于地方政府的局部利益。中国政治体制改革的滞后注定了中国城镇住宅市场宏观调控即使获得成功，也要经历一个漫长的过程，因此规范的城镇公共住宅金融的建立和运行绝不是一朝一夕可以完成的。承认劣质土地财政花了十年时间，矫正劣质土地财政的时间恐怕更短不了。当然，理论是行动的指南，相信本书的核心思想终究会为中国城镇公共住宅金融的健康发展产生指导作用。

与前两本专著相比，本书更没有什么创新，如果有创新也是针对西方现有的城镇住宅经济理论而言的。因为站在马克思主义经济学的立场上，地租推进型通货膨胀是土地产品价值量增加推动的货币价格上涨，并不是真正意义上的通货膨胀，因此面对地租推进型通货膨胀，宏观经济政策应是总体放松银根，并以宽松的财政政策应对地租推进型通货膨胀的收入分配效应，类似观点和政策并无新奇之处。《住宅市场与政府管制》的创新则是建立在中国既得利益阶层“带着政治家的严肃神情”“反复念叨”的“乏味的儿童故事”（马克思《资本论》（第一卷），第782页）基础上，因为无需用马克思主义经济理论就足以解释当今中国城镇普通住宅的高价格问题。如果说《住宅市场与政府管制》有创新价值恐怕也仅仅在于它坚持了实事求是的基本原则，冒冒失失地讲了真话。不过，坚持用马克思主义的立场、观点和方法分析当代中国的经济问题，是本书与前两本专著的最大特色，这可能也是中国经济理论研究界一些人最需要学习的地方。

中国城镇住宅市场宏观调控已经进行了十年，虽然力度空前，但正如本书研究所揭示的，即使不倒退，离真正成功也还有相当大的距离，因此实现中国的城镇安居大业并非指日可待的事。相对于原先的住宅非市场化，1998年开始的中国城镇住宅商品化政策本身并没有错，唯一的不足是它高估了中国城镇地方政府的政策执行力和中央政府的权威。中国城镇住宅商品化的对象应该是那些至少能买得起普通商品住宅的中高收入消费者，不能支付普通住宅商品价格的中低收入消费者应该由地方政府提供住房保障。然而实践是，地方政府逃避住房保障责任，更将房价建立在住宅投资特别是住宅投机的基础上，本来应该相对稳定的普通住宅价格涨幅居然超过优质住宅的价格涨幅，从而在进一步恶化中国城镇住房问题的同时，大大扭曲了整个国民经济结构，严重危害着中国经济和社会的稳定。虽然未来中国城镇住宅市场仍有较大的空间充实和提高，但目前最主要的任务恐怕已经变成调整和巩固。面对势力急剧膨胀的中国既得利益阶层，中国城镇住宅市场宏观调控取得成功无疑既要付出比以往大得多的努力，更要讲求技巧，避免蛮干。

顾书桂

于上海社会科学院应用经济研究所

2017 年 3 月 15 日

图书在版编目(CIP)数据

公共住宅金融基本原理及其在中国的应用/顾书桂著.—上海：上海社会科学院出版社，2017
ISBN 978-7-5520-2198-1

Ⅰ.①公… Ⅱ.①顾… Ⅲ.①住宅—金融—研究—中国 Ⅳ.①F832.45

中国版本图书馆CIP数据核字(2017)第302058号

公共住宅金融基本原理及其在中国的应用

著　　者：顾书桂
责任编辑：应韶荃
封面设计：风行水上
出版发行：上海社会科学院出版社
　　　　　上海顺昌路622号　邮编200025
　　　　　电话总机021-63315900　销售热线021-53063735
　　　　　http://www.sassp.org.cn　E-mail：sassp@sass.org.cn
照　　排：南京前锦排版服务有限公司
印　　刷：上海昌鑫龙印务有限公司
开　　本：710×1010毫米　1/16开
印　　张：17
字　　数：283千字
版　　次：2018年7月第1版　2018年7月第1次印刷

ISBN 978-7-5520-2198-1/F·501　定价：85.00元
